시민은 억울하다

이 도서의 국립중앙도서관 출판예정도서목록(CIP)은
서지정보유통지원시스템 홈페이지(http://seoji.nl.go.kr)와
국가자료공동목록시스템(http://www.nl.go.kr/kolisnet)에서 이용하실 수 있습니다.
(CIP제어번호: CIP2015008831)

호민관 일기

시민은 억울하다

임유 지음

한울

차례

제7부 주차 전쟁

에필로그

시민과 호민관이 함께한 아름다운 동행

시흥시 시민호민관 2년의 살아 있는 기록

　여러분이 경기도 시흥시 청사에 들어서면 '시민호민관'이라는 다소 생소한 이름이 적힌 사무실을 만나게 된다. '시민호민관'은 로마 시대의 호민관(護民官)에서 이름을 따온 것으로, 2010년 민선 5기 시장이 된 이후 2년여의 준비 기간을 거쳐 부당한 행정처분 등의 불이익을 당한 시민들의 권익을 보호하고 시민들의 다양한 요구를 시정에 적극적으로 반영하기 위해 만든 제도이다.

　'시민호민관'은 다른 자치단체에서도 시행 중인 옴부즈맨(ombudsman) 제도의 하나이지만, 시흥시에서는 전국 최초이자 유일무이하게 호민관 혼자 모든 권한과 책임을 갖는 '독임제'를 선택하여 제도를 만들어놓고 유명무실해질 가능성을 철저히 배제하였다. 그런 만큼 초대 호민관의 역할이 매우 중요하였다.

　이 책의 저자인 임유 호민관은 초대 시민호민관으로서의 역할을 더없이 훌륭하게 하였다. 임유 호민관은 업무를 시작하면서부터 "억울함이 없는 시흥, 시민이 주인이 되는 시정"을 목표로 "시민의 편에서 시흥을 봅니다, 많이 듣고 발로 뛰겠습니다"라는 슬로건을 내걸고 철저하게 시민의 입장에서 성실히 업무를 수행하였다.

또한 시민들에게 찾아가는 호민관이 되기 위해 제도를 알리는 홈페이지와 브로슈어를 직접 기획·제작하고, 전문가들로 구성된 시민자문단을 구성하여 직무의 공정성과 신뢰도를 높이는 한편, 동(洞) 순회 간담회를 개최하여 주민들로부터 뜨거운 호응을 받기도 하였다.

이 책에는 이러한 임유 호민관의 땀과 정성이 고스란히 담겨 있다. 실제 시민들과 함께한 구체적인 사례와 관련 법령, 그리고 문제를 해결해나가는 과정에서 느낀 개인적인 소회를 이야기하듯 쉽게 쓴, 한마디로 술술 잘 넘어가는 살아 있는 책이다.

특히 행정의 최일선에서 시민들과 매일 얼굴을 대하며 종합행정을 하는 단체장을 비롯한 자치단체 소속 공무원, 기초·광역의원들은 물론 관련 전문가들에게도 매우 유익한 책이다. 꼭 일독을 권한다.

경기도 시흥시장

김윤식

　　첫 직장에 사표를 던진 후로는 한곳에 정착하지 못하는 버릇이 생겼다. 사업이 그랬고 공직이 또한 그랬다. 그래도 얼추 2~3년의 주기는 맞추었는데, 미국행을 결심한 이후로는 그마저도 쉽지 않았다. 좀체 1년을 넘기지 못했다. 한동안은 비정규직의 애환이라며 짐짓 엄살을 떨어보기도 했지만, 사실은 '잘리느니 먼저 그만둔다'는 자기방어기제가 작동했기 때문이다. 나이를 먹다 보니 점점 자신감이 줄어들고 긴 호흡에 대한 두려움 같은 것에 포획됐던 것인데, 아무튼, 그렇게 보낸 세월이 어느덧 십수 년이다.

　　철도차량을 검사하는 회사의 대표를 맡은 지 1년이 다 되어갈 무렵, 아니나 다를까, 나의 방랑벽이 꿈틀대기 시작했다. 때맞춰 복음이 전해졌다. 이번에는 호민관이었다. 대선 패배(?)로 새로운 도모가 절실하던 참이었는데, 찾아온 행운을 마다할 이유가 없었다. 호민관이라……. 2013년 3월이었다.

호민관!

시민의 대변자라는 의미로 지었다는데, 이름이 멋지지 않은가. 더구나 초대 호민관이라니. 재고 자시고 할 일이 아니었다. 그야말로 번갯불에 콩 볶아 먹듯 서류 접수와 면접 절차가 일사천리로 진행됐다. 마침내 나는 '시민의 권리를 보호하는 사람'이 됐고, 억울한 사연을 좇아 또 그렇게 2년을 동분서주했다.

돌이켜보면 아쉬움보단 뿌듯함이 컸던 세월이다. 웅덩이에 빠진 할배에게 시로부터 배상 결정을 받아준 것이 그렇고, 당장의 끼니가 걱정이던 노부부를 구제한 것이 또한 그렇다. "합법적으로 술을 팔 수 있게 해달라"라는 음식점 사장님들의 집단 민원을 해결해준 것도 자랑이라면 자랑이다. 남을 위해 뭔가를 한다는 것은 이렇듯 늘 뜨거운 법이다. 하물며 나는, 이 일을 직업으로 했으니 더 말해 뭣하겠는가.

사실, 나의 글쓰기는 작정한 측면이 있다. 그러지 않으면 도저히 약속이란 걸 지킬 수 없다는 듯 사람들을 만날 때마다 주문 아닌 주문을 외우곤 했다. 책을 쓰겠노라고, 꼭 책을 내겠노라고 말이다. 『미국이 굶는다: 경제에세이 in LA』로 글쓰기에 맛이 들린 탓도 있었겠지만, 시민들의 생생한 삶의 현장을 기록으로 남겨야겠다는 사명감도 한몫을 하지 않았나 싶다. 아무튼 나의 2년은 듣는 일과 법 공부가 전부라고 해도 과언이 아닐 정도로 상담사와 사이비 법률가 사이를 맴돌았던 것인데, 지금이야 편하게 고백하지만 '법대로 할 때 법' 외에는 당최 법이란 것과 정을 붙이지 못한 채 한평생을 살았던 터라 처음에는 관련 법률이 무엇인지를 찾아내는 일조차 버거워 쩔쩔매곤 했다. 하물며 그 '문자의 바다'에서 바늘을 찾아내 실을 꿰는 일임에랴. 요즘도 가끔은 농담 삼아 스스로 '반(半) 변호사'라고 부르곤 하는데, 바로 이 2년간의 '하드 트레이닝'에 대한 자부심 때문이 아닌가 싶다. 아무튼 난, 미로 같은 법률의 세계를 무사히 빠져나온 내가 정말이지 대견스럽다. 두고두고 그 불편함과 스트레스는 기억으로 남겠지만 말이다.

'한계'라고 늘 고백하지만, 사물과 현상을 바라보는 나의 입장은 간혹 이율배반의 늪에 빠지곤 한다. 사익과 공익의 경계선을 확정해야 할 때 더욱 그렇다. 이런 걸 두고 회색 혹은 기회주의라고 하겠지만, 여전히 나는 중요한 순간에 주저한다. 원래 그렇게 생겨먹었으니 비난한들 어쩔 수 없다. 바라건대, "왜 자꾸 입장이 바뀌는 건데"라며 꾸짖지 말았으면 한다. 진실이 왜 꼭 하나여야 하는지도 아직 잘 모르는 작자에게 정의 혹은 공익의 잣대를 들이밀어 봤자 헛수고가 될 게 분명하기 때문이다.

나의 작은 기록이 자치행정의 세 번째 참고서 정도는 됐으면 하는 바람이 있다. '보신'과 '남용'의 함정을 경계하는 사례집 정도로라도 대접받았으면 하는 욕심도 있다. 다만 나의 편향으로 인하여 혹여 공무원 조직이 매도되거나 행정에 대한 불신이 쌓이지 않을까 걱정일 뿐이다. 부디 감안하여 읽어주시길 바란다.

이 책을 쓰는 데 가족의 힘이 컸다. 언제나 그렇듯 나의 용기는 온전히 아내의 덕이다. 제 일 묵묵히 해내는 딸 지영과 아들 남규의 공이기도 하다. 어머니의 응원과 믿음은 두말할 나위도 없다. 특히나, 호민관 제도를 만들고 물심양면 지원을 아끼지 않은 김윤식 시흥시장에게 무한한 존경과 감사를 표한다. 나의 2년을 채워준 모든 시흥시 공무원에게도 고마움을 전한다. 김학, 김기세, 이정현, 조영진, 노지선, 문소정…… 성미 급한 호민관을 참아준 그대들의 노고는 평생 잊지 못할 것이다. 고맙고 또 고맙다.

아무런 연고도 없는 위인에게 과분한 직을 허락해준 42만 시흥 시민에게 이 책을 바친다.

2015년 2월, 시흥에서

프롤로그

억울함에 대하여

억울함에 대하여

/

　　"억울함과 분노가 있었지만 돌이킬 수 없는 과거라 감내했다." 오늘 아침 언론이 일제히 전한 김우중 전 대우그룹 회장의 기자회견 내용이다. 역사의 뒤안길로 사라진 줄 알았던, 한때 대한민국 경제를 쥐락펴락했던 노(老)회장의 일갈치곤 좀 거시기(?)하다. 한때 일망정 국내 최고 부자의 반열에 올랐던 사람의 철 지난 분노 따위에 '빽' 없고 힘없는 서민들이 "맞아, 맞아" 하며 맞장구칠 리 만무할 텐데 저러고 싶을까 하는 마음이 들어서 그렇다. 게다가 아무리 20여 년의 긴 세월이라지만, 망각에 기댄다고 나라 말아먹은 재벌 회장이 갑자기 음모의 희생양으로 둔갑할 수는 없는 노릇이기도 하고. 이렇듯, 오랜 세월 진실로 믿어졌던 시민적 믿음조차 한순간에 뒤바뀌는 상황이 못내 불편하고 거슬리지만, '저렇게 대단한 사람을 억울하게 만드는 사람은 도대체 누군 거야' 하는 하릴없는 궁금증이 밀려드는 것 또한 어쩔 수 없다.

　　"군대에 가는 것은 억울한 일." 나의 시선은 TV 뉴스 속 한 줄 헤드

라인에 멈춘다. 요즈음 SNS를 뜨겁게 달구고 있다는 20대 청춘들의 자조 섞인 냉소란다. 군대 폭력에 희생된 임 병장의 죽음이 집단적 분노를 일으켜 이제는 국민이 국가 제도를 부정하는 단계로까지 진입했으며, 군대 가는 것조차 억울한 일로 치부되는 세상이 됐다고 언론은 호들갑을 떤다. 아무 이유 없이 얻어맞아 죽은 게 억울한 것도 아니고, 무조건 쉬쉬하고 보는 군 당국의 무대책에 절망하는 것도 아니고, 아예 군대 가는 것 자체가 '억울한' 일이라니⋯⋯. 큰일은 큰일이지만, 그렇다고 군대 가지 않는 이들을 버젓이 신의 아들이라 부르는 '비정상 사회'에 살면서 저들에게 억울함을 중단하라 요구할 수도 없는 일 아닌가. 몇 년 후면 군대에 가야 할 아들 녀석에게 난 또 무슨 변명을 들이대며 입대를 종용할 것인지, 답답할 노릇이다.

누구는 억울한 세금을 내고, 또 누군가는 이 순간에도 억울하게 옥살이를 하고 있다. 옆집 김 씨 아저씨는 누명을 쓴 것이 너무 억울해 오늘도 잠을 잘 수가 없고, 건넛마을 월산댁은 군에서 돌아온 아들 시신을 부여잡고 3년째 통곡하고 있다. 풀 베다 웅덩이에 빠진 할배, 26년을 메아리 없는 보상에 목매는 아줌마, 영업신고를 거부당한 박 씨, 술을 못 팔아 망하기 직전이라는 식당 사장님들⋯⋯. 대한민국은 억울한 사람들 천지다.

사전은 억울함을 '아무 잘못 없이 꾸중을 듣거나 벌을 받거나 하여 분하고 답답한' 상태로 정의한다. 누를 '억'과 답답할 '울'이 합쳐졌으니, '억울함'은 글자 그대로 '억눌려 답답한' 상황을 말한다. 또한 'depression'이나 'dejection' 등으로 영역(英譯)되고 'unfair'나 'unjust' 등이 함께 사용

> "아무 잘못도 없이 벌을 받는 것은 억울한 일이다."
> 점백이가 억울하다는 듯 한마디 했다.
>
> 최인호, 『지구인』

되니 이를 영어식으로 다시 쓰자면 '부당하거나 불공정한 일을 당해 답답한 상태'가 된다. 이처럼 만국의 언어는, 억울하기 위해서는(?) '잘못 없음'과 '처벌'이 반드시 필요하다고 소리친다. 모름지기 억울하다고 주장하려는 자는 최소한 자신이 왜 잘못이 없다고 생각하는지에 대한 근거 정도는 내놓아야 하며 도대체 어떤 불이익을 받았기에 그토록 '열 받아' 하는지를 설명해야 한다. 그 정도는 돼야 "음, 억울하겠군" 하는 소리를 들을 수 있다는 얘기다. 그런데 이렇게 말하고 나니 좀 이상하지 않은가? 억울하면 억울한 것이지 억울함에도 자격이 있어야 한다는 소리처럼 들리니 말이다. 결국, 잘못 없음의 근거를 대지 못하면 억울한 것이 아니고 피해만 없다면 마음의 상처를 받든 말든 언감생심 '억울한 자리'는 넘보지 말라는 얘기인데, 듣고 보니 이 또한 억울할 노릇이다. 아무 잘못이 없어야만, 그리고 벌을 받아야만 억울할 수 있다고 했으니 '나'라도 억울하겠다.

그런데 솔직히 우리 주위에는 실제적인 피해가 없는데도 마치 엄청난 손해라도 입은 양 자신의 억울함을 과장하는 사람들이 꽤 있다. 아랫 마을 박 씨가 대표적이다. 개발행위가 뻔히 금지되어 있는 줄 알면서도 언젠가 오르겠지 하는 심산으로 개발제한구역 땅을 사놓고는 낌새가 여의치 않게 돌아가는 것 같으니 인제 와서 개인의 소유권을 제한하는 개발제한법 탓에 망했다며(사실 땅값이 떨어진 것도 아니다!) 분노의 언사를 쏟아낸다. 그는 가격이 폭등한 인근 지역을 거론하며 억울함이라는 '분노 열차'에 무임승차를 시도한다. 속이 너무 보인다고나 할까. 아무튼 난 그의 이기심이 싫다. 그러나 억울함의 '정수'(그런 게 있는지도 모르겠지만)가 아니라고 해서 박 씨가 느꼈다는 억울함의 실체까지 부정되어서는 안 될 일이다. 아무리 생각해도 그건 아니다. 40년을 넘게 개발 제한의 족쇄에 묶여 옴짝달싹 못 하고 있는 옆집 김 씨의 억울함에 비할 바는 아니더라도 땅 산 지 3년이 지나도록 돈 안 되는 농사 외에는 아무것도 할 수 없는 박 씨도 충분히 억울할 자격이 있어 보이기 때문이다. 게다가 이제껏 그 많은 사람 피멍 들게 만든 개발제한법이라는 것이 그 자체로 무슨 지고지순한 '헌법적' 권위나 '정당성'을 갖는 것도 아님에랴. 하여 난, 그러지 않아도 '미쳐 팔짝 뛰다 못해 그냥 팍 죽고 싶은' 사람들한테는 도대체 어떤 위로와 처방을 줄 수 있는지 당최 모르겠기에 박 씨에게 '공감'이라는 걸까지 내어주는 것은 주저하지만 얼마나 고통이 크냐며 위로의 한마디 정도는 기꺼이 던지는 편이다. 세상 어디에도 순도 100퍼센트짜리 진실은 없듯이 그의 과장된 억울함 속에도 완전히 거짓이거나 속임수로 치부할 수만은 없는 '진실'이 담겨 있다고 믿기 때문이다.

자신이 잘못해놓고 무작정 남 탓하는 사람들은 또 어떤가. 그들은 주장만 하면 그냥 억울한 일이 되는 양 '생떼'를 쓰고 이른바 '진상'을 부린다. 또한 이들의 '위장된' 억울함은 항용 "왜 나만"의 가면을 쓰고 접근한다. 얼마 전 시청을 떠들썩하게 만들었던 최 씨가 딱 이 경우다. 농지처분명령을 받았다며 애먼 공무원에게 그는 거의 한 시간 동안 육두문자를 날렸는데, 사연의 대강만 들었을 때는 참으로 억울하겠다고 절로 공분했지만, 농지 처분명령이 내려지기까지 자그마치 2년의 시간이 주어졌음에도 이른바 '원상회복'을 거부하고 불법(농사를 지어야 하는 농지에 창고를 지어 공장으로 세를 줬다!)을 지속했다는 전말이 드러나면서부터는 정말이지 만정이 다 떨어졌다. 지금 생각해보면 굳이 그렇게까지 반응할 일은 아니었는데 아마도 너무 일찍 그의 주장에 동의해버린 나의 순진함에 순간 짜증이 폭발한 탓이 아닌가 싶다. 아무튼 그때 나는 믿었던 사람에게 배신이라도 당한 사람처럼 한동안 힘들어했다. 일반적으로 이런 유형의 사람들은 이른바 '공익'과 '공생'보다는 자신의 빵 한 조각을 더 중요하게 생각한다. 그래서 난, 그들이 분노의 말을 쏟아낼 때 항상 반을 접고 든다. 솔직히 연민과 동정의 눈길조차 주저하는 편이다. 너무 억울한 척한다고나 할까, 아무튼 난 그들의 '연기'가 싫다. 하지만, 자신의 잘못을 좀 숨겼다고 해서 그렇게까지 비난하는 것이 맞을까 싶기도 하다. '사연' 자체까지 거짓은 아닐 것 같아서다. 딸아이 학비라도 보탤 요량으로 비룟값도 나오지 않는 비닐하우스 농사를 짓는 대신 공장에 세를 줬다고 해서, 그리고 그것이 「농지법」을 어긴 행위라고 해서 최 씨에게 '범법자'의 낙인까지 찍을 수 있느냐 말이다. 불법에 대한 처벌은 어쩔 수 없더라도 남의 땅을 팔라 말라 '명령'하는 '그놈의 법'까지 옹호할 생각이 없기에 최 씨의 '위장'마저 나는 정당하다고 믿는다. 하여 난, 오로지 자신의 이익만을 좇는 그들의 과잉 포장을 비판하는 것과 같은 무게로 그들을 억울함의 '말석'에라도 앉히기를 안달한다. '이율배반'이라 쏘아붙여도 할 수 없다.

난, 억울함을 판정함에 있어 '공감'과 '상식'을 먼저 따진다. 객관으로 포장된 증거를 믿기보다 주관일망정 잘못 없음을 편들어주는 보통 사람들의 '인정'과 '동의'를 신뢰한다. 따라서 난, 단지 마음의 상처만을 입은 사람들을 덜 애달파하고 잘못이 있는데도 마치 없는 것처럼 억울함을 위장하는 사람들을 연민하지 않을 뿐 '공감과 상식' 그리고 '인정과 동의'를 얻는 한 모든 억울한 이의 억울함을 지지한다. 그런데 말이다, 이놈의 세상은 '아무 잘못도 없이 벌을 받은' 점백이들이 왜 이렇게 많은가. 이러고서야, '잘못이 조금 있는' 박 씨와 최 씨를 억울함의 광장으로 인도할 수가 있겠는가 말이다.

김 씨 아저씨의 누명과 월산댁 아들의 죽음에는 국가의 폭력이 자리 잡고 있다. 돈 몇 푼 받고 명의 빌려준 것이 전부인 김 씨를 불법 영업의 주범으로 처벌한 것도, 동료 병사의 폭력 탓에 자살을 택한 아들의 죽음을 정신병으로 몰아세운 것도 다름 아닌 이 '나라'였다. 합법적으로 폭력을 행사할 수 있는 유일한 조직체인 국가, 바로 대한민국이 김 씨와 월산댁을 억울하게 만들었다. 그런데 국가는 이와 같은 극단적인 폭력뿐 아니라 이른바 '별표 행정'*이라 불리는 행정 편의주의를 통해서도 국민들을 절망의 늪으로 내몬다. 무슨 놈의 법이 온통 "할 수 있다"라는 말투성이고 중요한 얘기는 죄다 '별표' 끄트머리에 두루뭉수리 나열해놨는지 알다가도 모를 일이지만, '누군가가', 해달라는 걸 해주지 않을 권한과 하

---

* 국민들의 실생활에 직접 영향을 주는 내용들은 국회에서 통과되는 '법률'이 아니라 하나같이 대통령령(시행령)이나 부처 시행규칙의 '별표' 속에 숨어 있다는 뜻에서 붙여진 이름이다.

억울함의 장막 뒤에는 빅 브라더가 숨어 있다.

국가는 그중에 지존이다.

그들은 결정을 찬미하고 번복을 거부한다.

그래서 억울함은 늘 절망적이다.

지 말아야 할 일도 해줄 수 있는 권한을 공무원들 양손에 쥐여준 것만은
분명하다. 사실 국민을 절망시키는 것은 권한 자체가 아니라 '그때그때
다른' 권한을 선택하는 이른바 '일관성의 결여'다. '빽' 있는 사람들은 모
두가 다 허가를 받아도 힘없는 약자들은 공무원의 '해석의 벽'을 넘지 못
하는 현실, 그것이 바로 '별표 행정'의 현주소다. 보상의 권한도 있고 보
상의 사유도 충분하지만, 웅덩이에 빠져 다친 장삼이사 할배에게는 '당
연히 행사해야 할' 권한을 사용하지 않는다. 법률도 허용하고 있고 계획
만 변경하면 되는 일인데도 '설렁탕집에 소주도 팔 수 있게 해달라'는 자
영업자들의 외침에는 귀를 닫으면서 그들은 굳이 '행사하지 않아도 될'
권한까지 사용해가며 부득불 단속의 칼을 들이댄다. "그때그때 달라요"
라는 말이 딱 이럴 때 쓰는 말인 듯싶다. 편의주의는 '차별'과 동의어다.
저들이 만약 힘깨나 쓰는 지역 유지거나 대기업이라면 이런 대접을 받았
을까를 생각하면 답이 나온다. 하여, 이런 나의 생각은 확신으로 굳어진
다. 참으로 명료하게 쓰여 있는 법조문조차 보는 이에 따라 달리 해석되
는 상황에서 아예 처음부터 '해석'(재량)의 영역으로 자리 잡은 것이라면
그 억울함의 연원을 밝히고 이를 바로잡는 일은 그야말로 지난한 일이
되기 마련이다. 더구나 그놈의 '해석'은 대한민국 관료 사회가 50년이 넘

도록 '전가의 보도'처럼 사용해온 것이 아닌가. '해석하지 않을 자유'와 '해석할 수 있는 권한' 사이에서 늘 자유롭게 변신하는 그들에게 '잘못 없음'의 근거를 들이대는 것은 그래서 늘 어렵고 억울한 법이다.

그런데 공무원들은, 이와 같은 '가해자론'에 대해 자신들도 피해자라며 늘 억울해한다. 한마디로 공무원의 일하는 방식을 몰라도 너무 모른다는 얘기다. 그들은 한 치의 망설임도 없이 편의주의 행정의 주범으로 감사의 경직성을 지목한다. 이른바 '적극 행정'을 펼친 공무원치고 징계받지 않은 사람이 하나도 없는데 도대체 누가 '해석할 수 있는 권한'을 행사하겠느냐고 목청을 높인다. "왜?"라는 의심을 받느니 차라리 "소송하세요"라고 하겠다는데, 아무런 보호도 해주지 못할 거면서 '복지부동'이라고만 몰아붙이니 너무들 하는 거 아니냐는 투다. 공감하는 바가 전혀 없지는 않다. 짧은 시간이었지만, 시청에 근무하면서 상식과 정의로 무장한 일단의 공무원이 징계의 화살을 맞고 피 흘리며 좌절하는 모습을 목격했기 때문이다. 그러나 그렇다고 해서 그들의 '복지부동' 행태가 오롯이 면죄부를 얻을 수 있다는 뜻은 아니다. 감사의 경직성이라는 것도 고치고 바꿔야 할 대상이지 부작위의 명분으로 쓰여서는 안 되기 때문이다. 정말이지 다시는 "할 수 있다"라는 법규 속에 숨어 제도 탓만 하는 자칭 '피해자'로 살지 않았으면 좋겠다. "해도 그만이요, 안 해도 그만"이 아니라 법 취지에 맞고 상식적으로 납득이 가는 범위라면 '가능한 한 하는' 식으로 발상이 전환되기만을 바랄 뿐이다. 그럼에도 불구하고, 수많은 공무원이 오늘 이 시간에도 '적극적 해석'을 통해 권리 구제에 발 벗고 나서고 있음은 두말할 나위가 없다.

이처럼 세상을 억울하게 만드는 것은 사람뿐이 아니다. 또래 집단 때문에 억울하고 학교와 직장 탓에 분노한다. 군대와 교도소가 또한 그렇고 국가는 행정을 통해 사람들을 절망시킨다. 그러나 사람 때문에 생긴 억울함은 마음의 상처만 남기지만 국가의 잘못된 처분은 개인에게 참을 수 없는 현실적 고통을 안기고 때론 삶이 송두리째 뽑히는 아픔을 주기도 한다. 이렇듯 국가의 행위는 엄중함의 크기에 있어 비교를 허락하지 않는다. 행정의 시종을 파헤치고 감시해야 하는 이유가 여기에 있다.

지난 2년간 나는 뜻하지 않게 이 같은 '억울한 사람들'을 목도할 수 있었다. 그들의 분노에 귀 기울이고 그들의 상처도 만져보았다. 때론 절망으로 아팠지만 억울함이 풀리는 기쁨을 맛보기도 했다. 호민관이 된 업보요 행운이라 생각한다. 따라서 나는 이 순간, 사람들은 왜 억울해하며 또 어떻게 하면 억울함을 줄일 수 있는지를 고민한다. 제도적 폭력으로서의 국가 행위, 그중에서도 고무줄 행정행위로 인해 절망하는 시민들의 삶을 천착한다.

행정행위로 인해 생긴 억울함은, '요구의 정당성'과 '거부 사유의 합리성'에 따라 그 양상이 매우 다르게 나타나며 해결의 가능성 또한 달라진다. 좀 과격한 표현이지만, 모든 '정당성'은 지극히 자의적일 수밖에 없다는 것이 나의 일관된 생각이다. 오죽하면 "이기적이면 정당하지 않은 것인가"라는 질문조차 회의하겠는가. 물론 타인의 이익을 침해하면서까지 자신의 이익을 관철하려는 태도와 이를 근거로 한 '우기는' 짓은 예외지만 말이다. 따라서 나는, 정당성을 위해 요구되는 것은 객관적 증거가 아니라 시민적 상식이라고 믿는 편이다. "네 평 남짓한 도시형 생활

남의 이익을 침해하지 않고,

시민적 상식에 근거해도 문제가 없으며,

"왜 나만"을 시비하지 않았는데도,

합리적 사유 없이 자신의 요구가 거부당할 때 시민은 분노한다.

주택에 2.8인이 산다고 간주해서는 안 된다"라는 주장을 응원하며, "가난한 학생에게 성적을 기준으로 학자금을 대출하는 것은 잘못"이라는 견해를 지지한다. 이것이 내가 믿는 상식이다.

그런데 이와 같은 '정당성' 논쟁에서 항상 약방의 감초처럼 등장하는 문구가 하나 있다. "왜 나만"이 그것이다. 일종의 피해 의식일 수도 있겠는데, 현실 속에서 이 문장은 거의 모든 억울함의 근원이라 해도 과언이 아닐 정도로 자주 사용된다. "다른 집들은 아예 집 구조를 통째로 변경해도 놔두면서, 도대체 왜 고작 베란다가 좀 튀어나온 내 집만 단속하는 겁니까?" "하루 종일 세워놓은 저 차들은 단속하지 않고 왜 잠시 주차한 내 차만 단속하는 거예요?" 이처럼 억울한 시민들은 이미 심사가 틀어져 가는 곳마다, 하는 말마다 "왜 나만"을 토해낸다. "왜 나만"에 답하지 못하면 내 요구는 정당하다는 식으로 말이다. 이른바 '형평성'을 문제 삼는 것인데, 오랜 세월 권력자들의 승승장구를 목도했던 시민들로서는 어찌 보면 당연한 심리 기제일 수도 있겠다 싶다. 일반적으로 시민들은 자신에게 불리한 어떤 행정처분이 내려질 때면 거의 예외 없이, '항상', '어디에나' 특권은 있기 마련이니 지금의 이 상황 역시 '힘없는' 나만 당하는 고통이라고 생각한다. 만약 그때 뭔가 모를 '의심'의 흔적이라도 발견한다면 그들의 의심은 확신으로 발전하게 된다. 그 순간 "왜 나만"이 움트고 정당성이 자리한다. 이러니, 그 어떤 결정인들 승복할 수 있겠는가.

"꼭 객관적일 필요는 없지만, 그렇다고 남의 이익을 침해해서는 안 되고, 시민적 상식에 근거하기만 한다면, '왜 나만'을 고집하지 않는 요구는 정당하다." 이렇게 요구의 정당성을 정의하고 나니 애초부터 '정당한' 요구란 없는 것이 아닌가 하는 회의가 들 정도로 그 개념의 범위가 넓고 추상적이다. 하지만, 이렇게라도 정의하지 않으면 '억울함'의 탐색은 아예 불가능하니 할 수 없지 않은가. 정당하게 '정의'하는 수밖에.

'거부 사유의 합리성'은 억울함을 결정하는 두 번째 요소다. 거부 사유가 나름 합리적이라면 본인 생각이야 어떻든 '억울 리스트'에서 삭제되어야 마땅하고, 턱도 없는 이유로 거부당한 것이라면 누가 뭐래도 '억울한' 것이기 때문이다. 이처럼 거부의 사유야말로 더 억울하거나 덜 억울한 사람 혹은 억울하거나 억울하지 않은 사람을 가르는 바로미터다. 그런데 요구는 본질적으로 거부와 상극이기 때문에 "모든 거부는 억울하다"라고 해도 과언이 아니다. 오죽했으면 "부당한 사유를 찾는 일처럼 부질없는 짓은 없다"라는 말이 있겠는가. 그러나 합리성의 잣대가 모호하고 재단의 편파성이 우려된다고 해서 도대체 왜 거부됐는지, 또 어떤 근거로 거부됐는지를 살피지 않는다면 억울함은 오로지 거부 여부에 따라 그 정당성이 입증되는 모순에 빠지게 된다. 요구가 거부되면 '억울하지 말았어야 할 일'이 되고, 거부되지 않으면 '마땅히 억울한 일'이 되는 이른바 '결과주의 함정' 말이다. 안 될 일이다. 게다가 어떻게 믿고 거부의 칼날을 쥐고 있는 공무원들에게 억울함의 정당성을 재는 저울까지 쥐어 주란 말인가. 따라서 난, 거부가 공무원의 고유 권한인 것처럼 이의 합리성을 따지는 일은 시민의 정당한 몫이어야 한다고 믿는다. 그런데 거부의 사유가 합리적인지 아닌지를 어떻게 알 수 있겠느냐는 질문과 마주하게 되면 솔직히 답답한 게 사실이다. 모든 시민이 요술 지팡이를 하나씩 갖고 있어 거부 결정이 나올 때마다 꺼내 쓸 수도 없는 노릇이고 정말이지 '묘책'이 보이지 않기 때문이다. 그래도 인용된 법규가 명시적으로 거부의 사유를 적시하고 있으면 그나마 나은 편이다. 물론 법에 쓰여 있다고 무조건 합리적이라는 얘기는 아니지만, 합리성을 두고 굳이 피곤한 논쟁을 하지 않아도 되기 때문에 그렇다는 얘기다. 이러한 상황에서는 그 법규가 정당하냐의 문제만 남기 때문에 보통은 소송과 같은 법적 판단에 맡기면 승부가 나는 법이다. 문제는 "할 수 있다"와 같은 모호한 표현을 거부의 사유로 들거나 우리 법의 특징인 '열거주의'에 기대 "그런 문구가 없다"라고만 반복할 때다. 이럴 때 시민은 절망한다. '합리적 이유'를 대라고 해도 돌아오는 말은 "법에 없다"뿐이니 다툼과 논쟁이 지루해지는 것은 당연한 이치다. 그런데 "할 수 있다"의 문제에 대해서는 앞에서도 말했듯이 이른바 시민적 상식과 정의적 관점으로 어찌어찌 판단한다 치지만, 공무원이 '열거주의'에 집착하면 정말이지 미치고 팔짝 뛰게 된다. 좋은 예가 하나 있다. 주거지역에 떡하니 자리를 차지하고 앉아 온갖 환경오염을 일으키는 고물상 탓에 문을 열 수도 없고 세도 나가지 않으니 이를 단속해달라고 시민들이 들고일어난 적이 있었다. 그런데 공무원은 "고물상이라는 용어가 폐지됐기 때문에 고물상을 특정할 수 없어(법령체계 미비) 관련법(「국토의 계획 및 관리에 관한 법률」)에 따른 처분 규정

적용에 무리가 있다"라면서 한사코 '적극적 개입을 통한 문제 해결'을 거부했다. 주거지역에서 영위할 수 없는 업종으로 '고물상'이 '열거되어' 있지만 「고물영업법」이 이미 폐지되어 고물상이라는 용어를 쓰지 않기 때문에 단속할 수 없다면서 "그런 말이 사라졌는데, 어떻게 하란 말이냐"라고 버티는 통에 옴짝달싹 못 했던 기억이 있다. 그렇다면 이처럼 공무원이 '열거주의' 함정에 빠져 정당한 요구까지 거부하는 경우에는 어떻게 대응해야 할까? 난 이 지점에서 이른바 '옴부즈맨(호민관)'의 존재 이유를 발견한다. 행정심판과 소송만을 권리 구제의 모든 것인 양 "그런 말이 없다"와 "소송하세요"만을 반복하는 공무원에 대해서는 제3자적 개입이 유일한 해법이라 판단하기 때문이다. 아무리 생각해도 복지부동만은 결코 공무원들에게 맡겨 해결될 성질의 문제가 아닌 것 같다. 하지만, 이렇게 말해본들 답답함이 완전히 풀리지는 않는다. 억울함을 해결할 칼자루는 여전히 그들이 쥐고 있으니 말이다.

제1부

시민은 억울하다

26년을 기다린 보상

/

보상이 합의되지 않아 14년 동안 싸움을 계속하고 있는 사람이 있다. 수자원공사에서 시로 그 대상만 바뀌었을 뿐이다. 시는 "불법 건축물이니 철거하겠다"라는 입장만을 고수하고 있다. 반면 민원인은, 합법적으로 지은 집을 철거하면 온몸으로 막겠다며 전의를 불태운다.

시청에서 남서쪽으로 20여 분을 달리면 '오이도'라는 '육지가 된 섬'이 하나 나온다. 오래전 이곳에서 선사시대 유물이 대량 출토됐다. '역사 공원' 조성 계획이 발표됐을 터, 시와 주민들은 오랜 협상 끝에 보상(안)에 합의하고 이주까지 모두 마쳤는데……. 공사 개시를 눈앞에 둔 2014년 5월 어느 날, 26년을 기다려도 보상은커녕 철거하겠다는 협박만 받고 있다며 아주머니 한 분이 호민관을 찾았다.

아주머니 우리 부부는 지난 1988년에 지금의 마을에 정착했습니다. 남편은 트럭 기사로 일하고 저는 아이들을 키우면서 이곳에서 열심히 살았습니다. 1996년 겨울 무렵이었을까요, 지지부진하기만 하던 '오이도 자연공원 사업'의 인가가 임박했다는 소문이 갑자기 마을에 쫙 퍼졌습니다. 마을은 '보상' 문제로 들끓었지요. 집주인, 땅 주인들은 모이기만 하면 보상 얘기에 열을 올렸고, 우리 같은 세입자들은 이주비라도 받을 요량에 이곳저곳을 기웃거렸습니다. 그런 와중에도 영리한 사람들은 나무를 심고 집을 지었습니다. 그러나 우리처럼 집도 절도 없는 가난한 사람들에게는 먼 나라 얘기거나 그림의 떡일 뿐이었답니다. 아무튼 우리 부부는 조만간 이사를 가야 할지도 모른다는 불안감에 전전긍긍하고 있었는데요, 어느 날인가 정말이지 상상할 수 없는 행운이 찾아왔습니다. 평소 우리 부부를 친아들처럼 아껴주시던 마을 어른 한 분이 놀리고 있는 땅이 있다면서 집을 짓고 싶으면 지어도 좋다고 한 겁니다. 지금 생각해봐도 정말 기적 같은 일이었습니다. 그다음부터는 일사천리였지요. 벽돌로 골격을 쌓고 지붕만 없는 간단한 공사다 보니 집을 다 짓고 이사하는 데까지 한 달 남짓 시간밖에 걸리지 않았습니다.

호민관 그러니까 사업인정 고시일인 1997년 4월 이전에 집을 지으셨다는 말씀인 거네요.

아주머니 맞습니다. 우리가 집을 짓고 6개월도 지나지 않아 소문이 현실이 됐으니까요. 1997년 4월 12일일 겁니다. 근 5년을 넘게 끌어오던 '오이도 자연공원 신설 사업'(이후 2010년, 오이도 역사 공원 사업으로 변경됐다!)이 시작된 날 말이지요. 극적이라고 해도 될 겁니다. 고시를 불과 4~5개월 남기고 우리도 어엿한 집주인 반열에 올랐으니 말입니다.

호민관 그런데 왜 그때 보상을 받지 못하셨나요?

아주머니 그러니까, 2000년쯤이었을 겁니다. 이제나저제나 보상이 나오기만을 기다리고 있는데, 보상 조건 등을 논의하기 위해 마을 회의가 열린다기에 찾아가 봤더니 아 글쎄 우리 집이 보상에서 제외되어 있

는 거예요. 청천벽력 같았죠. 공무원들에게 소리도 질러보고 마을 사
람들과 언쟁도 해봤지만 헛수고였습니다. 한번 정해졌으니 어쩔 수
없다나요. 그 일 이후 제 인생은 180도 바뀌었습니다. 좌충우돌 싸워
온 시간만 14년이고, 보상을 꿈꾼 시간을 포함하면 26년입니다.

호민관　집을 언제 지었느냐만 확인하면 될 일 같은데, 시에서 항공사진
같은 증거 자료들은 보여주지 않던가요?

아주머니　제 얘기가 바로 그겁니다. 고시일 직전에 촬영한 항공사진만 있
으면 누구 말이 진실인지 가를 수 있으니 불필요한 싸움 그만두고 항
공사진을 보여달라고 요청해봤지만, 수자원공사나 시나 어느 쪽도 명
쾌한 자료를 제시하지 않는 겁니다. 고작 내놓는 자료라는 것이 1997
년 11월 당시 촬영된 철거 현장 사진인데요, 이를 근거 삼아 우리 집
이 고시일 이후에 지어진 것이라고 주장하고 있습니다. 근데, 이 주장
은 오히려 제가 고시일 이전에 집을 지었다는 반증이기도 하거든요.
고시가 발표된 1997년 4월 이후부터는 이곳저곳에 무허가 건물들이
우후죽순처럼 지어졌는데 자고 일어나면 집이 한 채 늘어 있을 정도
였습니다. 철거하겠다는 계고장이 동네 이곳저곳에 붙었었으니까요.
그러니까 아마 11월쯤 됐을 겁니다. 그날은 아침부터 굉장했어요. 경
찰과 공무원 그리고 용역들이 굴착기를 앞세우고 밀어닥쳤는데 마치
전쟁터를 방불케 했으니까요. 내 기억으로는 그때 거의 50여 채가 헐
렸습니다. 마을 주민들이 "저 집은 최근에 지었다"라고 하면 바로 헐
고, "작년에 지었다"라고 하면 헐지 않고 남기는 식이었습니다. 우리
집도 주민 여럿이 "작년에 짓는 걸 봤다"라고 증언해준 덕분에 살아남

을 수 있었습니다.

아주머니와의 대화를 묵묵히 듣고만 있던 공무원이 난처한 표정을
지으며 시의 입장을 전달한다.

공무원 저도 웬만하면 보상해드리고 싶은데 최초 사업자인 수자원공사
측이 저리 완강하게 나오는데 어떡합니까. 자신들은 보상에 동의할
수 없으니 보상금을 지급하려거든 시가 알아서 하라는 식이니 말입니
다. 당시 불법 건물이었다는 것을 입증할 항공사진도 있고 사업인정
고시일 이후인 1997년 가을이 돼서야 비로소 아주머니가 주민등록을
이전한 사실을 지적하며 절대로 보상에 임할 수 없다고 하니 저희로
서는 법에서 정한 절차대로 철거에 나설 수밖에 없는 노릇 아니겠습
니까.

아주머니 주민등록은 초등학교 입학을 앞둔 딸아이 때문에 그때야 비로
소 옮긴 겁니다. 그 이전에는 굳이 주민등록을 옮길 이유가 없어 이전
하지 않은 것뿐입니다. 그럼 계장님께서는, 당시 지장물 조사를 수자
원공사 직원들이 아닌 원주민들이 했다는 사실은 알고 계십니까? 물
건조서가 조작됐단 말입니다. 그리고 사진, 사진 그러시는데 제발 좀
보여주세요. 벌써 몇 년째 보여달라고 하는데 도대체 왜 보여주지 않
는 겁니까?

이 대목부터 공무원이 수세에 몰리기 시작한다는 느낌을 받았다.

누군가의 손을 들어줄 때가 다가오고 있었다.

호민관   주장이 극명하게 갈리는 경우에는 행정처분을 부과하는 쪽에서
그 입증 책임을 져야 한다고 생각합니다. 더구나 수자원공사 측이 항
공사진이나 물건조서와 같은 구체적 증거들을 갖고 있다고 주장하는
마당이라면 시의 입증 책임은 분명해 보입니다. 따라서 민원인의 건
물이 불법 건축물(1997년 4월 이전에 건축)이라는 구체적 증거(항공사진
등)를 제시하지 못한다면, 시는 민원인에게 내려진(예정 포함) 행정처
분을 취소하고 법에서 정하고 있는 보상금 지급 절차에 돌입해야 할
것입니다.

그리고 뒷얘기

긴 철제 담벼락과 그 중간 자그마한 쪽문. 민원
인의 집을 찾아가는 길은 마치 주인 없는 버려진 성채를 오르는 것처럼
황량했다. 쪽문을 지나자 저만치 흉물스러운 모습의 블록집이 눈에 들어
왔다. 집 짓고 나서는 수리라는 것을 한 번도 하지 않은 듯, 건물 외관은
낡다 못해 너덜거릴 정도였다. 그 옆으로 쉰 즈음의 아주머니가 금방이
라도 무너질 듯 서 있었다. 시에서 보상 여부를 재검토하겠다고 했으니
조금만 더 기다려보자는 하나 마나 한 얘기를 마치기가 무섭게 차마 뱉
지 못하고 마음에만 담아두었던 말을 꺼냈다. "그건 그렇고, 만약 보상을
받으신다면 얼마를 예상하십니까?" 26년을 기다린 꿈치고는 그 크기가
너무 작을 것이라는(2000만 원 언저리) '부정 탄 얘기'를 이미 들었기 때문

인데, 대답은 예상대로였다. "글쎄요, 시세가 있고 당시 건축비가 있으니 최소 5000은 넘지 않겠습니까." 첩첩산중, 이럴 때 쓰는 말이리라. 보상 자체도 문제지만 보상금액 규모가 너무 차이가 나 보상이 결정돼도 큰일로 보였다. 그러나 보상금을 둘러싸고 2차 전쟁이 벌어질 것이라는 예상은 참으로 부질없는 짓이 돼버렸다. 며칠 후, 보상할 수 없다는 최종 통보를 시로부터 받았기 때문이다. 시종일관 민원인 처지를 동정했던 담당 공무원조차 수자원공사 치마 속으로 숨어버렸다. 당황스러웠지만 달리 어찌할 방도도 없었다. 판결이 아닌 '권고'라는 것이 원래가 이처럼 무기력한 것이니. 돌고 돌아 다시 원점, 소송으로 풀 수밖에 없을 것 같다는 전화를 하는 내내 아주머니의 한숨 소리는 깊고 진했다.

▌「공익사업을 위한 토지 등의 취득 및 보상에 관한 법률」 제 25조
- 사업인정고시가 된 후에 고시된 토지에 건축하려는 자는 시장의 허가를 받아야 하며, 이를 위반하여 건축을 한 토지소유자 또는 관계인은 해당 건축물을 원상으로 회복하여야 하며 이에 관한 손실의 보상을 청구할 수 없다.

가짜 도로와 진짜 도로

/

"내 땅에서 농사 좀 짓겠다는 게 잘못인가. 30년을 양보했으면 충분하다. 옆에 버젓이 있는
'진짜' 도로는 내버려둔 채 왜 죄 없는 내 땅만 도로로 이용하려 드는가."

오랜 세월 자신의 밭이 마을 도로(마을 안길)로
사용되고 있다는 김 씨가 참고 참았던 분노를 토해냈다. 자신의 밭 바로
옆에 버젓이 있는 시 소유 도로는 놔두고 자신의 밭을 도로로 포장할 때
에도 그는 굳이 목숨 걸고 막지 않았다고 한다. 자신의 동의를 구하지 않
은 불법적 행위인지라 하시라도 권리를 찾을 수 있을 것이라는 확신이
있었고, 당시에는 형편이 넉넉해 이런 일로 굳이 마을 사람들과 척지고
싶지 않아서였다. 그런데 최근에 들어와 경제 사정이 나빠졌다. 누구를
봐주고 할 계제가 아니었다. 그래서 이미 반 정도 포장이 되어 있는 '진
짜' 도로를 포장해서 도로로 쓰고 내 땅 포장은 걷어달라고 요청했던 것
인데, 시는 예산 타령만 늘어놓을 뿐 아무런 조치도 취해주지 않았다. 그
가 직접 호민관을 찾았다.

김 씨   제 땅 한번 보십시오. 전체가 200평인데 가운데를 도로가 지나

가니 왼쪽 20평, 도로 150평 그리고 우측 30평으로 삼등분 되어 있습니다. 여기서 농사를 지을 수 있겠습니까, 누군가에게 팔기를 하겠습니까. 꼬박꼬박 세금만 내고 아무런 권리 행사도 하지 못한 지가 벌써 30년입니다.

호민관 딱하게 됐네요. 그런데 시는 대체 뭐라고 하던가요?

김 씨 맨 예산 타령이지요. 그런데 재작년인가에는 뭔 속셈인지 오랫동안 방치되었던 시 소유 진짜 도로를 포장한다면서 측량도 했었습니다. 지금은 또 감감무소식입니다만.

호민관 알겠습니다. 제가 보기에도 너무 억울한 것 같으니 공무원을 불러 자초지종을 들어본 후 바로 연락드리겠습니다.

담당 공무원은 난감한 표정을 지었다. 시흥시에 이런 땅이 너무 많아 마땅한 대책도 없다면서 고개를 젓는다. 더구나 너무 오래전 일이라 관련 서류가 다 없어져 도로를 포장할 당시에 땅 주인이 동의했는지도 모르겠단다. 마을 안길을 포장해달라는 마을 주민들의 요구를 받아들여 지난 1995년에 콘크리트 포장을 해준 것이라는 말만 되풀이할 뿐이었다.

호민관 이른바 '주위토지통행권'을 둘러싼 분쟁은 현황도로*를 통하지 않고는 통행이 불가능한 상황에서 통행에 대한 대가를 요구하는 현황

---

* 지적도상에 도로로 표기되어 있지 않으나, 오랫동안 통행로로 이용되어온 '사실상의 도로'를 가리킨다.

도로 소유주와 맹지에 건물을 짓기 위해 필수적인 토지 사용 승낙을 요구하는 건축주 사이에서 벌어지기 때문에 왕왕 물리적 충돌을 빚기도 합니다. 그런데 이번 건은 현황도로에 인접하여 지적공부상 '진짜' 도로가 있기 때문에 민원인이 만에 하나 현황도로를 폐쇄할 경우라도 통행 자체가 불가능한 상황은 아니라는 점에서 일반적인 분쟁과 성격이 다릅니다. 즉, 통행권 보장이라는 명분으로 사적 소유권을 제한할 수 있는 근거가 미약해 보인다는 것이 제 판단인데 어떻게 생각하십니까?

공무원　다른 부분은 잘 모르겠습니다만, 비포장 부분에 잡풀이 우거져 있고 굴곡도 심해 지적공부상 도로의 사용은 '사실상' 불가능하다는 점만은 분명히 말씀드릴 수 있습니다.

호민관　현장을 가봤더니 현황도로는 차량 통행이 빈번하더군요. 만약 민원인이 밝힌 대로 도로 포장을 벗겨내고 통행을 막을 경우 차량 통행을 둘러싸고 주민 간 싸움이 날 것이 뻔해 보이는데 이를 피할 대책이 있습니까?

공무원　······.

호민관　더구나 시는 2년 전에 민원인의 고충을 해결할 목적으로 총 2000만 원 상당의 예산을 편성하여 도로 '이설'을 추진한 바 있습니다. 그런데 어찌 된 영문인지 공사를 위한 사전 측량이 끝나자마자 공사 자체가 중단됐습니다. 예산 문제와 공사 관련 제반 규정에 따른 불가피한 조치로 보입니다만, 계획 단계가 아닌 집행 단계에서, 그것도 공사비 증가를 이유로 계획 자체를 취소해버린 점은 쉽게 납득하기 어렵습니다. 더구나 이러한 입장 변화에 대해 민원인에게 설명하거나 양해를 구하지 않은 점은 심각한 문제라고 생각합니다. 그리고 비록 주민 숙원 사업의 일환이었다고는 하나, 사유지 내 현황도로를 포장하면서 소유자 동의를 받지 않은 점은 분명 잘못입니다. 또한 현황도로 포장에 대해 설사 동의를 받았다고 하더라도 현황도로에 바로 인접하여 국가 소유의 지적공부상 도로가 존재하기 때문에 공적 목적(통행권)을 위한 사적 소유권 제한 주장 역시 설득력이 없습니다. 다만, "관내에 이와 비슷한 현황도로가 많아 민원 결과에 따라서는 유사 민원이 폭증하여 예산 문제를 감당할 수 없을 것이기 때문에 선뜻 현황도로 이설을 시행하기 어렵다"라는 주장은 타당한 측면이 있어 보입니다. 그러나 시가 민원인의 현황도로 이설 요구를 수용하기 위해 구체적 실행 계획을 입안했었다는 대목에 이르러서는 그 주장(예산 문제)의 신뢰성마저 의심하게 됩니다. 민원은 보편적 특성과 함께 개별적 특수성도 갖고 있습니다. 비슷하지만 다르고, 설사 같다 하더라도 민원으로 인식하는 정도가 차이 나기도 합니다. 제도 개선을 통해 모든 사람이 동일한 혜택을 받게 하는 것도 중요하지만, 불가피할 경우에는 '우선순위'에 따라 개별적 구제에 나서야 합니다. 따라서 민원 결과에 따른 '후폭풍'을 고민하기보단 민원인의 고통을 읽고 이를 해결코자 하는 '전향적 자세'를 다시 한 번 촉구합니다.

공무원   이와 유사한 사례가 너무 많아 민원인의 요구를 들어줄 수 없음을 유감스럽게 생각합니다. 더구나 예산도 부족하고…….

나는 이렇게 주문했고, 공무원은 또 저렇게 답했다. 나는 스무 줄인데 공무원은 한 줄이다. 참 고약한 답변이지만, 그렇다고 뭐라 할 권한도 없다. 게다가, 안 해주겠다는 것도 아니고 지금 당장 돈이 없다지 않은가. 허 참, 길이 보이지 않는다.

▌「형법」제185조, 일반교통방해
- 육로, 수로 또는 교량을 손괴 또는 불통하게 하거나 기타 방법으로 교통을 방해한 자는 10년 이하의 징역 또는 1천500만 원 이하의 벌금에 처한다.

▌「민법」제219조, 주위토지통행권
- 어느 토지와 공로사이에 그 토지의 용도에 필요한 통로가 없는 경우에 그 토지소유자는 주위의 토지를 통행 또는 통로로 하지 아니하면 공로에 출입할 수 없거나 과다한 비용을 요하는 때에는 그 주위의 토지를 통행할 수 있고 필요한 경우에는 통로를 개설할 수 있다. 그러나 이로 인한 손해가 가장 적은 장소와 방법을 선택하여야 한다.
- 통행권자는 통행지소유자의 손해를 보상하여야 한다.
- 즉, 통행권자는 '손해가 가장 적은 장소와 방법을 선택'하여 '통행지 소유자의 손해를 보상'하는 조건으로 '주위의 토지를 통행하거나 통로를 개설할 수 있다'는 말이다.
- 따라서 비록 사유지 내 현황도로라 하더라도 다중이 도로로 이용하고 있는 상황에서 허가 등의 절차 없이 자의적으로 포장을 철거하는 것은 불법의 여지가 있다. 그러나 그렇다고 지방 정부의 도로 이설(移設) 의무가 없어지는 것은 아니다.

먹이와 사료 사이

/

"신고서에 닭 먹이를 '사료'라고 썼기 때문에 '사료화 시설'이랍니다. 음식물 쓰레기를 잘게 부수고 말리는 기계가 어떻게 사료를 만드는 생물학적 재활용시설에 해당하는지 모르겠습니다. 그리고 인근 도시 양계업자들은 모두 다 신고필증을 받았다는데 왜 우리 시만 신고필증을 내주지 않는 겁니까."

시 공무원의 몽니 탓에 오도 가도 못하는 신세가 됐다는 K 씨가 1년에 걸친 '벽과의 싸움'을 시종일관 차분하게 풀어놓는다.

K 씨   지난해 겨울, 천정부지로 치솟는 사룟값에 애를 태우다가 인근 식당에서 음식물 쓰레기를 가져와 닭 먹이로 쓸 생각으로 큰돈을 들여 재활용 기계(분쇄 및 건조)를 구입했습니다. 몇 해 전 똑같은 시설에 대해 신고필증이 교부된 전례도 있었고 기계를 만든 회사가 설치에 아무런 문제가 없다고 장담하기에 신고필증이 나오지 않으리라고는

꿈에도 생각을 못 했습니다. 그런데 이런저런 이유를 들며 차일피일 신고필증 교부를 미루던 담당 공무원이 최근 들어와서는 '사료화 시설'이기 때문에 아예 신고필증을 교부할 수 없다고 합니다. 아무리 설명해도 들으려 하지 않으니 어떡하면 좋겠습니까.

그는 차분했다. 항의는 설명에 가까웠다. 그래서였는지, 그의 얘기를 들으면 들을수록 오히려 내가 더 화가 나는 것이었다. 기본적으로는 공무원의 거부 논거가 빈약해서였지만, 어떻게 1년이라는 긴 시간 동안이나 교부를 미뤄왔는지 바로 그 이유가 이해되지 않았기 때문이었다. 대개 민원인의 주장을 처음 접할 때는 반신반의하기 마련인데 이상하게 이번 경우는 민원인의 말 한마디 한마디가 모두 진실처럼 들렸다. 꼭 뭐에 홀린 듯 말이다. 진정성이 묻어나는 그의 태도 탓일 게다.

여하튼, 의기투합의 단계까지 진입한 우리 두 사람은 한참을 공무원의 행태에 대해 찧고 까불어댔다. 그런데 불현듯, '담당 공무원이야 그렇다 치고 저 사람은 도대체 왜 1년이 지나도록 가만히 있었던 거야. 무슨 일이라도 있었나?' 하는 조금은 생뚱맞은 생각이 스치는 것이었다. 그러고 나니 사연이 더 궁금했다. 바로 물으려 했으나 어딘가 모르게 부자연스러운 구석이 보여 주저하고 있었다. 바로 그때였다. 눈치가 보였는지 그가 먼저 입을 열었다. "기계를 도입하고 얼마 지나지 않아 암 선고를 받았습니다. 치료를 병행하다 보니 자연 일 처리에 속도를 내지 못했습니다." 의문이 다 풀리자 갑자기 급해졌다. 담당 공무원 얘기를 들어야 했다.

호민관 똑같은 '음식물 쓰레기 재활용 기계'를 도입했는데 A 축산에는 허가를 내주면서 B 축산은 허가를 내주지 않는 이유가 뭡니까. A와 B 사이에 무슨 차이가 있습니까?

공무원 차이가 있습니다. A는 돼지를 키우고 B는 닭을 키웁니다.

허, 이럴 때 숨 쉬라고 콧구멍이 두 개인가 싶었다. 이런 것도 농담이라고 하나 생각하니 순간 빈정이 확 상했다. 이내 정색을 하고 따져 물었다.

호민관 민원인이 도입하려고 하는 재활용 기계는 「폐기물관리법」상 폐기물처리시설에 해당하지 않는 것 같은데, 왜 주무관께서는 폐기물처리시설로 보셨나요?

공무원 폐기물처리시설 중 하나인 재활용시설에 생물학적 시설 항목이 있는데 하루 처리량이 100킬로그램 이상인 사료화 시설이 여기에 해당합니다. 그런데 민원인은 자신의 기계가 사료화 시설이고 하루 처리량이 2.1톤이라고 신고했거든요. 그러니 저로서는 폐기물처리시설로 볼 수밖에 없었던 겁니다.

호민관 단순히 분쇄하고 건조하는 것이 전부인데 생물학적 재활용시설로 보는 것은 문제가 있는 것이 아닙니까? 주무관님 논리대로라면 기계적 재활용시설 중에서 20마력 미만의 분쇄 시설은 폐기물처리시설로 보지 않는데, 민원인 기계는 15마력이니 폐기물처리시설로 보지 않을 수도 있겠네요.

공무원 제가 사료화 시설로 본 게 아니라니까요. 지금이라도 분쇄 시설로 신고서를 고쳐 오면 신고필증을 발급해줄 수 있습니다. 참 이상하네, 최종 의견이 아니라고 했는데 고쳐 오면 될 것을 왜 호민관한테까지 갔는지 몰라.

호민관 알겠습니다. 그런데 민원인은 "폐기물 업무를 맡은 지 얼마 되지 않아 업무를 잘 모르니 함께 공부한다는 생각으로 검토하자는 공무원 말만 믿고 1년 반이 넘도록 온갖 서류를 제출했는데 인제 와서 느닷없이 불가 판정을 내렸다"라고 주장하고 있습니다. 신고를 받아주겠다고 하셨으니 더는 긴 얘기는 하지 않겠습니다만, 허가 업무는 공부하는 자리가 아니라는 점만은 분명히 아셨으면 합니다.

이 일이 있고 며칠이나 지났을까, 민원인이 내 방을 다시 찾았다. 연신 고맙다며 '신고필증'을 흔들어 보였다. "잘된 일이다", "축하한다", 몇 마디 덕담이 오갔지만 기분은 영 개운치 않았다. 허망하다고 할까, 아님 괘씸하다고 할까. 이렇게 쉽게 풀릴 일을 왜 저리 애간장을 태웠을까 생각하니 맥이 다 풀리고 화가 치밀었다. 어처구니없다는 말을 이럴 때 쓰는구나 싶었다.

"그건 그렇고, 사룟값이 줄면 좀 살림이 나아지십니까?" 아무리 계산해도 수지 타산이 맞지 않아 보여 딴에는 걱정한답시고 한 말이었는데 제대로 빙충맞은 얘기가 돼버렸다. 주워 담을 수도 없어 하릴없는 눈동자만 굴리고 있는데, 이윽고 그가 말문을 열었다. "글쎄 말입니다. 차근차근 매출을 늘려야지요." 순간 정적이 흐르고, 나는 입을 다물었다. 그러나 말은 이미 비수가 되어버렸으니, 제발 나의 오지랖이 그의 상처를 후벼 파지 않기를 바랄 뿐이었다.

▌「폐기물관리법」

- 동·식물성 잔재물, 음식물류 폐기물, 유기성 오니, 폐식용유, 왕겨 또는 쌀겨를 자신의 농경지의 퇴비나 자신의 가축의 먹이로 재활용하려는 자는 시설·장비를 갖추어 시도지사에게 신고하여야 한다. (제46조 및 동법 시행규칙 별표5의2 및 별표16)
- '폐기물처리시설을 설치하려는 자'는 환경부장관의 허가, 승인, 신고 등을 받아야 하지만 기계적 재활용시설 중 '동력 20마력 미만'은 신고 대상에서도 제외된다. (제2조 및 제29조 그리고 동법 시행령 별표3)

압류 좀 풀어주세요

/

"돌아가신 어머님 집이 압류돼 있다는 사실을 최근 상속 과정에서 알게 됐습니다. 빚보증을 섰는데 돈을 빌려 간 사람이 갚지 않아 채권자인 시가 압류를 한 것이랍니다. 마침 세입자가 이사를 원해 다른 사람에게 세를 주려는데 압류 탓에 들어오려는 사람이 없습니다. 여윳돈이 없어 다른 세입자를 들이지 않고는 달리 전세금을 반환할 방도가 없습니다. 최근에는 세입자가 전세금 반환 소송도 제기한 상태입니다. 절박한 심정으로 집값에서 전세금을 제하더라도 담보 여력이 있으니 일시적으로라도 압류를 해제해달라고 시에 요청했습니다. 그런데 안 된다고 하네요."

문제의 압류된 집으로 향하는 길은 가팔랐다. 얼핏 보아도 폭 8미터는 족히 되고도 남아 보이는 2차선 도로가 무질서하게 주차된 차들로 인해 차 한 대 거의 빠져나갈 정도의 좁은 골목으로 변해 있었다. 그 길을 사이에 두고 닮은 듯 다른 이런저런 이름의 연립주택들이 꼬리에 꼬리를 물고 도열해 있었다. 그 모습이 흡사 물에 젖은 성냥갑 같다는 생각을 하던 차였다. 저만치 부동산 소개소가 눈에 들어왔다. 을씨년스럽기까지 한 가을비 탓에 걸음을 재촉했다. "전용면적이 열두 평 남짓이고 지하층이니까, 2500 정도면 전세는 무난히 나갈 수 있겠네요. 판다면 6000 언저리?" 공인중개사는 묻지도 않은 말까지 덧붙여가며 참으로 친절하게 설명해줬다. 6000이라니, 아무리 지하 연립주택이라고 해도 그렇지 명색이 서울 집인데……. 생각보다 가격이 헐해 놀랐다.

조사를 시작하자 수면 아래에 가라앉아 있던 불편한 진실들이 하나둘 드러났다. 그중의 압권은 '연체이자' 규모였다. 배보다 배꼽이 커도 그렇지 빌린 돈은 500만 원에 불과한데 연체이자만 1500만 원이었다. 금융권에서 10년을 넘게 지냈던 나로서도 선뜻 이해되지 않는 수치였다. 게다가 연체이자율은 15퍼센트에 불과했으니(절대 수치가 낮다는 뜻은 아니니 오해하지 마시라!) 미스터리할 수밖에. 그러나 이내 비밀이 벗겨졌다. 22년이라는 긴 세월을 계산에 넣지 않았던 것이다. 총대출 기간인 5년(2년 거치 3년 원금 분할상환) 동안 채무자가 대출금을 단 한 차례도 갚지 않았다는 사실도 기가 막혔지만, 대출 기간이 만료된 1997년부터 계산하더라도 17년 동안이나 계약이 '살아 있었다'는 사실은 시쳇말로 '허걱' 하기에 충분했다. 내가 한때 살았던 '금융'이라는 동네에서는 이 정도면 회사에서 잘려도(짤려도?) 몇 번은 잘렸을 일이다. 이런 게 복지부동이구나, 싶었다. 그런데 가만히 보니 시에서 보증인의 어려운 처지를 생각해 일부러 채권추심을 하지 않았을 수도 있겠다는 생각이 들었다. '맞아, 영세민을 위한 대출이다 보니 무작정 독촉할 수도 없었을 테고 담보

잡았다고 그냥 경매에 부치지도 못했을 거야.' 하도 기가 막히다 보니 보이지 않는 속뜻까지 헤아리는 오지랖이 발동했지만, 그것도 잠시뿐이었다. '그렇게 좋은 뜻이었다면 압류한 후부터는 연체이자 대신 정상 이자만 받았어야 하는 거 아니야?' 한번 의심이 들자 의혹은 걷잡을 수 없이 커져갔다. 압류는 해놨겠다, 이제는 그 어떤 채권보다 우선하니 굳이 서둘러 채권추심을 할 이유가 없었었던 것은 아닐까 하는 의혹 말이다. 비록 잠시지만, 10년이 지나도록 연체이자만 따복따복 챙기고 있었던 시의 처사를 오히려 두둔하려 했던(?) 자신이 부끄러워졌다.

호민관   압류를 해제하더라도 채권 보전은 가능합니다. 제가 현장을 가봤는데, 민원인 소유 부동산의 시세는 대략 6000만 원 정도였습니다. 현재 전세보증금이 2300만 원 수준이니까 이를 감안하면 민원인의 요구대로 압류를 일시 해제하더라도(세입자가 들어온 다음 다시 압류하는 조건이다. 이렇게 되면 재산 처분 시 세입자보다 순위가 밀리게 되어 보통은 채권 보전이 어려워진다) 약 3700만 원 정도는 담보 여력이 남게 됩니다. 제 판단으로는 이 정도면 시의 채권 보전도 가능할 것 같습니다. 더구나 압류를 해제해주면 융자 원금인 500만 원을 우선 상환하겠다고 민원인이 약속하고 있기 때문에(이렇게 되면 체납액이 1500만 원 이하로 준다!) 체납금 회수에 대한 우려는 글자 그대로 기우에 지나지 않을 겁니다. 또한 민원인(버스 기사로서 급여 생활자임)이 새롭게 연대보증을 서는 조건임을 감안한다면 압류된 부동산 담보 외에는 아무런 담보도 없는(채무자는 행방불명, 보증인은 사망) 현 상황에 비해 오히려 담보 가치가 상승하는 측면도 있습니다. 이처럼 ① 담보 여력이 충분하고, ② 원금도 회수하며, ③ 새로운 보증인을 추가할 수 있는 조건인데, 한사코 이를 받아들이지 않는 이유가 무엇입니까?

공무원 그런 전례가 없을뿐더러, 압류 이후 10년이 지난 지금까지 단한 푼도 갚지 않고 있는데, 채권 보전에 영향을 주는 그런 결정을 어떻게 하겠습니까.

호민관 말씀 잘하셨습니다. 그 10년 동안 시는 어떤 조치를 취했습니까? 보증 채무를 이행하라는 공문이나 한번 제대로 보냈나요? 공문이 있다면 보여주세요.

공무원 글쎄요, 아무리 찾아도 보이지 않네요. 그리고 솔직히 조금 억울한데, 제가 한 일도 아니고, 제가 이 업무를 맡은 지 채 1년이 되지 않았는데 말입니다.

맞았다. 그를 탓할 일이 아니었다. 22년이나 묵힌 일인데, 그가 무슨 죄(?)가 있겠는가. 그런 의도는 아니었는데, 마치 취조하는 모양새가 됐다. 방향을 틀어야 할 타이밍이었다.

호민관 일반적으로 돈을 빌려 간 사람이 갚아야 할 시점에 돈을 갚지 않으면 돈을 빌려준 사람은 제일 먼저 채권 보전 조치부터 합니다. 이런 관점에서 볼 때, 시의 압류는 때늦은 감은 있으나 정당한 조치였습니다. 그러나 압류 후 담보 가치가 충분하다는 이유로(그 이상의 이유를 찾지 못했습니다!) 10년이 넘도록 채권 회수(경매 등)에 나서지 않은 것은 문제입니다. 이 정도의 시간이라면 그 이유가 어디에 있든 '사회적 허용한계'를 벗어난 것이 분명합니다. 사실 시민의 세금으로 기금이 만들어졌기 때문에 대출금을 갚지 않은 사람들에게 납부 독촉을 하고 채권 회수 노력을 기울이는 것은 시 정부의 당연한 의무입니다. 그러나 이러한 의무조차도 채무자와 보증인이 갖는 법적 권리 내에서만 이행돼야 합니다. 이런 관점에서 본다면, 무려 22년 동안이나 의무를 이행하지 않음으로써(압류를 기준으로 하더라도 10년 동안 아무런 조치를 취하지 않음으로써) 비록 결과적이지만 보증인에게 원금의 세 배에 이르는 연체이자 폭탄을 안긴 행위는 채권자의 정당한 권리를 벗어난 '권한 남용'에 해당합니다. 그렇게 생각하지 않습니까?

공무원 제가 봐도 좀 심한 것 같습니다만······.

나의 지적이 '세 배와 10년' 부분에 다다르자 담당자 눈이 심하게 흔들렸다. 옳거니, 이 부분이 약점이구먼! 마지막 히든카드로 아껴두었던 소멸시효를 꺼내 들 때가 됐다고 판단했다. 압류 해제를 직접 공략하기보단 권한 남용 쪽으로 화력을 집중할 필요가 있어 보였다. 당연히 공략의 선봉은 '원금의 세 배에 이르는 연체이자'와 '10년의 침묵'이 맡아야 했다.

호민관 「민법」에서는 금전채권에 대한 소멸시효를 5년으로 규정하고 있습니다. 아무리 채권자라도 법에서 정한 일정한 요건을 이행하지 않으면 5년이 경과한 후에는 그 권리가 소멸됩니다. 대출이 최초 실행

된 1992년 당시의 「지방재정법」을 따르더라도 "금전의 지급을 목적으로 하는 지방자치단체의 권리"는 그 소멸시효가 5년입니다. 따라서 납입고지나 독촉과 같은 소멸시효 중단 조치를 취했다는 증거를 시에서 제출하지 않는 한 대출 기간 만료 시점인 1997년을 기준으로 5년이 경과한 2002년에 이미 소멸시효가 완성됐다는 것이 제 판단입니다. 이럴 경우 2004년에 취한 압류 조처는 효력이 없게 됩니다.

공무원 예?

어디서부터 말을 해야 할지 도무지 방향이 잡히지 않는다는 듯, 담당 공무원은 한동안 넋을 잃고 내 얘기만 듣고 있었다. 상대방을 구석으로 모는 데는 성공했으니 마무리만 잘하면 승리의 월계관을 챙길 수도 있겠다 싶었다. 짐짓 승리의 웃음을 감추고 최대한 예를 갖추어 피날레를 장식하는 한 방을 날렸다. "장시간 고마웠습니다. 제 의견은 조만간 서면으로 보낼 테니 시장의 결재를 받아 회신해주십시오." 오랜 경험으로 볼 때 이 정도면 게임은 끝난 것이다. 그가 자리를 떴고 난 권고문 작성에 돌입했다.

고충 해결에서 제도 개선까지
소멸시효 완성 여부가 고충 해결의 열쇠였다. 이럴 땐 법률가의 공식적 판단만 한 것이 없는 법이다. 의견을 구하라 요구했고, 다행히도 모든 법무법인에서 나의 손을 들어주었다. 혹시나 해서 예비적으로 주장했던 '압류 해제'는 논의 탁자에 오르지도 못했다. 완벽한 승리였다. 며칠 뒤, 2000만 원 가까이 되는 체납액을 전부 탕감받은 민원인 부부가 환한 얼굴을 하고 사무실을 찾았다. 돈을 갚지 않아도 된다는 말이 정말 사실이냐며 그들은 묻고 또 물었다. 어머님이 남기고 간 선물이라 생각하겠단다. 모처럼 가난한 이들의 웃음을 보았다.

사실 이번 민원은 잘못된 채권 관리 시스템에 기인한 측면이 크다. 채권 관리에 전문성이 없는 대출 실행 부서에 관리 업무를 맡긴 것에서 부터 담당자의 잦은 교체까지 부실과 비효율의 원인은 다양하다. 제도 개선이 필요해 보였다. 우선, 대출 실행 부서와 관리 부서를 나누고 채권 관리 매뉴얼을 손보는 방안에 대해 공무원들의 의견을 구했다. 그런데 대부분 방향에는 공감하면서도 그 실현 가능성에 대해서는 회의적이었다. 조직 구조를 건드려야 하는 문제여서 결론도 없이 자칫 논란만 키울 수 있다는 이유를 댔지만 실제로는 다들 판이 너무 커지는 것을 감당할 자신이 없어서 그런 것이었다. 그런데 사실은 나도 그랬다. 솔직히 행정의 세세한 부분을 잘 모르니 일을 저지를(?) 용기가 나지 않았던 것인데, 게다가 나에겐 시간도 없었다. 그러고 보니 짐 싸야 할 날이 100일도 채 남아 있지 않았다.

원금의 몇 배에 이르는 연체이자 문제 하나만이라도 고치자는 쪽으로 마음을 고쳐먹었다. 연체이자 부과 기간을 제한(최대 5년)하는 것이 그 출발점이라 생각했다. 마침, 지자체 몇 군데에서도 비슷한 제도를 운용하고 있었다. 민원을 해결하면서 주무 부서의 개선 의지를 이미 확인했던 터라 자신 있게 제도 개선에 나섰다. 난 고치자고 건의했고, 시는 그러자고 화답했다!

▎「지방재정법」

- 금전의 지급을 목적으로 하는 지방자치단체의 권리는 그 소멸시효가 5년이
다. (제82조)
- 「민법」에 있는 '소멸시효의 중단 및 정지에 관한 규정'을 금전의 지급을 목
적으로 하는 지방자치단체의 권리에 준용하도록 하고 있다. (제83조)
- 이를 따를 경우, '납입 고지(「지방재정법」 시행령 제111조)'와 '독촉(동 시
행령 제112조)' 그리고 '강제 이행청구(동 시행령 제113조)' 등을 통해 소멸
시효는 중단된다.

▎「민법」 제2조 1항

- 권리의 행사와 의무의 이행은 신의에 좇아 성실히 하여야 한다.
- 신의성실 원칙은 특히 당사자의 신뢰관계를 기반으로 하는 채권법의 영역
에서 채권행사와 채무이행에서 발생·발전한 법리로서 근본 사고방식은 권
리남용의 법리와 공통된 점이 많다.
- 한편 판례는, '권리의 행사가 외관상 적법한 것으로 보여도 실질적으로 권
리가 인정되는 본래의 목적이나 권리의 공공성, 사회성에 반하여 그 권리의
사회적 허용한계를 일탈한 것이라면 이에 대한 법률효과를 부여할 수 없다'
고 하고 있다. 이른바 '권리남용금지의 원칙'이다. "체납된 지방세를 납부하
지 아니한 때에는 가산금에 더해 중가산금을 징수하되, 그 징수 기간은 60
개월을 초과하지 못하도록" 한 「지방세기본법」[가산금(제59조), 중가산금(제
60조)] 규정은 '신의성실 원칙에 따른 채권자 권리남용 금지'의 예라고 할
수 있다.

점용료는 엿장수 맘대로

/

점용료는 공물(公物) 관리자가 공물의 사용 대가로 징수하는 것을 말하는데, 사용료 또는 대부료라고도 한다. 공물의 종류에 따라 도로 점용료, 하천 점용료, 소하천 점용료, 공유수면 점용료 등으로 나뉜다. 또한 점용료 산정 기준은 각 법률의 대통령령에 규정되어 있다. 그러나 실제 점용료는 엿장수(공무원) 맘대로 부과된다.

사례 1: 구거 점용

"저, 요 앞 수로 말입니다." 도랑이라 부르려다 좀 유식한 티를 내려고 '수로'라 했는데 우리 사무실 김 주사는 한술 더 뜬다. "아, 구거요?" 이러면서 말이다. 구거라니, 솔직히 난 그때까지 듣도 보도 못한 말이었다. 궁금한 건 못 참는 성격인지라 무슨 뜻인지 물어보려는데, 순간 쪽팔린다는 생각이 스쳤다. 명색이 행정의 잘잘못을 따져야 하는 사람인데 이 정도 용어를 모른다고 하면 얼마나 우습게 볼까 하는 자격지심 비슷한 게 꿈틀댔던 것이다. 아무튼 나는, 말하려는 게 바로 그것이라는 듯 대충 고개를 끄덕이며 용케도 무식(?)의 혐의를 벗어났다. 그런데 그 업과인지는 몰라도, 나는 '구거의 덫'에 걸리고 말았다. 허구한 날 도랑['구(溝)']과 개천['거(渠)'] 상담이 줄을 이었으니 말이다.

피치 못할 사정으로 국가 소유 '구거'를 빌려 쓰고 있다는 장 씨가 나를 찾았다. 10년이나 지난 얘기인데도 그는 마치 어제 벌어진 일인 양 당시 상황을 생생하게 묘사했다. 모든 민원이 그렇듯 그 역시도 시의 일방적 행정을 성토하는 데서부터 증언을 시작했다. 이 대목에 이르면 항시 반만 믿자 하는 주의인데 장 씨가 펼쳐놓은 사연은 이러한 다짐조차 하릴없이 만드는 그 무엇이 숨어 있었다.

1990년대 후반 무렵, 느닷없이 토지구획정리사업인가 뭔가를 한다면서 잘 다니던 집 앞길을 시가 파헤쳤다. 몇 년의 공사 끝에 드디어 신작로가 생겼지만, 장 씨 가족은 즐거워만 할 수 없었다. 비탈졌던 옛날길을 흙을 돋아 포장하다 보니 도로가 집보다 높아져 집으로 드나드는 출입로가 사라졌기 때문이다. 그러나 집에 인접한 또 다른 길(농로)이 있어서 출입로 멸실 따윈 크게 문제 삼지 않았다. 도로를 포장하면서 제법 큰 돈을 보상받기도 했고 마을이 쾌적해지면 언젠가는 땅값이 오를 거라는 기대가 있어서였다. 그런데 아무런 문제 없이 그렇게 15년을 지낸 장 씨의 심사가 얼마 전부터 뒤틀리기 시작했다. 인근 복덕방 김 씨가 청천벽력 같은 폭탄 발언을 쏟아냈기 때문이다. 우연히 만난 김 씨에게 별 뜻 없이 땅 시세가 어느 정도 되느냐 물었는데, "글쎄요, 맹지라 다른 곳에 비해 가격이 좀 떨어지겠는데요" 하더란다. 지적도(地籍圖)로는 도로와 인접해 있는 땅이지만 집이 도로보다 낮은 곳에 위치하고 있어 별도 진입로를 만들지 않는 한 맹지와 다를 바 없다는 것이 김 씨의 설명이었다. 기가 막혔다. 개발제한구역 해제만 바라보고 30년을 버텼는데 갑자기 짱돌 하나가 날아든 것이었다. 그러나 그때까지도 장 씨의 마음은 지금처럼 절망적이지는 않았다고 한다. 지금 집을 당장 어디에 팔 것도 아니고 집 뒤로 도시계획 도로가 예정되어 있으니 언젠가 개통되면 모든 문제가 해결될 것이라 믿었기 때문이다. 그런 상황에서 이번 일이 터졌다. 아니 정확히는, 새로운 문제가 생긴 게 아니라 그전에는 몰랐던 사실을 알게 된 것이다.

장 씨가 이용하는 마을 안길은 차 한 대가 겨우 빠져나갈 정도의 좁은 도로로 길과 집 사이에 놓인 구거가(물이 마르고 높이도 일반 토지와 같은 '말뿐인' 구거가 우리나라에는 겁나게 많다!) 출입구 구실을 하고 있었다. 사실 장 씨는 이 집으로 이사 온 1980년대부터 이 출입로를 사용해왔는데, 당시에는 사용료를 내라고 하는 사람도 없었고 출입구 사용 대가로 돈을 낸다는 것도 상상할 수 없었기 때문에 집 앞길이 포장되고 나서 마을 안길을 이용할 수밖에 없게 될 때까지는 단 한 푼의 사용료도 내지 않았다고 한다. 그러다 우연히 마을 안길 옆으로 길게 들어선 밭에 눈길이 갔던 것인데, 반찬값이라도 벌 요량으로 땅 주인인 국가에 '점용' 허가를 신청했다가 이제까지 '공짜로' 다니던 출입구까지 한꺼번에 점용허가를 받는(받아야 하는) 불상사(?)가 생겼던 것이다. 그러나 장 씨는 달라면 달라는 대로 그렇게 꼬박 15년을 땅 사용료를 지불했다고 한다. 그런데 이상한 일이 벌어졌다. 작년 이맘때쯤 더는 농사짓기가 힘이 들어 점용을 포기했는데 오히려 점용료를 더 내라는 통지가 온 것이다. 전체 100평 중에 출입구 조로 5평만 남기고 95평을 반납했는데 점용료가 더 오르다니, 정말이지 억울했다. 그러나 물어볼 사람이 없었다. 속만 끓었다는 장 씨가 통장의 손에 이끌려 찾은 호민관에게 격정을 토했다.

호민관 시가 지난 1998년에 교부한 점용허가증을 보면 「공유수면관리
법」에 따라 허가한다고 되어 있는데, 정작 점용료는 「소하천정비법」
에 따라 계산하고 부과했네요.

공무원 글쎄요, 저도 그 부분이 이상합니다. 하지만 점용료는 정당하게
부과됐다고 생각합니다.

호민관 「소하천정비법」을 보면 소하천구역으로 지정된 소하천만을 대
상으로 한다고 되어 있습니다. 그런데 민원인이 점용하고 있는 구거
는 소하천구역으로 지정되지 않았고 폐천(廢川)부지로도 지정된 바 없
습니다. 그러면 「소하천정비법」을 적용해 점용료를 부과할 수는 없는
거 아닙니까?

공무원 …… 관련법을 다시 한 번 살펴보고 말씀드리겠습니다.

호민관 「공유수면법」과 「소하천정비법」 간에 점용료 차이가 너무 크
거든요. 요율뿐 아니라 땅(구거) 가격 평가 기준도 엄청나게 차이가 납
니다. 게다가 점용 면적도 실제에 비해 너무 과도하게 책정되어 있는
것 같습니다. 세상에 출입구로 18평을 사용한다는 것이 말이 됩니까.
기껏해야 5평 정도면 충분한데 말입니다.

공무원 시정 권고든 의견 표명이든 통보해주시면 검토하겠습니다.

호민관 실제 사용된 점용 면적을 기준으로 「공유수면법」에 따라 점용
료를 다시 계산해서 지난 5년간 민원인이 과납한 점용료를 돌려줬으
면 합니다.

점용료를 아예 받지 말아야 한다고 권고할 참이었다. 공익사업 탓

에 원래 출입구가 없어져 대체 출입구로 사용하기 위해 불가피하게 구거를 점용한 점이 인정됐기 때문이다. 그런데 점용료를 면제할 법률 규정이 없었다. 사실 이 정도는 돼야 억눌렸던 마음이 좀 풀릴 텐데 좀체 묘수가 보이지 않아 답답했다. 전투는 이겼는데 전쟁을 끝내지 못하는 상황이랄까. 아무튼 그렇게 시간만 흘렀는데, 장 씨가 스스로 퇴로를 열어주었다. 내가 제시한 셈법을 따르면 돌려받을 점용료가 제법 쏠쏠하더란다. 그 돈이면 앞으로 10년 정도는 점용료를 내고도 남겠다면서 더는 문제를 크게 만들지 말자는 게 아닌가. 못 이기는 척 그의 제안을 따랐고 시 집행부도 흔쾌히 나의 중재안을 받아들였다. 끝이 좋으면 다 좋은 것이니!

▌구거

- 하천보다 규모가 작은 4~5미터 폭의 개울을 뜻한다. 용수(用水) 또는 배수(排水)를 위하여 일정한 형태를 갖춘 인공적인 수로·둑 및 그 부속시설물의 부지와 자연의 유수(流水)가 있거나 있을 것으로 예상되는 소규모 수로 부지이다. (「측량·수로조사 및 지적에 관한 법률」 시행령 제58조)

▌구거 점용

- 구거를 점용하기 위해서는 기본적으로 「국유재산법」이 정한 절차를 따라야 한다. 그러나 「소하천정비법」(제14조 및 제22조)이나 「공유수면관리법」(제5조) 등도 구거 점용에 대한 규정을 두고 있기 때문에 이를 따를 수도 있다. 또한 「소하천정비법」은 소하천구역 지정을 전제하고 있는바, 동 구역으로 지정되어 있지 않은 구거는 「소하천정비법」 적용 대상이 아니다.

사례 2: 하천 점용

차창 밖으로 현수막이 어지럽게 널려 있다. 세간을 떠들썩하게 했던 광명-시흥 보금자리주택지구 지정 취소의 후폭풍이 목하 진행 중이다. 분당 규모에 맞먹는 대규모 택지 지구를 건설하겠다며 의욕적으로 시작됐던 이명박표 '보금자리' 정책이 몰락하고 있다. 수용될 줄로만 알고 담보 잡혀 빚을 냈던 일단의 땅 주인들이 당장 해결책을 마련하라며 아우성을 치고, 이런저런 보상을 기대하며 인간 이하의 삶조차 기꺼이 감내했던 무산자들의 원망이 하늘을 뚫고 있다. 그 많은 공장 같지 않은 공장은 다 어디로 갈 것이며, 미로처럼 얽히고설킨 저 흉측한 도로들은 또 어떻게 할 것인가. 말로만 듣던 참상(?)을 목도하는 기분은 그래서 더 참혹하다. 저만치 '보금자리'가 낳은 또 다른 흉물이 모습을 드러낸다. 무슨 기막힌 사연을 안고 있을까, 발걸음이 무겁다. 'ㅇㅇ천'이라고 쓰여 있는 하천 제방 길로 접어들자 세련된 옷차림의 여사장이 나를 반긴다. 국방부로부터 점용을 허가받아 설치한 것이라며 자신의 공장(비닐하우스)을 소개하기에 바쁘다. 공장 앞 콘크리트 도로를 가리키며 이곳에서 공장을 하는 사람들이 사비를 들여 만든 것이라고 설명한다. 도대체 무슨 억울한 일을 당했느냐는 물음에 꾹꾹 누르고 있던 사연의 보따리를 풀기 시작한다. 역시나 자신은 잘못이 없단다.

여사장 잘 아시겠지만, 이곳은 2010년까지 개발제한구역이었습니다. 설사 내 땅이라 하더라도 농지에서는 농사 외로 할 수 있는 일이 별로 없는 글자 그대로 '제한지역'이었습니다. 그런데 나라 땅인 경우는 오죽하겠습니까. 운 좋게 점용허가를 받더라도 농사만 지어야지 지금처럼 공장을 설치하는 것은 불법이었지요. 그러던 것이, 2010년 봄쯤 이 지역이 보금자리주택지구로 지정되면서 개발제한구역이 해제됐습니다. 그 무렵 땅 주인인 국방부로부터 점용허가를 받아 지금의 공장을 설치한 것입니다. 그런데 4년이나 지난 지금에 와서 느닷없이 이곳이 시 땅이라며 미납한 점용료를 납부하라니 제가 환장하지 않겠습니까? 쓰레기 불법 투기 좀 단속해달라고 이제껏 수없이 많은 민원을 넣었었는데, 간이 붓지 않고서야 불법 점용을 한 사람이 그런 행동을 할 수 있었겠냐 말입니다.

호민관 점용 사실을 몰랐다는 주장은 신빙성이 있어 보이네요. 지적도를 보니 공장이 위치한 토지 대부분이 국방부 소유고 국토부 소유 하천제방 부지는 일부에 지나지 않는데, 국가(국방부)에 오랜 기간 점용료를 납부해온 사람이 굳이 상대적으로 작은 규모의 또 다른 국가 소유 토지(하천제방)에 대해서만 무단 점용할 이유는 없다고 보기 때문입니다. 그렇지만 몰랐다고 무단 점용 행위가 정당화되지는 않습니다. 그 점은 어떻게 생각하십니까.

여사장 저도 그렇게 생각합니다. 사실 제가 억울하게 느끼는 이유는 변상금 산정 기준 때문입니다. 지난 4년간 내야 할 점용료의 120퍼센트를 내는 것도 이의가 없습니다. 그런데 점용의 용도가 '야적'이라는 데는 동의할 수 없습니다. 한번 보십시오. 이게 야적한 겁니까? 공작물을 설치한 거지.

호민관 일리가 있어 보입니다. 그럼 옆 공장은 어떻게 처분을 받았는지 아십니까?

여사장　저랑 하는 일이 똑같은데 그분은 '공작물 설치'라며 땅 가격에 3
퍼센트만을 적용해 변상금이 책정됐습니다.

호민관　알겠습니다. 들어가서 알아본 후 연락드리겠습니다.

　　자료 제출을 요구하는 통보서를 보내자마자 담당 공무원이 사무실
을 찾았다. 만약 구구절절 변명을 늘어놓는다면 단칼에 응징(?)하리라
발톱을 숨기고 잔뜩 웅크리고 있는데, 난데없는 평화의 메시지가 전달됐
다. 개운하게(?) 시정하겠단다. 당초 부과했던 변상금을 취소하고 새로
운 기준에 맞춰 감액된 변상금을 통보하겠다는 얘기였다. 살다 보니 이
런 일도 있구나, 싶었다. 옳거니, 나의 진심이 전달됐단 말이렷다! 만세
라도 부르고 싶었다.

　　해결의 기쁨이 채 가시지 않은 어느 날, 여사장으로부터 전화가 걸
려왔다. 그의 목소리는 격앙돼 있었다. "호민관님, 이 무슨 날벼락입니
까. 점용허가를 내줄 수 없다고 합니다." 변상금도 냈겠다, 이제부턴 합
법적으로 점용을 하겠다며 점용허가를 신청했는데 점용허가 사유에 해
당하지 않는다면서 반려 처분서를 보내왔다는 얘기였다. 순간 '보복'이
라는 단어가 스쳤다. 만약 그런 것이라면 절대 그냥 넘길 일이 아니었다.
담당자를 급히 호출했다. "도대체 뭐하자는 얘깁니까. 전 아무리 생각해
도 보복으로밖에 보이지 않는데, 민원을 제기했다고 이렇게 부당한 처분
을 내릴 수 있는 겁니까." 거의 속사포 수준으로 법률 위반을 따지고는
호민관 제도를 부정하는 것이라 몰아세웠다. "무슨 말씀을…… 정말이

지 억울합니다. 저도 웬만하면 점용허가를 내주고 싶습니다. 그런데 경기도에서 지침이 내려왔어요. 아시다시피 ○○천의 관리청은 경기도인데, 하천제방은 어떤 이유로도 점용허가를 내주지 말랍니다."

싸움의 대상이 경기도로 바뀐 것이다. 그렇다면 속수무책이다. 경기도 사무는 호민관 권한 밖에 있기 때문이다. 항복할 수밖에. 소송을 권하는 것으로 여사장과의 인연은 그렇게 끝이 났다. 희극에서 비극으로 말이다.

▎ 하천 점용

- 하천시설의 점용 또는 공작물의 신축 등은 하천관리청(지방하천의 경우, 도지사)의 허가를 받아야 하며, 그 유효기간은 5년이다. (「하천법」 제33조)
- 하천 점용료 징수 주체는 도지사이며, 허가를 받지 아니하고 하천을 점용한 자에 대해 그 점용료의 100분의 120에 상당하는 금액을 변상금으로 징수할 수 있으며, 점용료와 변상금의 금액 및 징수방법 등은 대통령령으로 정하는 범위 안에서 도의 조례로 정할 수 있다. (「하천법」 제37조)

내 땅에 웬 물길

/

사례 1: "당신 땅으로 개천이 흐른다고 상상해보시오.
환장하지 않고 배기겠나."

　　　　비 온 후의 밭두렁은 질퍽하기가 무른 밀가루
반죽 같았다. 모처럼 닦은 구두를 버리지 않을 요량으로 양복바지 밑단
을 발목까지 접고 조심스레 걸음을 내디뎌봤지만 헛수고였다. 미간의 짙
은 주름살로 인해 괴팍해 보이기까지 한 초로의 농군이 저만치서 나를
반겼다. 그가 안내한 문제의 수로는 사나운 소리를 내며 굽이쳐 흐르고
있었다. 최소한 어른 키 정도는 돼 보이는 높이에 폭은 어림잡아도 2미
터는 족히 넘어 보였다. 밭 크기가 200평이라는데 수로가 수십 평은 잡
아먹고 있었다. '나'라도 기막힐 일이었다.

민원인　제가 이 땅을 산 지 5년이 넘어가는데, 처음에는 저 수로가 나라
　　　것인 줄 알았습니다. 근데 얼마 전 측량을 해봤더니 제 땅이 아니겠습

니까. 그래서 시청을 방문해 "수로를 메우고 대체 수로를 만들어달라"라고 요구했지요. 아 근데, 자연스럽게 형성된 물길이라며 제 얘기는 귓등으로도 듣지 않는 겁니다. 아니, 내가 만든 수로도 아니고 비만 왔다 하면 범람하는 저 수로를 시가 아니면 누가 정비한단 말입니까.

호민관 지적도를 보니까 제가 걸어온 밭두렁 옆으로 국가 소유 구거가 있던데 왜 물길이 이쪽으로 났나요.

민원인 저도 자세히는 모릅니다만, 인근 주민들 얘기로는 제 밭 위로 논이 있었는데 그 논 주인이 몇 해 전 논을 밭으로 만들기 위해 복토를 했다고 합니다. 그 바람에 산에서 흘러온 물을 하천으로 이어주던 농수로가 사라졌고 졸지에 제 밭에 수로가 생긴 거랍니다. 말씀하신 구거도 그 시점부터 사실상 폐천이 됐고요.

호민관 구거를 수로로 만들면 될 것 같은데 왜 시는 이를 거부하죠?

민원인 지금은 물길이 하천으로 바로 가로질러 가는데 구거를 이용하면 'ㄴ' 자로 가야 하기 때문에 공사비가 엄청나게 많이 든다고 합니다. 웬만하면 수로를 이설해주겠는데 아무 잘못도 없는 시가 그렇게 많은 돈은 들일 수 없다나 뭐라나요.

시의 책임이 어디까지인가가 쟁점인 듯 보였다. 논의 형질변경 과정이 적법했는지부터 살펴봐야 할 것 같았다. 설령 시의 잘못이 아니라고 해서 재난 예방과 구제 책임까지 없어지는 것은 아니지만 그건 그다음에 다투어도 될 일이었다.

호민관 논의 형질변경 허가서를 읽어보니 "배수로 등은 설계도에 의거 견고하게 시공토록 하고 주변에 피해가 발생하지 않도록 하라"라는 조건이 명시되어 있던데, 결국 이 조건이 이행되지 않아 민원인에게 피해가 갔으니 시가 관리 책임을 져야 하는 것 아닙니까.

공무원 사실 10년이 지난 일인지라 이번 사태의 직접적 원인을 밝히는 것은 불가능합니다. 논을 밭으로 바꾸면서 붙였던 허가 조건을 이행하지 않아 그런 것인지, 아니면 다른 이유 때문인지 솔직히 누가 알겠습니까. 그렇다고 시가 나 몰라라 하겠다는 것은 결코 아닙니다. 지금은 재난 예방적 관점에서 문제를 풀기 위해 노력 중에 있습니다.

호민관 그런데 지목상 구거에다 수로를 이설하는 것은 반대하셨다면서요.

공무원 그건 불가능합니다. 예산이 2억이나 소요됩니다. 그 정도면 비슷한 수로 여러 곳을 정비할 수 있는데 어떻게 몇십 미터밖에 되지 않는 수로를 옮기는 데 쓰겠습니까.

호민관 그럼 대체 수단이라도 강구하셔야죠. 보상을 해주든가, 아니면 관로를 지하에 묻고 수로를 메워주든가 말입니다. 제가 알기로는 민원인에게 관로 매설 방식을 제안하신 적도 있다면서요.

공무원 사실 민원인이 맨 처음 민원을 제기했던 작년에 관로 매설 방식이 검토됐었는데, 그때는 민원인이 거부했습니다. 왜 내 땅에 관로를 묻느냐면서 말입니다. 그런데 유감스럽게도 지금은 민원인이 이를 수용하더라도 저희가 매설해드릴 수가 없습니다.

호민관 왜요? 예산도 받아놨겠다 민원인이 동의하면 지금이라도 매설

할 수 있는 거 아닙니까?

공무원 기술적으로 불가능합니다. 전문가 말로는, 수로관을 매설하면 토사 유입으로 인해 관로가 막혀 제2의 물난리가 날 수 있다고 합니다. 현재로서는 개거식(양 벽면을 콘크리트로 타설해 만든 U자형 수로) 외에는 대안이 없습니다.

기술적 검토가 필요했다. 자문위원을 대동하고 현장을 재차 방문했다. 수로관을 묻으려면 매우 큰 사이즈를 묻어야 하는데, 그러면 매설한 관로가 표면으로 돌출할 수밖에 없어 매설 후 농지로 이용하겠다는 민원인의 목적을 달성할 수 없을 것으로 보인다고 했다. 그 역시도 개거만이 유일한 해답이라고 설명했다. 퇴로가 막혔다.

민원인 입장에서는 씨알도 안 먹힐 소리였다. 땅에 수로가 생긴 건 기막힌 일이지만 백번 양보해서 관로를 묻고 수로를 메워주면 아쉬운 대로 농사를 지을 수 있겠다고 한 것인데, 수로 이설도 관로 매설도 아닌 그냥 수로만 '예쁘게' 고쳐주겠다고 하는 것이나 마찬가지인 이런 걸 대안이라 내놓았으니 그가 동의할 수 있겠는가. 그렇다고 시의 난처한 입장을 이해 못 할 바도 아니었다. 그렇지만 뭐랄까, 시민의 아픔을 해결할 생각이라기보단 기계적 대응에 치중한다는 느낌만은 지울 수가 없었다. 어쩌겠는가. 이럴 땐 한계를 고백하는 것 외에는 다른 방도가 없는 법이다. 소송이 유일한 해결책이라 전하고 나는 빠지는 수밖에.

사례 2: "왜 멀쩡한 나라 땅 놔두고 내 논을 하천으로 만드느냐고요."

　　　　　　　최 씨는, 10년이면 강산도 변한다지만 이곳은 어제와 오늘 그리고 내일이 같다고 했다. 어김없이, 개발제한구역이 물매를 맞았다. 그러고 보니 그의 말마따나 어딘지 모를 음습한 기운이 마을 구석구석을 감싸고 있었다. 전혀 어울릴 것 같지 않은 비정형의 논밭과 추레한 모습의 공장들만이 초겨울 한낮의 스산함을 더했다. 회색빛 벽돌과 검은색 차양막 그리고 낡은 녹색 지붕으로 이루어진 정말이지 공장 같지 않은 공장의 담벼락을 끼고 개천이 흐르고 있었다. 멀리뛰기로 건널 수 있을 정도의 좁은 폭이었으나 양 벽면이 콘크리트로 이루어져서 그런지 꽤 넓어 보였다. 이럴 땐 개천이 아니라 하천이라 불러도 될 듯싶었다. 최 씨가 바로 그 개천을 가리켰다. "우리가 지금 서 있는 이 둑하고 저 개천이 제 땅입니다."

최 씨　　10년 전에 이 땅을 샀습니다. 우리가 서 있는 곳 바로 뒤로 쳐진 펜스 안쪽 땅도 그때 같이 산 것입니다. 보면 알겠지만, 제 땅 ○○번지 대부분이 배수로입니다. 언제인지 모르겠지만, 나라에서 정비도 한 모양입니다. 개인의 재산을 지켜줘야 할 국가가 도리어 국민에게 피해를 준 형국인데, 이게 말이 되는 겁니까. 어떻게 남의 땅에다가 배수로를 만들 생각을 했는지 도대체 알다가도 모를 일입니다.

호민관　　지적도를 보니까 펜스 안쪽 땅 중에는 국가(농림부) 소유 구거도 포함되어 있던데요. 점용허가는 받으셨나요?

그러면 안 되는 일이지만, 순간 나도 모르게 그의 아픈 곳을 찔렀다. 물길이 나 있는 걸 알고서 땅을 샀을 것이라는 의혹이 들면서부터 왠지 모르게 그의 한마디 한마디가 귀에 거슬렸다. 선입관……. 나의 질문은 삐딱해지고 있었다.

최 씨 내 땅을 빼앗겼으니 나라 땅이라도 제가 이용해야 하는 거 아닙니까. 지금이라도 국가에서 보상을 해주면 당장에라도 펜스를 옮길 겁니다.

호민관 보상이라면…….

최 씨 원래 구거에다가 배수로를 만들고 제 땅은 메워주면 되는 거지요. 그게 힘들다면 구거와 제 땅을 맞바꿔주든가요. 이도 저도 아니면, 제 땅을 수용하면 될 일입니다.

나도 사람인지라, 간혹 지나치게 탐욕스러운(이 또한 편견의 산물인 경우가 많지만) 사람들을 만나면 의욕을 잃곤 한다. 최 씨의 경우가 그랬다. 측량을 했더니 본인 소유 땅으로 현황도로가 침범한 것 같으니 시가 이설해주지 않으면 도로를 막겠다고 하질 않나, 땅의 대부분이 하천인데도 공장용지로 재산세를 부과했다며 바로잡아달라고 하질 않나, 아무튼 그의 요구는 많·았·다. 사실관계나 파악한 후 비난이든 거절이든 하자는 생각에 마지못해 담당 공무원을 불렀다.

호민관 하천을 정비하면서 소유관계도 확인하지 않고 하나요? 「소하천정비법」을 보니까, 소하천구역으로 지정할 때는 고시는 기본이고 개인 소유자들의 토지나 건축물 등은 수용하게 되어 있던데 말입니다.

공무원 말씀이 맞습니다. 그런데 저희 과에서는 2009년에 그 지역을 하천구역으로 지정했습니다. 민원인 땅은 구역으로 지정도 되기 전에 누군가 정비를 했던 모양입니다. 당시 서류가 있으면 저도 속 시원히 정황을 설명해드릴 수 있을 텐데 그러지 못해 죄송합니다. 다만 소유자의 동의를 받지 않고 공사를 할 수 있었겠느냐는 의문은 솔직히 듭니다.

호민관 어느 부서인지는 모르지만, 시가 공사한 것만은 분명한 것 같은데요. 만약 농어촌공사가 공사를 했다면 시에 등록했어야 하는데 확인해보니 등록이 돼 있지 않았습니다. 그렇다면 농업용 배수로가 아니라 하천정비 차원에서 시가 공사를 한 것이라고 볼 수 있는 거 아니냐는 얘깁니다.

공무원 예, 그럴 가능성이 제일 높아 보입니다.

호민관 어떤 이유에서건, 수용이나 사용 동의 없이 개인 땅을 수로로 만든 것은 잘못입니다. 늦었지만, 보상 절차를 밟든가 원상회복 조치를 해주어야 할 것 같은데 어떻습니까?

말은 그렇게 했지만, 실제 시가 취할 수 있는 선택지가 그리 많지 않다는 것을 알고 있었다. 특히, 최 씨가 원하는 구거부지와의 교환은 법적으로 불가능했다. 교환의 전제는 구거가 더는 구거가 아니어야 하는데, 개천에 붙어 있는 구거까지 소하천구역으로 지정되어 있어 교환 대상인

'폐천부지'로 인정되지 않기 때문이었다. 결국 나의 주문은 수용(사용)과 이설 중에 선택하라는 최후통첩과 다를 바가 없었다. 물론 주문을 수용하지 않고 "소송하라"라고 버티면 그뿐이지만 말이다. 그러나 이번 경우는 시가 나의 의견을 받아들였다. 달리 거부할 논거를 찾지 못했던 모양이다. 수용과 이설, 이제는 선택만 남게 됐다.

단상 그리고

지적도에 나와 있는 지목과 실상이 다를 때가 종종 있다. 지목은 도로인데 가보면 밭이고 논이 분명한데 실제는 도로로 쓰이는 경우가 그렇다. 구거라고 표시되어 있는데 막상 가보면 물길은 찾아볼 수 없는 경우도 있고, 분명 밭이어야 하는데 개천이 떡하니 자리 잡고 있는 경우도 있다. 그런데 이러한 황당한 경우도 그 유형이 하나가 아니다. 대체부지가 있느냐 없느냐로 나뉜다는 얘기다. 명목과 실질이 뒤바뀌기는 했어도 인접한 곳에 대체가 가능한 부지(도로, 구거 등)가 있으면 명목을 실질로 혹은 실질을 명목으로 바꾸면 문제가 해결되지만, 만약에 국가가 소유하고 있는 도로나 구거가 인근에 없는 경우라면 개인 사유지가 지목과 달리 도로나 구거로 사용되고 있는 사람들은 그야말로 만인과의 싸움에 내몰리게 된다. 전자의 경우는 국가라는 대화 상대라도 있지만, 후자의 경우는 인근 주민 전체와 전쟁을 치르는 것 말고는 다른 방도가 없는 경우가 대부분이다.

버젓이 국가 소유 도로와 구거가 인접해 있는데도 현장을 가보면 사유지를 도로와 구거로 쓰는 경우가 허다하다. 행정이 무신경했던 탓이리

라. 바로 이 지점에서 행정에 대한 불만이 싹트는데 나를 찾는 고객(?)의 태반이 이 경우에 해당한다. 왜 나라 땅은 놔두고 내 땅을 쓰느냐는 것이다. 말인즉 맞다. 그런데 시의 얘기를 듣다 보면 무조건 비난할 수만은 또 없게 된다. "어디 한두 군데가 그래야지 바로잡든 할 것 아니냐"라는 탄식에 고개가 끄덕여지기 때문이다. 예산, 늘 돈이 문제였다.

앞의 두 사례는, 민원인들이 땅을 살 때부터 이미 물길이 있었다는 점 때문에 이른바 '순수성'을 의심받았다. 개인의 이익 추구가 무슨 죄도 아니고 게다가 꼭 순수해야 할 이유도 없지만(순수한 경우는 또 어떤 것인지도 잘 모르겠지만) 최소한 물길의 존재가 땅 가격에 반영됐을 것이라는 점에서 나는 합리적 의심을 거두지 않았다. 그런 땅만 골라 싼값에 사들인 뒤 국가를 상대로 소송을 하는 전문가의 모습을 그들에게서 보았던 모양이다. 바로 그 대목에서 나는 멈칫했다. 혹여나 나의 활약(?)으로 인해 선량한 시민들만 결과적인 피해(세금을 낭비하는)를 보는 것은 아닌지 하는 걱정이 앞섰기 때문이다. 그러나 어찌하랴. 나는 시민을 판단할 권한이 없는 사람인 걸. '그저, 설사, 말이 안 되는 일이라도, 억울하다면 억울한 것이고, 공익을 명백히 해하지 않는 한 나의 주문은 오로지 민원인만을 향해야 한다.' 그리 믿고 또 그리 갈 뿐이었다.

▌「소하천법」
- 소하천은 시장 등이 지정하며, 소하천을 지정하는 때에는 총리령으로 정하는 바에 따라 그 명칭과 구간을 고시하여야 한다. (제3조)

- 시장은 시행계획에 따라 소하천의 정비를 시행하기 위하여 필요하면 그 시행계획이 실시되는 구역에 있는 토지·건축물 또는 그 토지에 정착된 물건의 소유권이나 그 토지·건축물 또는 물건에 관한 소유권 외의 권리를 수용하거나 사용할 수 있으며, 수용 또는 사용에 관하여는 「공익사업을 위한 토지 등의 취득 및 보상에 관한 법률」을 준용한다. (제12조)

▌「농어촌정비법」
- 농지 보전이나 농업 생산에 이용되는 저수지, 양수장, 관정 등 지하수 이용시설, 배수장, 취입보, 용수로, 배수로, 유지, 도로, 방조제, 제방 등과 같은 농업생산기반시설을 관리(개수·보수와 준설 포함)하는 자는(농업기반공사 등) 그가 관리하는 농업생산기반시설을 시장 등에게 등록하여야 한다. (제2조 및 제17조)

어린이집 인허가

/

사례 1: 상담 따로 허가 따로

지역에서 왕성하게 활동 중인, 나름 '빽'이 있다
는 B 씨가 어린이집 운영을 계획 중인 30대 초반의 딸을 대동하고 시청
을 방문했다. 특정 지역에서 가정 어린이집 설치가 가능한지를 묻기 위
해서였다. 다행히도 가능하다는 답변을 들은 모녀는 곧바로 장소 물색에
나섰다. 그런데 그때부터 일이 꼬이기 시작했다. 새롭게 부임한 담당자
가 "그 지역은 신규 설치가 불가능하다"라며 기존 입장을 번복했기 때문
이다. 공무원의 말만 믿고, 다니던 직장까지 사표를 내던진 B 씨의 딸은
난감했다. 시청을 방문해 인가 가능성을 재차 물어봐도 불가 입장만 되
풀이할 뿐이었다. 그러던 중 분노에 기름을 붓는 사건이 터졌다. '불가'
라고 했던 곳에 떡하니 신규 어린이집이 인가가 난 것이다. 그러나 분통
은 터져도 혹여나 '밉보일까 봐' 다음을 기약하며 항의 한번 제대로 하지
못하고 있었는데 문제의 사건이 터졌다. 새로운 해가 시작됐기 때문에

신규 허가가 날 것으로 기대했던 모녀에게 "수급 계획 자체가 없다"라는 얘기가 전달된 것이다. 더는 참을 수 없었던 그들이 호민관을 찾았다. 당초 시가 약속한 대로 가정 어린이집 설립을 허용해줄 것을 요구했다.

"작년 3월부터 누리과정이 전면적으로 시행되는 바람에 보육 기관별 정원이 확대됐습니다. 그런데 그해 8월에 ○○○어린이집 인가가 이루어지면서 ○○지역의 공급비율이 100퍼센트를 초과해버렸습니다. 그 이후(9월)에는 ○○지역이 신규 인가 제한 지역으로 묶이게 된 것이고요." 이 일을 맡은 지 얼마 되지 않은, 책임(?)에서 자유로워 보이는 담당자가 저간의 사정을 설명했다. "오케바리! 모녀가 시청을 처음 방문한 시점이 6월이었으니 그 당시에는 신규 설치가 가능했다는 말이렷다." 그러니까 6월과 8월 사이에 도대체 무슨 일이 일어났는지 그것만 밝히면 될 일이었다. 그런데 어떻게? 한쪽은 "가능하다"라는 말을 들었다 하고 다른 쪽은 "불가능하다"라고 답변했다고 하니 말이다. 먼저 상담한 B 씨를 제치고 나중에 상담을 한 ○○○어린이집을 먼저 허가해준 이유는 또 어떻게 확인하지? 수사기관이라고 해도 어려운 일 같았다. 진술 외에는 아무런 증거가 없었기 때문이다.

퍼즐을 맞추어가다 보니 얼추 그림이 완성됐다. 이랬다. B 씨가 상담을 먼저 한 것은 분명한데 무슨 이유에서인지 인가 신청을 하지는 않았고 이 무렵 ○○○어린이집이 허가를 받은 것이다. 팩트가 드러나자 비로소 쟁점이 보였다. 상담이 허가의 전제 조건인지 여부와 상담을 하면 인가절차를 안내해야 하는지 여부, 그리고 신규 어린이집 선정 기준은 신청순인지 등이었다. 그런데 다행스럽게도(?) 상담은 허가의 전제

조건이 아니었다. 「영유아보육법」은 "신규 인가 신청을 위한 상담 요청을 받을 경우 해당 지자체는 이에 적극적으로 협조해야 한다"라고 규정하고 있기 때문에 시에 '인가 절차 안내'를 강제하는 것으로 해석할 여지가 충분했다. 그러나 딱 거기까지였다. 앞으로 잘하겠다고 하면 더는 어쩔 수 없는, 뭐 그런 상황이었던 셈인데, 딱히 이를 빌미 삼아 시의 잘못을 추궁할 여지는 보이지 않았다. 시의 답변도 예상을 벗어나지 않았다. 앞으로 잘하겠단다.

그러나 선정 기준은 정말이지 문제가 많았다. 새로운 해가 시작된지 반년이 다 되어가는데도 보육계획은 발표되지 않았고 신규 어린이집 선정 기준도 수립되지 않았다. 부정이 싹틀 여지가 생긴 셈이다. 일정한 기간을 정해 신청을 받고 객관적인 기준에 의해 선정하면 아무런 얘기도 나오지 않을 텐데 담당자 마음 내키는 대로 허가를 해주다 보니 '내가 먼저니 네가 먼저니' 하는 잡음이 나온 것이다. 그러나 이것만 가지고는 시의 잘못을 추궁하기에 역부족이었다. 선정 기준이 없었으니 먼저 신청한 순서대로 허가를 내준들 이를 비난할 수 있겠는가. 시의 답변도 예상대로였다. 앞으로는 선정 기준을 잘 만들어 불만이 나오지 않도록 하겠으며 제때에 시행계획도 발표하겠단다.

웃는 얼굴로 민원인을 맞이하다가도 누구누구를 안다며 은근히 자신의 힘을 과시하기라도 하면 낯빛부터 바뀌곤 한다. 힘이 좀 있어 보이는 사람들을 만날라치면 나 역시도 한때 청와대에서 근무했음을 은연중 드러내는 편이라 남 비난할 자격은 없는데 말이다. 내가 그런 부류(?)의 사람이라 더 모질게 반응하는지도 모르겠다. 죽을 때도 '빽' 하고 죽는다는 나라에서 살았으니 그 정도의 거만함은 애교로 봐줄 만한데 나의 적반하장은 이렇듯 간혹 분수를 모른다. 솔직히 그놈의 '빽'이 통하지 않아 호민관한테까지 온 것이니, 어떻게 생각하면 '빽'을 언급하는 사람이 가장 힘없는(?) 시민이 아니겠는가.

이렇게 살다간 어디 가서 죽 한 그릇도 못 얻어먹을 것이라는 충고도 들었던 데다 민원인을 대하는 태도로서도 문제가 있는 것 같아 그 '빽 거부증'을 고치려 무던히도 노력했던 것인데, 어찌 된 영문인지 다 나았는가 싶다가도 이따금씩 배알이 크게 틀어지기라도 하면 불끈불끈 되살아나는 것이었다. 어린이집 문제를 호소하던 그 민원인도 사실은 별 뜻 없이 내뱉은 말이었을 텐데 시의원이 어쩌고저쩌고 하는 얘기를 듣는 순간 나의 못된 버릇이 재발해버렸다. 질문이 뻐딱해지는 것은 물론이고 아예 민원인의 하소연도 변명처럼 들리기 시작했다. 순간 움찔했다. 그럼 정말 안 되는 일이었다.

아무튼 좋은 게 좋은 거라고, 민원인이 요구한 대로 ○○지역에서 어린이집 설치가 가능하다는 답변이 왔다. 작년에는 정원을 초과해 신규 설치가 불가능했지만 금년부터 그 지역의 정원이 늘어 가능하게 된 것이라는 설명을 덧붙였다. 그러나 좋은 일만 있는 게 아니었다. 선정 기준을 정해 이를 공표하라고 했더니 금년부터 선착순이 아니라 추첨 방식을 택하겠다고 발표해버린 것이다. 이런 걸 두고 혹 떼려다 혹 붙인 격이라고 하는 건가. 결과를 알려 주기 위해 전화를 했는데 들려오는 목소리에 실망이 잔뜩 묻어 있었다. 괜히 미안해졌다.

사례 2: 안전이냐, 형평성이냐

○○사회복지법인이 운영하는 제법 큰 규모의 어린이집이 문을 닫아야 할 위기에 처했다. 택지 지구로 지정되어 어린이집이 수용됐던 것인데, 이사를 가야 하는 날짜까지 채 석 달도 남지 않은 상황에서 아직도 어린이집 장소를 찾지 못했기 때문이다. 어렵사리 구한 자리를 시가 부적합 판정을 내린 것이 위기의 결정적 원인이었다.

이사 가고 싶은 자리는 지금의 어린이집에서 그리 멀리 떨어져 있지 않아 원생들의 통학에 유리하다는 것이 제일 큰 장점이었다. 주상복합아파트 상가에 위치하고 있어 좀 시끄럽다는 것이 흠이라면 흠일 뿐 여러 모로 안성맞춤이었다. 그런데 관련 부서(가족여성과)와의 사전 상담에서 뜻하지 않은 복병을 만났다. "출입구 반대쪽에 위치해야 하는 비상구 하단이 '안전한 외부 지표면으로부터 1.2미터 이내여야 한다'는 비상재해

대비시설 설치기준(보건복지부령)을 충족하지 않기 때문에 어린이집 설치가 불가능합니다." 애초부터 대안을 고려하지 않고 있던 원장에게는 청천벽력 같은 답변이었다. "우리가 이사 가려고 하는 상가는 앞에서 보면 1층이지만 뒤에서 보면 2층입니다. 그리고 건물의 가운데 부분이 뻥 뚫려 있는 ㅁ자 모양이기 때문에 그 가운데 부분이 사실상 공개 공지의 기능을 해서 비상시에는 바로 지표면과 연결될 수 있습니다. 더구나 가정 어린이집의 경우에는 실제 2, 3층에도 설치 인가가 나는데 왜 우리한테만 그렇게 가혹한 기준을 갖다 대는지 모르겠습니다." 원장은 기가 막혀 했다. 호민관이 개입할 이유가 충분해 보였다.

'안전' 기준인가 안전한 '기준'인가

「영유아보육법」(제15조, 제15조의2, 제15조의3)은 어린이집을 설치하려면 보건복지부령이 규정하고 있는 각각의 기준을 맞추도록 하고 있는데, '어린이집 설치기준'과 '비상재해대비시설 설치기준'이 그것이다. 그 기준에 따르면, 보육실은 「건축법」 시행령상의 층수와 관계없이 1층에 위치해야 하고 출구(비상구)의 하단이 외부 지표면으로부터 1.2미터 이내에 위치해야 한다. 그런데 민원인이 이전하고자 하는 어린이집은 '사실상' 2층에 위치하고 있고 출구(비상구)의 하단 또한 외부 지표면으로부터 1.2미터 이상 떨어져 있기 때문에 설치를 인가할 수 없다는 것이 시의 입장이었다. 그러나 나의 생각은 달랐다. 원장의 억울함이 일리가 있었다. 도시 개발계획에 따라 부득이하게 어린이집을 이전해야 하는 민원인의 현 상황은 본질적으로 시흥시의 책임을 요구한다고 봤기 때문이다. 더구나 어린이집 설치의 불가 사유로 들고 있는 것 중 '보육시설 1층 위치' 문제는 이미 설치 인가를 받은 몇몇 가정 어린이집이 필로티 구조로 인해 실제적으로는 2, 3층에 위치하고 있다는 점 등을 볼 때 다툼의 여지가 있었고, '비상재해대비시설 설치기준' 역시도 '건물 외부'에 대한 해석과 '도로 또는 대지' 및 '직접 연결'에 대한 판단에 따라서는 달리 적용될 여지가 충분했다.

그러나 주무 부서인 가족여성과의 입장이 너무 완강했다. 호민관이 어떤 의견 표명을 한들 받아줄 리 만무해 보였다. 우회 전략이 필요했다. 권고 대신 조정과 중재의 방법을 택하기로 한 것이다. "민원인(호민관을 포함하여)의 의견과 가족여성과의 입장을 그대로 기술하여 보건복지부로부터 유권해석을 받아본 후 그 결과에 따라 어린이집 설치 여부를 다시 판단해주십시오." '불감청 고소원(不敢請固所願)'이라는 듯 시는 재빠르게 호민관의 중재를 수용해버렸다. 좀 더 싸워볼 걸 그랬나, 후회가 살짝 들었다.

돌연한 변심

내 원 참. 유권해석을 받기로 했으니 좀 기다려 달라 전화를 한 것인데, 무슨 심산지 그토록 격렬히 저항(?)하던 원장의 태도가 그사이 180도 바뀌어 있었다. 그만하겠단다. 다른 장소를 알아보겠노라고. 도대체 왜 그러느냐 물었지만 그저 묵묵부답이다. 다만, '어차피 어린이집을 계속하려면 시에 밉보여 좋을 게 뭐 있겠는가' 하는 자기 검열의 결과 아니겠나, 추측할 뿐이다. 그런데 난, 지금도 여전히 궁금한

게 하나 있다. 계속 진행했더라면 보건복지부가 어떤 해석을 내주었을
지를.

▌ 어린이집 설치기준

- 보육실은 '건축법령상의 층수와 관계없이 해당 층 4면의 100분의 80 이상
  이 지상에 노출되어 있고, 해당 층 주 출입구의 하단이 지표면으로부터 1미
  터 이내인 층에 설치'하여야 한다. (「영유아보육법」 제15조, 동법 시행규칙
  제9조 및 별표 1)

▌ 비상재해대비시설 설치기준

- 비상시 양방향 대피가 가능하도록 주출입구 외에 '안전한 지상과 바로 연결
  되는 비상구 또는 출구'를 설치하여야 하며 출구의 하단은 안전한 외부 지
  표면으로부터 1.2미터 이내로서 건물 외부의 도로 또는 대지 등에 안전하
  게 직접 연결되어야 한다. (「영유아보육법」 제15조의3)

웅덩이에 빠진 시민

/

자초지종

칠순이 넘은 노인이 갈비뼈가 부러지는 중상을 입었다. 하마터면 목숨도 잃을 뻔한 큰 사고였다. 잡초를 베다 웅덩이에 빠져 그리됐다. 요샛말로 하면 '싱크 홀(sink hole)' 사고인 셈인데, 노인은 도대체 무슨 연유로 밭 한가운데에 사람이 빠질 정도의 큰 웅덩이가 생겼는지 그 이유가 궁금했다. 서울처럼 근처에 지하철 공사를 하는 것도 아닌데 말이다. 그런데 원인은 너무도 쉽게 규명됐다. 노인의 밭과 옆집 논 사이로 흐르는 배수로가 범인이었다. 배수로 하단부 콘크리트 벽의 파손으로 생긴 틈 사이로 토사가 유출됐는데 이로 인해 상층 표면의 지반이 함몰되어 웅덩이가 생긴 것이다.

노옹은 그 나이 노인들과는 사뭇 다른 합리적인 품성을 갖고 있었다. '건수 하나 잡으면 팔자를 고치려 드는' 부류들과는 차원이 달랐다. "나라 소유인 배수로가 부실해 웅덩이가 파였고, 그로 인해 큰 부상을 입었으니 나라가 보상을 해줘야 하는 것 아닙니까. 다른 건 필요 없고, 치료비하고 한 달 치 제 급료(아파트 경비 일을 쉬어야 했다!)만 주면 됩니다."

노인의 요구는 이처럼 지나칠 만큼 소박(?)했는데 시의 대응은 형식적이었다. "배수로가 보험에 가입돼 있지 않아 시로서는 병원비 외에 달리 보상할 방도가 없습니다. 다른 부분은 소송을 통해서 해결하셔야 할 것 같습니다. 그리고 「국가배상법」에 따라 배상을 받으시는 방법도 있는데, 그러려면 여기에 서명하시고 신청 서류를 제출하셔야 합니다." 말은 그럴싸했지만 결국 누군가의 '결정'을 받아오라는 얘기였다. "돈 100만 원 남짓 벌어 근근이 한 달 사는 노인한테, 그것도 갈비뼈가 부러져 거동이 편치 않은 환자더러 법원이 있는 안산까지 가서 서류를 내고 또 언제 나올지 모르는 배상 결정을 기다리라는 말입니까." 예의 차려 얘기해봤자 소용이 없다고, 대답은 늘 이런 식이라고, 노옹은 이제껏 참았던 분노를 일거에 터뜨렸다.

배수로 관할 논쟁으로 비화하다!

김제평야 정도는 아니지만, 서울 근교에서는 제법 명성이 자자한 호조벌의 위용이 저만치서 모습을 드러내고 있었다. 그러나 사고 지점은 호조벌의 초입이라고 하기에는 좀 민망한 구석이 있었다. 바둑판 모양으로 길게 늘어진 황금 들판은 보이지 않고 대신 각기 키 높이가 다른 다양한 밭작물들만 무질서하게 엉켜 있었다. 시 주요 도로변에 위치한 탓에 땅값이 비싸기도 하고 '언젠가' 있을 형질변경에 대비하기 위해서라도 논보단 밭이 더 낫다고 판단한 것인지, 너나 할 것 없이 논을 갈아엎고 밭을 만들었다고 한다. 아무튼 노옹의 밭을 경계로 사실상 호조벌이 시작되고 있었는데, 그 사이에 배수로가 자리 잡고 있었다. 그런데 가만히 들여다보니, 노옹의 밭을 기준으로 배수로 양쪽의 '뷰'가 확연히 달랐다. '제대로' 된 U자형 배수로가 설치되어 있는 오른쪽과 달리 왼쪽은 그냥 '허술하고 낡아' 보였다. 의문이 금세 풀렸다.

"저~쪽부터는 농어촌기반공사에서 관리하는 배수로입니다. 공사도 거기서 했고요." 앞에서 말한 U자형 배수로를 가리키며, 조사를 돕기 위해 나와 있던 생명농업기술센터 직원은 배수로 관할권으로 얘기를 옮기기 시작했다. "그런데 사고가 난 이곳 배수로는 자연적으로 만들어진 구거기 때문에 아마도 하천을 관리하는 부서가 공사를 하지 않았을까 생각합니다." 하나는 「농어촌정비법」에 따라 만들어진 농업기반시설이고, 다른 하나는 「소하천정비법」에 따라 정비된 자연 구거(소하천)기 때문에 관리 부서도 달라야 한다는 설명이었다. 배수로는 한 길로 흐르는데, 공사 주체가 달랐다는 얘기였다. 확인이 필요했다.

"여기 지적도를 한번 보십시오. 이곳 배수로는 농림부 땅입니다. 소하천구역으로 지정된 바도 없고요. 저희가 공사한 게 아닌데, 왜 관리 책임을 져야 하는 겁니까." 하천을 담당한다는 공무원 얘기는 또 정반대였다. 노옹뿐 아니라 마을 주민 모두가 한목소리로 "시에서 공사를 했고 보강 공사를 하는 것도 봤다"라고 하는데 귀신이 곡할 노릇이었다. 콘크리트는 보이는데 아무도 공사하지 않았다? 슬슬 짜증이 밀려오기 시작했다.

내가 맞네, 네가 맞네 하며 옥신각신하다 보니 정작 중요한 쟁점이 뒤로 밀려버렸다. "왜 직접 배상은 안 되느냐" 하는 논점 말이다. 그런데 다들 관리 책임을 놓고 싸우는 걸 보니 누가 됐든 '시에 책임이 있다'는 것만큼은 인정하는 게 아닌가 싶었다. 사실, 노옹이 배수로 관리를 잘못한 사람을 벌해달라고 한 것도 아니어서 굳이 잘잘못의 소재를 다툴 이유가 없었다. 중재에 나섰다.

의견 표명서 '전문'

「국가배상법」에 따른 손해배상의 경우 소송을 통하거나 배상심의회에 배상을 신청함으로써 피해를 구제받을 수 있지만, 이 경우 최소 4주 이상의 오랜 시간과 많은 비용이 발생할 것으로 예상됩니다. 그러나 민원인은, 74세의 고령에도 불구하고 아파트 경비 일을 통해 생계를 꾸리고 있던 상황에서 부상을 당하는 바람에 최근 경비 일까지 그만두게 되어 100만 원 남짓의 월급마저 받을 수 없게 됐을 정도로 형편이 어려운 실정이기 때문에 시간과 비용이 많이 드는 법적 구제 절차를 따르기는 힘들어 보입니다. 시의 긴급 구제 제도를 통해서라도 생계 지원 필요성이 인정되는 경우지만, 지원 자격 등의 문제로 이마저도 여의치 않습니다. 피해 구제를 서둘러야 할 이유가 충분합니다. 민원인은 「국가배상법」 제3조 제2항에 명시된 손해배상 기준인 요양비와 휴업 배상금 그리고 장해 배상금 중에서 치료에 들어간 실비와 휴업 배상만을 요구하는 등 합리적 자세를 견지하고 있습니다. 배상금에 대한 최종 합의가 필요하지만, 현재까지 민원인이 요구하는 배상액 수준이 매우 낮아 시의 판단에 따라 배상금을 지급하더라도 규모와 기준 등의 적정성을 대외에 소명하는 데에 별문제가 없을 것으로 보입니다. 만약 민원인이 소송 등의 법적 구제 절차를 밟을 경우 시는 이보다 많은 배상금을 지급해야 할지 모른다는 점도 감안할 필요가 있어 보입니다. ① 민원인의 부상에 대한 시의 손해배상 책임이 인정되며, ② 부상으로 인해 최근 민원인이 실직하였고 이로 인해 생계가 곤란해지는 등 피해 구제가 시급하며, ③ 배상금 요구 수준도 사회 통념에 비해 과도하지 않은바, 배상금을 지급하겠다는 원칙 아래 배상금 지급 규모 등에 대해 민원인과 협의를 시작할 것을 주문합니다.

결론은 해피엔딩으로

웅덩이가 위치한 땅의 소유주가 농림부고 배수로 정비 공사도 생명농업기술센터에서 한 것으로 밝혀졌다. 최소한 관리 책임만이라도 생명농업기술센터가 져야 할 것 같았다. 노옹과 당장 협의에 나서라 주문했는데……. 여전히 변명과 핑퐁만이 계속됐다. 답답했다. 내가 고충민원을 제기할 판이었다. 하는 수 없이 행정과로 이첩을 결정했다. 부서를 특정할 수 없으니 사무분장 조례에 따라 행정과가 맡아야 한다는 논리를 폈다. 고육지책이었다.

모로 가도 서울만 가면 되는가? 시가 갑(?)이어서 그런지 모르겠으나 농어촌공사가 웬일로 비용을 부담하겠다고 나서는 바람에 꼬인 실타래가 풀리기 시작했다. 팔목을 꺾은 것이든 자발적으로 참여한 것이든 무슨 상관이란 말인가. 한 달 치 월급 150만 원과 병원비 25만 원, 도합 175만 원이 노옹에게 지급되는 것으로 '웅덩이를 품은 배수로 사건'이 막을 내렸다.

"호민관 덕분에 신속히 배상을 받아 정상 생활로 빠르게 복귀할 수 있었습니다." 호민관 출범 1주년을 기념하여 제작된 홍보용 동영상에 출연한 노옹이 남긴 멘트, 민망했지만 깁스를 푼 모습을 본 것만으로도 고맙고 흐뭇했다.

▍「국가배상법」 제5조
- 도로·하천, 그 밖의 공공의 영조물(營造物)의 설치나 관리에 하자(瑕疵)가 있기 때문에 타인에게 손해를 발생하게 하였을 때에는 국가나 지방자치단체는 그 손해를 배상하여야 한다.

조폭과 공무원

/

시장 비서실에서 전화가 걸려 왔다. 시장은 출타 중인데 덩치가 산만 한 사람들이 몰려와 한사코 시장만 나오라고 한다면서 와서 얘기 좀 들어달라는 청이었다. 굳이 피할 일은 아니었지만 "산만 한 덩치"라는 말을 들은 뒤로는 왠지 모를 으스스한 기분에 사로잡혀 갈까 말까 한참을 망설였다. 호민관이 된 후 처음으로 용기(?)가 필요했다. 그들이 죽치고(?) 있다는 소회의실로 향했다. 회의실은 팽팽한 긴장감이 맴돌고 있었다.

건설공사 입찰 문제였다. 1위로 선정된 업체의 자격을 시비하고 있었다. 서류로서만 존재하는 이른바 페이퍼 컴퍼니일 뿐 당초 입찰 조건인 "경기도에 주 사업장을 갖고 있는 회사"가 아니라는 것이 그들 주장의 핵심이었다. 위장 업체임을 입증하는 서류를 제출했지만, 담당 공무원이 이를 묵살하고 계약을 강행하려 하기에 시장을 만나려는 것이라고 했다. 뭔가 커넥션이 없다면 이럴 수 없다며 거의 막말 수준의 비난과 협박을 쏟아냈다. 중재하려는 나까지도 공포에 휩싸일 정도의 험악한 분위기가 연출됐다. 사실, 그들의 외모는 영화 속 '어깨'들과는 사뭇 달랐다. 검은 색 양복도 입지 않았고 깍두기 머리도 아니었다. 그런데도 나는 그들을 처음 보는 순간부터 영화 속 조폭을 떠올렸다. 뭔가 모를 섬뜩함 같은 것이 느껴졌기 때문이다. 그런데 담당 공무원은 전혀 주눅이 들지 않는 모습이었다. 심지어는 '너는 짖어라' 하는 식의 무관심한 표정까지 짓고 있었다. 그러나 위협에 굴하지 않는 담대함은 그랬다손 치더라도 민원을 풀어가는 방식만큼은 못마땅했다. 자신의 주장이 정당하다면 최소한 인격적 비난에 대해서만큼은 적극적으로 대응해야 할 텐데 꿀 먹은 벙어리처럼 '나 잡쇼' 하는 모드로 일관한 것이 그렇고, "제출 서류의 진위까지 확인할 의무가 없다"라는 참으로 무책임한 발언만 늘어놓는 것이 또한 그랬다. 저러니 어느 민원인인들 고분고분하게 예쁜 말을 전할 수 있겠는가 싶기도 했다.

양쪽 얘기를 다 듣고 나니 쟁점이 분명해 보였다. 마치 경기도 소재 업체인 것처럼 소위 '가라' 서류를 꾸며 입찰했으니 업체 선정을 철회해야 한다는 것이 민원인의 주장인 데 반해, "법률 규정에 따라 요구되는 필요 서류를 징구하고 관련 계약 절차를 이행할 뿐 관련 문서의 진위까지 파악할 의무는 없다"라는 것이 시의 입장이었다. 수사기관도 아닌 지자체가 서류의 진위까지 어떻게 확인할 것이며 반대편 말만 믿고 정당한 절차에 의해 선정된 업체를 탈락시켰다가 또 다른 민원이 발생하면 어떻게 할 것인가 하는 시의 주장에도 일리가 있어 보였다. 중재든 뭐든, 뭔가 해야 할 순간이 다가왔다. 욕설이 점점 거칠어지고 있었기 때문이다.

솔로몬의 판결을 내려야 했다.

"들어보니, 선정된 업체와 계약을 체결하는 데까지 앞으로 열흘 정도의 시간이 있는 것 같습니다. 마침 앞에 계신 민원인들께서 그 시간 안에 선정 업체의 문제점을 공식적으로 확인해 오겠다고 하니 그때까지만이라도 계약 체결을 기다려주셨으면 합니다." 다른 일정 핑계 삼아 나의 조정안만 설명하고 최종 논의 결과는 확인하지 못한 채 자리를 떴지만 후들거리는 다리를 진정시키느라 한참이나 애를 먹어야 했다. 다음 날, 다행인지 어쩐지는 모르겠지만 여하튼, 나의 중재대로 그리하겠다는 말이 전해졌다.

그 일이 있고 여러 날이 지났을 때다. 그렇게 해서 일단 한 고비가 넘어간 것으로만 알고 그 후의 일에는 아무런 관심을 기울이지 않고 있었던 것인데, 다음과 같은 기사가 신문에 실렸다. "위장전입과 같은 편법적 방법을 통해 입찰 자격 기준을 충족한 업체가 적격 업체로 선정됨으로써 도내 건설업체들의 반발이 이어지고 있습니다." 누가 봐도 그들의 작품임이 틀림없어 보였다. 결국은 그 '증거'(사법 당국의 판단)를 구하지 못한 모양이다. 경험으로 볼 때, 결정을 뒤집기는 이제 틀렸다.

영업신고를 거부당하다

/

"호프집을 하던 자리에 커피숍을 열려는데 시가 신고필증을 내주지 않았다. 전 주인이 단속에 걸려 영업정지를 받게 됐으니 영업을 승계한 내가 처분도 승계해야 한다는 논리였다. 같은 업종도 아닌데 무슨 승계냐며 따졌지만, 담당 공무원은 막무가내다."

20대 후반쯤으로 보이는 여성이 호민관을 찾았다. 앉기가 무섭게 격정의 언사를 쏟아냈지만 도통 무슨 말인지 알 수가 없었다. 분노로 인해 말이 생각을 앞선 탓이리라. 때론 눈물을 글썽이며 연신 한숨만 내쉬는 민원인에게 따뜻한 차 한 잔을 권했다. 마음을 진정시키는 일이 급해 보였다. 전말은 이랬다.

A 씨(그리 부르자!)는 자신의 가게를 갖는 것이 꿈이었다. 그중에서도 커피전문점에 꽂혔다고 한다. 마침 안성맞춤인 곳이 눈에 들었다. 크기도 적당해 이제나저제나 자리 나기만을 바라고 있었는데, 바로 그 가게(음식점) 주인이 건강이 좋지 않다며 장사를 그만두려 한다는 소문이 돌았다. A 씨는 뒤도 돌아보지 않고 계약을 맺었다. 더구나 권리금도 인근 시세에 비해 좋은 조건이었으니 망설일 이유가 전혀 없었다. 권리금 1000만 원에 집기·비품을 승계하는 조건으로 계약을 맺고는 일사천리로 개업을 준비해나갔다. 생전 처음 해보는 사업이라 돌다리도 두드리는

심정으로 하나하나 꼼꼼하게 일을 진행시켰다. 한 달 만에 인테리어 공사도 얼추 끝냈고 그사이 위생교육도 마쳤으니 영업신고만 하면 모든 것이 마무리되는 상황이었다. 바로 그 마지막 관문을 맞닥뜨리기 전까지는 말이다.

"음식점을 운영했던 전 주인이 청소년에게 술을 판 것이 적발되어 조만간 영업정지 처분을 받을 예정입니다. 「식품위생법」에 따르면 영업을 승계한 사람(A 씨)이 '행정제재처분 효과'도 승계해야 합니다. 따라서 영업정지 기간(2개월)이 지난 후에나 신규 영업신고를 할 수 있습니다." 처음에는 무슨 귀신 씨나락 까먹는 소리를 하는 건지 도통 알아들을 수가 없었다. 그런데 정신을 차리고 보니 최소 두 달 이상은 영업도 못 하고 임대료만 물어야 한다는 얘기였다. "옛 사업주의 위반 사실을 사전에 전혀 알지 못했는데, 왜 죄 없는 내가 영업정지를 당해야 합니까?" 격렬하게 항의도 해봤지만, 공무원의 반응은 싸늘하기만 했단다. "법에 그렇게 나왔으니 달리 구제할 방도가 없다"라는 말에 며칠간 공황 상태에 빠져 있었다는 A 씨가 마지막 희망을 안고 호민관을 찾은 것이다.

법은 뭐라 하는가?

뭐 이런 법이 다 있나 싶어 급히 「식품위생법」을 찾아보았다. 그런데 쟁점은 의외로 단순했다. A 씨의 행위가 영업 승계인가 아닌가만 확인하면 될 일로 보였다. 영업을 승계한 것이라면 위반 사실을 사전에 알았는지에 따라 영업정지 처분을 승계해야 하는 건지 아닌지가 판가름날 것이고, 영업을 승계한 것이 아니라면 위반 사실을 알았든 몰랐든 관계없이 영업정지 처분을 승계할 의무가 없었다. 분명 그리 적혀 있었다. "A 씨의 행위가 영업 승계에 해당합니까?" 해서 따지 듯 담당 공무원에게 물었던 것인데 웬걸, 그렇다는 답변을 예상해 비장의 카드(「식품위생법」 78조 단서 조항인 "위반 사실 미인지 시 행정처분 효과 승계를 제척한다"라는 내용을 적용할 경우 A 씨는 영업정지 처분을 승계할 필요가 없어진다!)를 준비했건만 담당자의 대답은 뜻밖이었다. "같은 업종이 아니기 때문에 법에 규정한 '영업 승계'에 해당하지 않습니다." 순간 뒤통수를 얻어맞은 기분이었다. "이건 또 뭔 소리? 언제는 행정처분을 승계해야 한다고 해놓고 이제는 영업 승계가 아니다? 그럼 영업 승계도 아닌데 어떻게 처분을 승계하는 거죠?" 지금 생각해도 예리한 질문이 이어졌다. 담당자의 낯빛이 변하기 시작했다. 당황하는 기색도 역력했다. 조금만 더 다그치면……. 그토록 기다리던 '신장개업'은 시간문제로 보였다.

논리에 막혀 퇴각했던 담당 공무원이 다음 날 아침 나를 다시 찾았다. 조용히 그가 말했다. "폐업신고를 하지 않는 한, 같은 장소에서 새로운 영업신고를 할 수는 없습니다. 영업정지와 무관하게 전 업주가 폐업신고를 하지 않은 상태여서 A 씨의 영업신고를 수리할 수 없다는 말입니다." 만에 하나 A 씨의 영업신고를 수리하면 형식적으로는 점포 하나에 업주가 둘인 셈이 되니 도리가 없다는 얘기였다. 그의 펀치는 강렬했다. 더구나 외통수였다. 달리 피할 길 없는…….

그런데 또 반전이 일어났다. 외통수 한 방에 나가떨어진 나의 처지가 불쌍해 보였는지 "어차피 전 사업주가 자발적으로 폐업신고를 할 가망은 보이지 않으니 시가 직권으로 말소하겠습니다"라고 하는 것이 아닌

가. '영업정지 처분 승계' 주장도 철회하겠다면서 말이다. 모로 가도 서울만 가면 된다고, 이제는 영업신고를 할 수 있을 것 같다고 생각하니 뿌연 안개가 걷히는 듯했다. 모처럼 맛보는 보람이었다.

기쁜 소식을 전하기 위해 집어 들었건만 전화기 속에서 들려오는 A 씨의 목소리는 절망이 묻어 있었다. 불길함이 엄습했다. 더는 반전이 없을 줄 알았는데, 드라마가 또다시 막장을 향하는 것은 아닌지 걱정이 앞섰다. "직권 말소 하는 데 두 달이 걸린답니다. 법이 그렇다네요. 그러니 영업신고는 빨라야 두 달 후에나 가능하다고 합니다. 근데 그것뿐이 아니에요. 청소년에게 술을 팔았다는 부분에 대해 경찰이 무혐의 처분을 내려서 전 주인에 대해 내려진 영업정지 처분도 취소됐다고 합니다."

돌고 돌아 제 자리였다. 아니 정확히는, '뒤집혀' 있었다. 민원의 원인이었던 영업정지 처분이 사라졌다면 의당 영업신고가 가능해야 함에도 현실은 여전히 "두 달 후에나 영업이 가능하다"라고 소리치고 있었다. A 씨에게는 '직권 말소'와 '두 달'이 더는 '선물'이 아니었다. 그녀는 호민관을 버리고(?) 새로운 길을 찾아 나섰다. 한시라도 빨리 '원수'의 전 주인을 찾아야만 두 달의 시간을 앞당길 수 있기 때문이었다.

소식

마침내 전 주인이 나타났다는 얘기가 풍문으로 들렸다. A 씨가 호민관에게 들른 지 채 한 달이 지나지 않을 무렵이었다. 무사히 영업신고를 마쳤고 커피전문점도 성황리에 열었다는 소식도 전해졌다. 어찌 됐든 A 씨의 손해가 줄어 다행이다 싶었다. 호사가들은, 전 주인이 경찰 고발 소식에 놀라 잠시 연락을 끊었지만 무혐의로 판정됐으니 군이 도망칠(?) 필요가 없어 돌아온 것일 거라고 입방아를 찧어댔다.

▌「식품위생법」

- 식품접객업(커피전문점, 휴게음식점 등) 영업을 하기 위해서는 시장에게 신고하여야 한다. 폐업을 하려는 경우에도 마찬가지다. 한편, 폐업하고자 하는 자는 영업정지 등 행정제재 처분기간 중에는 폐업신고를 할 수 없다. (제37조)
- 영업자가 영업을 양도할 경우에는 그 양수인은 그 영업자의 지위를 승계하며, 그 영업자의 지위를 승계한 자는 1개월 이내에 그 사실을 시장에게 신고하여야 한다. (제39조)
- 영업자가 영업을 양도하는 경우에는 법률을 위반한 사유로 종전의 영업자에게 행한 행정 제재처분의 효과는 그 처분 기간이 끝난 날부터 1년간 양수인에 승계되며, 행정 제재처분 절차가 진행 중인 경우에는 양수인에 대하여 행정 제재처분 절차를 계속할 수 있다. 다만, 양수인이 양수할 때에 그 처분 또는 위반사실을 알지 못하였음을 증명하는 때에는 그러하지 아니하다. (제78조)

▌「식품위생법」시행령

- 커피전문점은 식품접객업 중 휴게음식점('주로 다류, 아이스크림류, 패스트푸드, 분식 등 음료류를 조리·판매하는 영업으로서 음주행위가 허용되지 아니하는 영업')에 해당하며, 이에 비해 일반음식점은 "음식류를 조리·판매하는 영업으로서 식사와 함께 부수적으로 음주행위가 허용되는 영업"을 가리킨다. (제21조)

내 죄가 제일 작다

/

4층짜리 건물, 1~3층은 세를 주고 주인은 4층에 산다. 바로 그 건물이 얼마 전 단속에 걸렸다. 3, 4층에 설치한 발코니가 불법 증축에 해당한다는 얘기였다. 억울했다. 인근 지역 대부분의 건물주가 방 쪼개기나 불법 증축을 저질러도 자신만은 그러지 않노라 늘 자부해오던 터라 충격이 더 컸다.

아저씨는 불편한 다리를 끌며 건물 이곳저곳을 안내했다. 자신이 직접 지은 집은 아니지만 집 산 이후 10년이 넘도록 한 번도 고치지 않았는데 웬 날벼락인지 모르겠다고 연신 푸념을 해댔다. 이윽고 문제의 발코니에 다다르자 저간의 사정을 털어놓는다. 창문 너머로 민간 어린이집 전경이 눈에 들어왔다.

"저기 저 어린이집 보이시죠. 그 집 원장이라는 작자가 신고를 한 게 틀림없습니다." 다짜고짜 그는 범인(?) 고변에 열을 올렸다. "안방 창문 옆으로 자그마한 화분 고정대가 설치되어 있는데, 어느 날인가는 그자(이 정도 호칭은 약과였다!)가 아이들한테 위험하다며 화분대를 치우라고 하지 않겠습니까. 그 일이 있기 전 한참 동안 주차 문제로 다툼이 있었기 때문에 앙갚음한다고 생각했습니다. 그렇지만 금세 잊었습니다. 시에서 단속이 나올 때까지 말입니다." 사실 그 지역은 대부분의 집이 가구 수를 무단으로 늘리는 바람에 이의 양성화를 놓고 오랜 세월 다툼이 컸던 곳이라 이제까지는 시가 나서서 뭔가를 단속하지는 않았기 때문에 비록 발코니 설치 문제이지만 단속을 당한 그 속사정이 궁금했었다. 그러나저러나 단속을 당하면 웬만해선 무죄로 방면(?)되는 경우가 없는지라 어떻게 문제를 풀어야 할지도 난감했다. 더구나 이번 사안은 그 어렵다는 "왜 나만"에 해당하는 경우가 아닌가. 하지만 비록 쉬운 싸움이 아니더라도 포기하고 싶지는 않았다. 억울한 사정이야 차차 들으면 될 일이지만, 우선 남 다 한다는 가구 수 위반이 보이지 않았기 때문이다. 민원인은 불법 건축(개축)으로 악명이 높은 이곳에서 상위 10퍼센트 안에 들고도 남을 정도로 법을 잘 준수하고 있는 사람이었다. 이런 사람한테 죄를 묻는 것은 어떤 이유로도 납득이 되지 않았다.

"화분대는 단속 계고장에 나오지 않던데 어떻게 된 일이죠?" 아까부터 궁금했던 것을 물었다. "아, 예. 화분대는 단속 당일에 철거해버렸습니다. 그러니 계고장을 받을 리는 없겠지요. 그런데 뜻밖의 곳에서 일이 터졌습니다. 단속 공무원이 이곳저곳을 점검하더니만, 갑자기 발코니를 시비하는 겁니다. 황당했지요. 집 살 때부터 설치되어 있었다고 해도 소용없고 인근 집 중에 우리처럼 발코니 설치하지 않은 집이 있으면 말해보라고 해도 묵묵부답이었습니다. 불법이면 모두 단속할 테니 걱정하지 말라고만 하고, 자기를 못 믿겠으면 신고하면 된다는 소리만 하는 거예요." 하필이면(?) 그렇게 꽉 막힌 사람을 만났는지 모르겠다고 민원인은 혀를 차고 있었다.

발코니에 얽힌 새로운 사실들

언젠가 읽었던 신문 기사 내용을 떠올렸다. "이제 발코니는 합법적인 거 아닙니까?" 나의 갑작스러운 질문에 말문이 막혔는지 예의 그 열혈 공무원이 잠시 머뭇거렸다. 그 증거까지 들이댔으니 그럴 만도 했을 것이다. "여기 보십시오. 2005년 12월에 발코니 양성화 조치가 발표되지 않았습니까. 그러고 보니 신고도 필요 없네요." 그러나 그도 만만치 않았다. 가지고 온 서류철을 꼼꼼히 다시 살피더니만 언제 그랬느냐는 듯 새로운 논거를 내밀기 시작했다. "시에서는 발코니 설치 자체를 문제 삼은 게 아니라 일조권 제한 규정에 위배되기 때문에 불법으로 본 겁니다." 어이쿠, 점점 어려운 얘기만……. 논쟁을 위해선 공부가 필요했고 공부는 시간을 요했다. 그를 보내고 그야말로 눈이 빠지게 「건축법」의 세계를 탐닉하기 시작했다.

좀체 공무원의 논리를 깰 법 규정을 찾지 못해 답답하던 차에 건물 설계도면이 눈에 들어왔다. 3층 발코니 상단 끝 부분의 높이가 예상보다 높지 않았다. 잘하면 개정된 「건축법」대로 일조권 높이 제한을 맞출 수도 있겠다 싶었다. 과거에는 높이가 8미터 이하인 건물은 인접 대지경계선으로부터 2미터를 이격해야 하는데 9미터까지는 1.5미터로 완화됐으니 10미터 이하라면 현재로도(1.5미터에 초과 높이의 반을 더하면 2미터가 제한 높이다. 그런데 현재도 이격 거리가 2미터다!) 합법적인 상태가 되는 것이었다. 그 길로 당장 뛰어가 높이를 재보니 예상과 딱 맞아떨어졌다. 예스, 이것으로 고충의 반이 해결된 셈이다. 당초대로라면 3, 4층에 설치된 발코니 전부를 철거해야 할 판이었는데 이제는 4층만 남았으니 절반이 해결됐다고 해서 누가 트집을 잡겠는가. 그런데 그게 마지막이었다. 그 후론 달리 뾰족한 수를 찾지 못했다.

나의 요구

불법의 근원적 해결을 위해서는 불법 사실에 대한 개별적 행정처분보다 종합적인 제도 개선 노력이 더 주요할 것으로 판단됩니다. 민원인은, 자신의 집에서 불과 30여 미터 떨어진 곳에 위치한 시 소유 건물에도 불법 새시가 설치되어 있고 인근 대부분 건물에도 민원인 주택과 비슷한 형태의 불법 새시가 설치되어 있는데도 이는 단속하지 않은 채 자신의 집만 단속하는 것은 형평성을 잃은 처사라고 주장하고 있습니다. 더구나 민원인 주택이 위치한 이주민 단지는 제2종 일반 주거지역으로서 4층 규모의 단독주택(다가구주택)단지로 설계되었음에도 외국인 노동자를 중심으로 하는 노동 인력의 대규모 유입에 따라 당초 허가 내용과 다르게 주택이 불법 개조(가구 수 확대)되는 등 주거지역의 슬럼화가 심화되고 있을 뿐 아니라 새시 설치 정도는 불법의 아주 작은 부분에 불과할 정도로 다양한 불법 건축물이 온존하고 있는 실정입니다. 이처럼 시화지구 설계 후 15년 이상이 경과하여 불법에 대한 시민들의 죄의식이 점차 흐릿해지는 상황에서 불법 건축물에 대한 단속이라는 미시적 대응에만 치중하다간 불법의 개선은 고사하고 결과적으로 주민 상호 간 불신을 조장하게 되어 자칫 민원의 폭증과 공동체 붕괴라는 심각한 국면을 초래할 가능성이 있다고 할 것입니다. 한편 시 건축조례가 조만간 개정되어 '일조권 제한'이 완화될 경우 민원인을 포함한 다수의 시민이 현행 불법 구조물을 합법적 구조물로 인정받기 위한 시도(신고 등)를 할 것으로 예상되는바, 동 신고의 법적 의미를 사전적으로 해석받는 일은 매우 시급하다 할 것입니다. 따라서 "발코니 새시의 원상회복 조치 후 바뀐 기준에 따라 신고를 해야 하는 것인지, 아니면 기존 불법 상태를 유지하면서 신고만으로 합법적 건축물로 인정받을 수 있는지"에 대한 국토교통부의 유권해석이 나올 때까지 민원인에 대한 이행강제금 부과 통보를 유예하고, 동 유권해석 결과 등을 보고 바뀐 규정에 따라 불법 여부에 대한 판단을 새롭게 해주실 것을 주문합니다. 아울러 「국토의 계획 및 이용에 관한 법률」 제52조 제3항은 "지구단위계획구역에서는 「건축법」 제61조를 대통령령으로 정하는 범위에서 지구단위계획으로 정하는 바에 따라 완화하여 적용할 수 있다"라고 규정하고 있는 점에 주목하여, 비록 입법 불비(법에는 관련 규정이 있으나 시행령에는 없음)로 인해 시행령 개정 없이는 현시점에서의 즉각적 반영(지구단위계획 변경)이 어렵다고 하더라도, 본 고충민원을 해결할 수 있는 근본적 대책이랄 수 있는 기준 완화의 근거 규정을 마련하는 일(국토교통부 등에 시행령 개정을 건의)에 시가 좀 더 적극적으로 나서주기를 주문합니다.

열혈 공무원에게!

격무에 시달리는 공무원들의 고충을 이해하네.

일 같지 않은 일에 업무의 태반을 다 뺏겨야 하는 그들의 절망 또한 이해하네. 그런데 공감은 딱 거기까지일세. 오히려 내가, 자네의 그 열정으로 인해 절망하고 있다네. 다른 방법은 없었을까? 신고를 받으면 무슨 일이 있어도 단속해야 하는 것인가? 아니 정확히는, 신고 내용과 다른 부분까지 꼭 단속해야 했는가? 그래서 얻은 것은 무엇이었지? 정의로운 사회? 법치주의 구현? 혹여나 공동체 파괴는 걱정되지 않던가? 신고가 신고를 낳고 또 그 신고가 파괴를 낳는 악순환 말일세. 그럼 자네의 나머지 업무마저 또 그곳에 뺏겨야 할 텐데, 그래도 자네는 여전히 '격무'를 호소할 텐가? 약방에 감초처럼 잘도 쓰이던 그놈의 재량권은 다 어디 갔는가? 도대체 어디에 쓰려고 아껴두는 것인가 말일세. 이제는 제발, 신고를 받았으니 어쩔 수 없다는 말만은 그만했으면 싶네. '감사' 때문에 어쩔 수 없다는 말도 이제는 그만 듣고 싶네. 자네의 결기라면, 선배 공무원들의 그렇고 그런 '타협'과는 애당초 차원이 다른 자네의 결심이라면, '감사' 따위를 핑계 삼지 않을 것이기에 하는 말일세.

▌ 발코니 구조변경에 대한 양성화 조치

- 당초 설치 목적과 달리 발코니를 거주 공간으로 변경시키는 불법행위가 아파트를 중심으로 전국적으로 성행한 이후 오랜 기간 행정기관과 국민 사이에 단속과 처벌을 둘러싼 논란이 가열되자 정부는 2005년 12월 2일 자로 「건축법」 시행령을 개정하여 동 불법행위를 양성화하는 조치를 단행하였다.
- 이 영 시행 전에 건축허가를 신청한 경우와 건축신고를 하거나 건축허가를 받은 주택에 설치된 발코니의 경우에는 거실·침실·창고 등으로 사용할 수 있다. (「건축법」 시행령 부칙 제2조 제1항, 2005. 12. 2.)

▌ 일조권 관련

- 전용주거지역이나 일반주거지역에서 건축물을 건축하는 경우에는 건축물

의 각 부분을 정북 방향으로의 인접 대지경계선으로부터 일정 거리 이상을 띄어 건축하여야 한다. (「건축법」 제61조 및 동법 시행령 제86조, 시 건축 조례 제31조)

- 2012년 12월 12일 자 개정된 「건축법」 시행령에 따라, 상기 이격 거리가 기존 '높이 4미터 이하의 경우에는 1미터, 8미터 이하의 경우에는 2미터, 초과하는 부분은 초과 높이의 2분의 1'에서 '높이 9미터 이하의 경우에는 1.5미터, 9미터를 초과하는 부분은 동 초과 높이의 2분의 1'로 완화되었다.

제2부

제도를 바꿔라

B 학점은 과하다

/

장학금 성격이다. 성적 요구는 정당하다 vs. 일하며 공부하는 학생에게 학점 요구는 옳지 않다.

　　자식이 커가기 때문일까, 옛날 같았으면 지나쳤을 대학 학자금 관련 기사가 잔상처럼 남았다. "한국장학재단에서 시행 중인 대학생 대상 국가장학금 지급 기준(장학금의 경우 평균 B 학점, 융자 C 학점)과 관련하여 '생활비를 벌어야 하는 저소득층 학생들이 공부에만 전념하는 다른 학생들에 비해 학업성적이 떨어질 수밖에 없음에도 지원 기준으로 과도한 학업성적을 요구함에 따라 상당수의 저소득층 자녀들이 혜택을 받지 못한다'는 비판이 일고 있다"라는 보도였다. 때마침 시의 기초생활수급자 지원 정책을 들여다볼 기회가 생겼기에 장학금 관련 규정도 함께 살펴보기로 했다. 시는 '기초생활보장기금 설치 및 운영 조례'를 통해 관내 기초수급자 및 차상위계층 대학생 자녀들에 대한 학자금 융자 사업을 전개하고 있었는데, 세상에! 아직까지도 학업성적 기준을 B 학점으로 유지하고 있었다. 그것도 학자금을 '빌려주면서' 말이다. 시의 입장을 듣고 싶었다.

호민관 한국장학재단의 경우, 장학금은 평균 B 학점, 융자는 C 학점을 요구하고 있는 것 알고 계시지요? 그런데도 "생활비를 벌어야 하는 저소득층 학생들이 공부에만 전념하는 다른 학생들에 비해 학업성적이 떨어질 수밖에 없음에도 지원 기준으로 과도한 학업성적을 요구함에 따라 상당수의 저소득층 자녀들이 혜택을 받지 못한다"라는 비판이 제기되고 있습니다. 경제적 약자에 대한 지원이라는 본래 목적이 훼손되고 있다는 지적인 셈인데요. C 학점인데도 이런 얘기가 나오는데 도대체 시는 무슨 생각으로 아직까지 B 학점을 유지하고 있는 겁니까?

공무원 융자인 것은 맞지만, 무이자이기 때문에 장학금의 성격을 갖고 있다고 생각합니다. 이런 관점에서 본다면 B 학점은 까다로운 기준이 아닙니다. 더구나 저소득층이기에 학업성적이 떨어진다고 단정하는 것은 편견에 불과합니다.

호민관 B 학점이 단순히 '까다로운' 조건이기 때문에 변경을 주장한 것이 아닙니다. 학점 기준의 적정성 여부가 쟁점이 아니라는 말입니다. 국가장학금(무상 지원)에서조차 문제시되고 있는 학점 기준을 저소득층 자녀에 대한 융자 사업(상환 의무)에 적용하는 현 제도의 발상 자체가 문제라는 얘깁니다. 다만, 기준 폐지가 가져올 불필요한 논란을 차단하는 것도 학자금 제도의 실효성 증대라는 목표를 달성하는 데에 있어서는 매우 중요하기 때문에 우선 현행 한국장학재단의 기준인 C 학점에 맞추자는 차선책을 제시하려고 하는 것입니다. 그러니까, "까다로운 조건이 아니다"라고 주장하려면 "도대체 왜 학자금 융자 사업이 부진을 면치 못하고 있는지"에 대한 답부터 제시해야 할 것입니다.

원인 분석과 함께 그 해결책을 요구합니다.

공무원 말씀하신 대로 한국장학재단에 비해 금리조건이 유리(무이자 vs. 연 3퍼센트 내외 금리)함에도 시의 학자금 융자 지원 규모가 미미한 것은 사실입니다. "생활이 어려운 저소득층 가구에 대한 자활을 돕는다"라는 상위법(「국민기초생활 보장법」) 취지에 맞게 어려운 처지에 놓인 저소득층 자녀들에게 실질적인 도움이 될 수 있도록 관련 제도를 개선하도록 하겠습니다.

제도 개선의 신호탄 그리고 용두사미

가볍게 시작한 일이 커졌다. '수용 불가' 통보가 전달된 것이다. 나의 논리에 자신이 있었던 만큼 충격이 컸다. '이건 뭐지? 받아들일 수 없다고?' 시쳇말로 '멘붕'이 왔지만 그렇다고 이른바 '협력적 관계'를 유지하겠노라 바로 엊그제 언론에 풀어댄 '썰'을 뒤집고 당장 시와 싸울 수도 없는 노릇이었다. '권고'가 유일한 무기인 상황에서 '안 하겠다는 데야' 도리가 없지만 그렇다고 해서 그냥 아무 일 없다는 듯 물러날 수도 없었다. "한 번 더 판단해달라"라고 '재심 요청서'를 보냈다. 답을 해야 하는 민원인이 있는 것도 아니고 제도 개선 차원에서 나 스스로 제기한 것이니만큼 시간의 제약은 없었지만, 시의 답변을 기다리는 내내 초조했다. 결과 자체보다는 만약 또 '거부'됐을 경우 대응 방식이 만만치 않아 보여서 그러지 않았나 싶다. 그러나 정말이지 다행스럽게도, 나의 '재의'를 시가 받아들였다. 조례를 개정하겠다고 말이다. 내가 나를 칭찬했다. "제도 개선 첫 '작품'이라고? 축하해!!!"

제도 개선의 신호탄이라며 환호작약한 지 오늘로 꼭 1년하고도 3개월이다. "도대체 언제 할 거냐" 하고 물으면 한다는 소리가 맨날 "곧"과 "조만간"뿐이더니 아직까지 약속한 조례 개정은 이루어지지 않고 있다. 아무리 일 처리가 느리기로서니 이 정도면 '막 가자는' 얘기나 다름없다. 이러니 약속을 받아내면 뭐하겠는가, 지키지 않으면 말짱 도루묵인 걸.

어찌한다? 임기까지 시간이 얼마 남지 않았는데 말이다.

▌「국민기초생활 보장법」
- 자활지원사업의 원활한 추진을 위하여 일정한 금액과 연한을 정하여 자활기금을 적립할 수 있다. (제18조의 3)

▌기초생활보장기금 설치 및 운영 조례
- 기초생활수급자(차상위계층 포함)의 대학생 자녀에 대한 학자금 융자 기준은 '평균 B 학점 이상의 학업성적'이다.

구내식당 밥값은 절대 못 내려

/

시민은 4000원, 공무원은 3000원. 구내식당은 공무원 후생시설이기 때문에 가격 차별은 정당하다는 입장과 시민이 주인인 시청에서 시민을 차별하는 것은 있을 수 없다는 주장이 붙었다. 누가 불평했던 것도 아니었지만, 제도 개선에 목말라(?) 있던 나는 스스로 '차별'을 물고 늘어졌다.

제도 개선은 아주 작은 것에서부터 출발하는 것이다!

점심을 구내식당에서 먹어본 지가 몇 년 만인가. 파란 기와집에 다니던 시절 이따금씩 맛봤으니까 10년이 넘은 것 같다. 밥표도 샀겠다, 배꼽시계 지시에 따라 구내식당으로 향했다. 엄청 싸고 맛있다는 말이 빈말이 아니었다. 4000원치고는 정말이지 훌륭한 한 끼 식사였다.

한동안 다들 나랑 같은 금액을 내고 밥을 먹는 줄 알았다. 이용 카드도 나오지 않은 상태였고 같이 일하는 공무원 신세 지기도 싫어 매점에서 밥표를 산 것이기 때문에 다른 사람들이 얼마를 내고 밥을 먹는지 알 길이 없었고 또 굳이 묻지도 않았다. 그러니까 호민관 업무를 시작한 지 한 달이 거의 다 될 무렵이었다. 이런저런 얘기를 나누며 식사를 하고 있는데 무심코 던진 공무원의 한마디가 가시처럼 목에 딱 하고 걸렸다.

"3000원짜리치고는 맛있죠?" 이러는 거다.

공무원은 3000원만 내면 되지만 시민은 4000원을 내야 한다는 얘기였다. 왜 그렇게 하느냐고 물었지만, 당연한 걸 왜 묻느냐며 오히려 어이없다는 반응을 보였다. 그의 논리를 정리하면 대충 이랬다. "시 공무원들이 다달이 회비를 내 직장 금고를 운영하고 있는데, 바로 이 직장 금고가 운영하는 곳이 구내식당과 매점이다. 그러니 회원인 공무원한테 싸게 받는 것은 당연하다. 원칙적으로 시청 내방객은 받지 말아야 하지만 편의를 위해 출입을 허용하고 있을 뿐이다." 자신들의 돈으로 운영한다는 데야 달리 할 말이 없었다.

그런데 조사를 해보니 그 '가격 차별론자(?)' 주장이 사실과 많이 달랐다. 식당 운영권을 직장 금고가 갖고 있는 것은 맞지만 금고가 식당 운영을 위해 내놓는 돈은 사실상 전무했다. 식당 직원 월급도 시에서 부담하고 장소 임대료를 내는 것도 아니고 단지 음식 재료비만 식비를 통해 충당하면서 '주인'입네 하는 것은 따라서 낯 뜨거운 짓이었다. 그 가격에 그 정도의 질을 유지하려면 이런 방식 아니면 불가능하다는 사실을 모를 리 없을 텐데 말이다. 아무튼 그들은 한사코 자신이 주인이라는 말만 반복했던 것인데, '알면서도 모르는 체'했거나 시의 주인은 공무원이라는 시대착오적인 '선민의식'에 사로잡혀 있거나 둘 중 하나로 보였다. 제도 개선의 깃발을 올려야 했다. 호민관은 시민이 신청한 고충민원도 처리하지만 제도를 바꾸는 일도 소홀히 해서는 안 된다고 생각했다. 비록 사소한 일일지라도 말이다. 좀 과장하자면 소명 의식 같은 것이 꿈틀댔다.

선의조차 구박당하다!!

공무원 한 사람 한 사람에게 물으면 대체로 호민관 주장에 동의를 표시했다. 자신들의 밥값을 올리자는 얘기도 아니고 시민들에게 차별적으로 적용되고 있는 식대를 낮추자는 것이니 어찌 보면 당연한 반응이었을 게다. 그런데 상황은 정반대로 전개됐다. 시로부터 지원을 받고 있으니 직장 금고 또한 호민관의 직무관할에 포함되지만 공무원 자치 조직인 점을 존중해 이를 관리하는 행정과에 가격 인하를 권고했던 것인데, 시로부터 "긴급 소집된 금고 이사회에서 '밥값을 같게 하라'는 호민관의 요구가 거부됐다"라는 통보가 전달됐다. 직장 금고와 가격 인하를 협의하겠다는 답변을 두어 달 전에 이미 받았던 터라 사실상 가격 인하가 되는 줄로만 알고 있었기 때문에 '거부' 통보는 나를 충격에 빠뜨렸다. 그러나 충격은 충격이고 도대체 거부의 사유가 뭔지는 알아야 했다.

"구내식당은 기본적으로 공무원을 위한 후생복리시설입니다. 시민 편의 시설이 아니라는 얘깁니다. 따라서 차별적 가격 제도를 시정하라는 요구는 수용할 수 없습니다. 더구나 가격을 인하할 경우 수입이 줄어들어 음식의 질이 떨어질 것이고 이를 피하기 위해 금고가 비용을 부담한다면 금고 재정이 악화될 것이기 때문에 더더욱 수용이 어렵습니다. 가격이 떨어져 시민들이 구내식당을 더 많이 이용하게 되면 시청 인근 식당들이 반발할 것이라는 점도 고려해야 할 것입니다."

사익(인근 음식점 매출)에 부정적 영향을 주는 정책에는 아예 관심을 갖지 말라는 모 자문위원의 조언이 있었던 터라 권고를 할 것인지 말 것인지 고민이 안 될 수가 없었다. 그러나 '시민이 주인이다'라는 원칙은 바꿀 수 없었다. 부작용만 다른 수단으로 줄여나가면 되리라 마음먹었다. 그래서 가격 인하를 권고하면서 지역 상권(음식점) 활성화 방안도 함께 마련할 것을 주문했던 것인데, 그들은 바로 그 전제 조건은 아랑곳하지 않고 자신이 보고 싶은 부분만 골라 그걸 '명분'이랍시고 거부의 사유로 들고 있었다. 한 달에 두 번씩 구내식당 문을 닫고 인근 식당을 이용하고 있는 현행 제도를 확대한다거나 하는 이른바 '지역 상권 활성화 방안'을 제시하거나 하다못해 경제 위축의 정도를 추계라도 하면서 '거부'라는 것을 했다면 이 정도로는 열 받지 않았을 것이다. 아무튼 두 마리 토끼를 다 잡으라는 나의 권고는 어디다 엿 바꿔 먹고 '인근 상권 위축'이라는 하나 마나 한 말만 앵무새처럼 외는 그들의 행태가 못마땅했다. 차라리, "우리가 왜?"라고 솔직히 고백을 했으면 덜 미웠을 터였다.

사실, 식대 인하는 호민관이 그리 핏대를 올릴 만한 일이 아니었다. 하루에 고작 20여 명 남짓한 시민만이 구내식당을 이용하고 있는 형편이니 1000원씩 깎아준들 어디 티도 안 날 것이고, 어느 누구 하나 인하해 달라고 호민관에게 먼저 요구한 적도 없었기 때문이다. 그런데도 나는 나 자신의 고집(?)을 꺾을 수 없었다. 도대체가 왜 시민은 4000원인데 공무원은 3000원인지 이해가 돼야 싸움을 포기하든지 그들의 주장을 수용하든지 할 것이 아닌가 말이다. 이런 내 생각이 잘못됐나? 자문에 자문을 거듭했지만 똑같은 답만 나왔다. 그래서 누가 이기나 해보자는 심사로 재심의 과정을 거쳐 '가격 인하'를 재차 권고했던 것인데, 아니나 다를까 이번에도 직장 금고 이사회 벽을 넘지 못했다. 그들은 막무가내였다.

엉뚱한 곳에서 논란이 벌어지다

모처럼 만에 하는 제도 개선 요구인데 구박(?)을 당하자 의욕이 급 떨어졌다. 한동안 침울 모드에 빠져 살았다. 그러던 어느 날, 지역 신문에 호민관 관련 기사가 하나 실렸다. "호민관이 하라는 고충민원 해결은 뒷전이고 고작 밥값 인하 같은 데만 신경을 쓰다 보니 호민관 무용론이 일고 있다." 뭐 이런 내용이었다. 앞뒤 다 자르고 '고작 1000원'만 부각했으니 과정과 제도 개선 이유를 모르는 일반 시민들로서는 쯧쯧 하고 혀를 찰 만했다. 이런 걸 부관참시라고 하나 싶었다. 이미 재론의 동력을 상실한 사안인데 아예 싹을 밟아버렸으니 만정이 다 떨어졌다. 시민이 1000원을 더 내든 말든 이제 관심을 끊자, 그리 마음 먹었다.

이 글을 쓴 지 벌써 1년이 지났다. 새삼 당시 '구내식당 밥값 논쟁'이 떠오른다. 오늘 아침 기사 때문이다. "관공서 구내식당들이 외부인을 대상으로 불법 영업을 하는 바람에 인근 상인들이 어려움에 처했다고 주장하며 정부의 단속을 촉구하는 집회가 열렸다"라는 내용이다. 또 다른 언론은 "구내식당의 시민 이용을 금지하는 자치단체가 늘어 인근 상인들이 반기고 있다"라는 내용을 전하기도 한다. 작년에 내가 촉발한 논쟁이 시민과 공무원 간 차별에 관한 것이었다면 지금의 논쟁은 시민의 구내식당 이용 자체를 문제 삼고 있다. 대부분 언론은 상인들의 주장에 동조하고 있는 듯 보인다. 일부에서만 시민들의 입장(싸고 좋은 음식을 먹을 수 있는 권리)을 대변하고 있을 뿐이다. 상인들은 관공서 구내식당에 일반인을 출입시키는 것은 「식품위생법」 위반이라고까지 주장하는가 보다. 「식품위생법」제2조에 따르면 공공 기관 구내식당은 '집단급식소'에 해당하는데, 집단급식소는 영리를 목적으로 하는 곳이 아니기 때문에 일반인에게 밥을 팔면 불법이라는 얘기다. 상인들은 이해 당사자니 그렇다손 치더라도 최소한 언론은 중심을 찾아야 하는데, 이제껏 몰랐던 새로운 증거를 찾기라도 한 듯 검증 없이 이를 보도하는 걸 보면 참 딱하다는 생각이 든다. 관공서를 방문하는 민원인에게 밥을 파는 것을 정말로 영리 행위라고 생각하는지 묻고 싶다. 그건 그렇고, 이미 대세는 일반인의 공공 기관 구내식당 이용 금지 쪽으로 기울고 있는 듯싶은데 나도 이제부턴 입을 닫아야 할 모양이다. 그 어떤 '정당한' 이유도 경제적 상황이라는 심판대 앞에만 서면 '죄인'이 되는 판국 아닌가. 정말로 이제는 '1000원 차이' 따위를 입 밖으로 꺼냈다간 몰매를 맞거나 물정 모르는 놈 소리를 듣거나 둘 중 하나인 세상이 됐다.

상수도 원인자부담금

/

모든 걸 만족하는 기준이란 세상 어디에도 존재하지 않는다. 한쪽이 이익을 보면 다른 한쪽
은 늘 불만이게 마련이다. 한번 만들어진 기준을 바꾸는 것은 그래서 늘 신중해야 한다. 그
러나 아무리 그렇다고 해도 네 평 남짓한 원룸형 주택에 2.8명이 산다고 가정하는 것은 지
나치다.

200세대에 이르는 도시형 생활주택을 짓고 있
다는 시행사 대표가 호민관을 찾았다. 그는 다짜고짜 '상수도 원인자부
담금'이라는 참으로 긴 이름을 가진 고지서 한 장을 내밀었다. 2억이라
는 금액이 적혀 있었다. 처음 보는 거액인지라 입이 다물어지지 않았다.
이윽고 그가 말문을 열었다.

"우리가 짓는 집은 가구당 채 네 평이 되지 않는 원룸형 주택입니다.
도시형 생활주택이라고도 부르지요. 보통 한 명, 많아야 두 명이 삽니다.
그런데 시는 이런 곳에 2.8명이 산다고 합니다. 200가구니까 560명이 거
주한다고 보는 것이지요. 이게 말이 됩니까. 이렇게 해서 나온 금액이 2
억입니다. 이 건물에서 560명이 물을 쓴다고 가정해서 원인자부담금인
가 뭔가 하는 것을 내라고 하는데 이것 좀 고쳐주십시오."

관련 서류를 검토하다 보니 전혀 엉뚱한 곳에 복병이 도사리고 있었

다. 민원인이 부담금을 이미 납부해버린 것이었다. 이러면 넘어야 할 산이 많아진다. 우선 원인자부담금 부과가 법에서 정한 기준에 부합하느냐 여부를 따져 보고, 만약 적법하다면 그다음으로는 조례 개정(법은 부과 기준을 조례로 위임해놓고 있다!)의 타당성을 살펴야 한다. 그런데 이것으로 끝이 아니다. 시에서 조례 개정을 추진한다고 하더라도 '소급'에 대한 문제가 생기기 때문이다. 이 모든 과정을 거쳐야 비로소 민원인은 이미 납부한 부담금을 일부라도 돌려받을 수 있게 된다. 물론 한 사람 노력으로 나중에 부담금을 내는 사람들이라도 혜택을 받으면 좋은 일이지만, 글쎄, 시쳇말로 죽 쒀서 개를 줄 수도 있는 일인데 민원인이 반길 리가 있을까 싶었다. 조례 개정을 시가 받아들인다 해도 이미 낸 돈을 돌려받기는 수월치 않을 것이라는……. 시작부터 예감이 좋지 않았다.

모처럼 '개념 공무원'을 만나다

「수도법」에 따르면, "수도사업자는 주택단지·산업시설 등 수돗물을 많이 쓰는 시설을 설치하여 수도시설의 신설이나 증설 등의 원인을 제공한 자에게 그 수도공사·수도시설의 유지를 위하여 필요한 비용의 전부 또는 일부를 부담하게 할 수 있"는데 그 부담금이 바로 상수도 원인자부담금이다. 그런데 「수도법」은 부담금의 기준을 정하지 않고 자치단체의 조례에 위임해버렸다. 결국 조례의 내용이 위임의 범위를 벗어난 것인가가 이번 민원의 최대 쟁점이 돼버린 것인데 법률 전문가들은 하나같이 조례 내용에 위법성이 없다고 했다. 예상은 했지만 막상 현실로 닥치니 두 번째 단계(개정의 타당성 검토)로 진입할 엄두가 나지 않았다. 호민관이 된 지 많은 시간이 지나지는 않았지만 실컷 권고를 해봤자 수용되는 경우가 그리 많지 않았기 때문에 이번에도 힘만 빼는 게 아닌가 싶어서였다. 더구나 '소급 문제'도 남아 있었으니. 하지만 이내 마음을 다잡았다. 그래도 해보는 데까지는 해봐야지 하면서 말이다.

인근 지자체에 비해 무려 네 배가 넘는 부담금을 물고 있는 비상식적 현실에 주목했다. 민원인의 주장은 정당한 것이고 충분히 억울할 만했다. 현장 방문과 관련 법률 규정 검토 그리고 다른 지자체 현황 분석 등이 이어졌고, "상수도 원인자부담금에 관한 조례를 개정하여 부과 기준을 낮추고, 이미 납부한 부담금에 대해서도 소급을 통해 구제할 것"을 주문했다. 여기까지는 늘 내가 하는 방식이니 그랬다 치지만, 기다렸다는 듯 담당 공무원이 일사천리로 화답한 것은 전례가 없는 일이었다. 그런데 그의 답변이 더 가관(?)이었다. 조례 개정의 초안까지 이미 마련해놓을 정도로 부담금 부과 기준의 문제점을 이미 인식하고 있었다는 설명을 하는 게 아닌가. 다른 지자체도 갖고 있는 표준 조례안을 변경하자고 주장하기에는 명분이 부족했을 뿐이었단다. 호민관의 의견이 시 행정에 투영되는 '좋은 선례'가 만들어지는 순간이었다. 다만, "소급 적용은 법제처의 질의 결과 부정적 의견이 있었으며 새로운 분쟁과 혼란을 가중시킬 우려가 있어 곤란하다"라는 의견이 통보돼 아쉬움이 남을 뿐이었다. 제도는 바뀌었는데, 그 혜택은 천상 다음 사람이 보게 생겼다.

뒷얘기
민원 해결에 너무 들떠 순간 '정치'를 망각했나

보다. 마침 호민관 사무실을 연 지 한 달이 지났고 지방 언론사 기자가 사무실을 방문해 소개할 만한 민원 해결 사례가 있느냐는 말에 별생각 없이 '부담금' 얘기를 건넸던 것인데……. '성과 놓고 내홍'이라니, 오늘 아침 자 신문은 나를 아주 치졸한 놈으로 만들고 있었다. 성과에 집착해 이미 시에서 준비 중인 정책을 날름 빼먹었다는 불만이 시 공무원들 사이에서 나오고 있단다. 속된 말로, 성과를 내지 않으면 호민관 자리에서 잘린다든지 아니면 월급이 깎이기라도 한다면 이런 모함을 들어도 '그럴 수도 있겠네' 하고 쿨하게 지나치겠는데, 다짜고짜 '실적'에 환장한 놈으로 매도당했으니 정말이지 화가 났다. 그렇다고 호민관 된 지 얼마 지나지도 않았는데 '정정 보도' 하자 난리 칠 수도 없는 노릇이고, '뭐 밟았다 생각하지 뭐' 이러다가도 '입 다물면 인정하는 꼴이 되는 거 아냐' 하는 생각이 하루에도 몇 번씩 교차했다. "실적 따위에는 관심이 없습니다. 그리고 잘 아시겠지만 전 공무원이 아니니까 시민들 외에는 누구한테도 실적을 평가받지 않습니다. 공무원 실적으로 넣는 것, 저는 100퍼센트 찬성입니다." 이 말만은 기회가 닿으면 언젠가 꼭 하고 말리라 다짐하며 홀홀 털어버렸다.

점심 먹으러 가는 길에 그 '개념 공무원'과 마주쳤다. 기사를 읽었나 보다. 난처한 표정이 역력하다. 추호도 그런 얘기 기자와 나누지 않았노라 손사래를 친다. 그럴 리 없을 거라 믿지만, 어색한 건 어쩔 수 없다. 졸지에 친구(?) 하나 잃은 기분이다. 그러지 말라 어깨를 두드리는 것만이 내가 할 수 있는 전부였다.

▎상수도 원인자부담금

- '수도사업자가 수도공사를 하는 비용 발생의 원인을 제공한 자(주택 단지·산업시설 등 수돗물을 많이 쓰는 시설을 설치하여 수도시설의 신설이나 증설 등의 원인을 제고한 자를 포함) 또는 수도시설을 손괴하는 사업이나 행위를 한 원인자에게 그 수도공사·수도시설의 유지나 손괴 예방을 위하여 필요한 비용의 전부 또는 일부를 부담하게 하는 것'으로서(「수도법」 제71조), 비용의 산출에 필요한 세부기준은 해당 지방자치단체의 조례로 정하도록 하고 있다. (동법 시행령 제65조)

▎도시형 생활주택

- 늘어나는 1~2인 가구와 서민의 주거 안정을 위하여 필요한 곳에 신속하고 저렴하게 주택을 공급할 수 있도록 정부가 각종 주택건설 기준과 부대시설 등의 설치기준을 적용하지 않거나 완화하는 내용으로 지난 2009년 「주택법」이 개정되면서 도입된 주거 형태다.
- 「국토의 계획 및 이용에 관한 법률」에서 정한 도시지역에서만 건축할 수 있고 기반시설이 부족하여 난개발이 우려되는 비도시지역은 해당되지 않으며, 세대 당 주거 전용면적이 85제곱미터 이하인 국민주택 규모의 300세대 미만으로 구성된다.
- 이는 다시 단지형 연립주택과 원룸형의 두 종류로 구분되는데, 원룸형은 세대별 주거 전용면적이 12제곱미터 이상 50제곱미터 이하인 주거 형태로서 세대별로 독립된 주거가 가능하도록 욕실과 부엌을 설치하되 욕실을 제외한 부분을 하나의 공간으로 구성하여야 하며, 세대를 지하층에 설치하는 것은 금지된다. (「주택법」 제2조 및 동법 시행령 제3조)

술 좀 팝시다

/

도시를 설계할 때부터 이 지역은 술을 팔 수 없도록(휴게음식점만 허용) 지정됐다. 그런데
세무서가 휴게음식점에 술을 팔 수 있는 면허를 부여하면서부터 문제가 꼬이기 시작했다.
주류 면허만 믿고 팔아서는 안 되는 술을 팔았던 휴게음식점 상인들이 줄줄이 단속을 당하
는 지경에 이르렀다. 설상가상으로 비슷한 처지에 놓였던 업종들이 거의 모두 '금지'에서
풀려났지만 유독 휴게음식점만 그대로였다. 사실상 일반음식점으로 영업해온 지 20년인데
왜 술을 팔 수 없느냐며 아우성을 쳐댔다.

휴게음식점에서는 술을 팔지 못한다. 분식집
에서 소주를 마시는 사람들을 찾을 수 없는 이유다. 그런데 100여 명 정
도 되는 휴게음식점 사장님들이 모였다는 ○○지역상인연합회 회장단이
호민관을 찾아와서는 "설렁탕과 족발을 파는 집에 술을 팔지 못하게 하
면 어떻게 하느냐"라며 분통을 터뜨렸다. 처음에는 선뜻 동의가 되지 않
았다. 심하게 말하자면, 방귀 뀐 놈이 성내는 것처럼 보이기까지 했다. 허
가는 휴게음식점으로 받아놓고 인제 와서 술을 팔겠다고 하는 것은 도둑
놈 심보라는 생각도 들었다. 더구나 법에서 금하고 있다는데, 호민관이
라고 해도 어떻게 '해줘라 마라' 하겠는가 말이다. 그들의 주장을 제대로
듣기도 전인데, 나의 선입관은 이미 '불가' 쪽으로 방향을 틀고 있었다.

"영업 허가를 시에서 받으실 때 술을 팔 수 없다는 것을 아셨을 거 아닙니까?" 나의 질문엔 '짜증' 비슷한 게 묻어 있었다. 순간, '이건 아닌데' 하는 자책이 밀려왔다. 아무리 명백해 보이는 사안이라도 이렇게 물으면 안 되는 것이었다. 오죽하면 호민관을 찾았을까 하는 자세로 호민 행정에 임하리라 다짐했건만, 한 달도 지나지 않는데 벌써 엿 바꿔 먹었나 보다. 이런 나의 불순한 의도를 알아챘는지 회장은 곧바로 핵심을 치고 들어왔다. 단 한 방으로 나는 코너에 몰렸다. "만약에 세무서와 시청의 입장이 다르다면 호민관께서는 세무서 말을 믿겠습니까, 시청 말을 믿겠습니까?" '이건 또 무슨 소리?' 하며 잠시 머뭇거리는데, 그가 말을 이었다. "이곳에 건물들이 세워진 것은 1997년 무렵입니다. 바다를 매립해 산업단지를 조성하고 이곳을 배후 주거단지로 만든 거지요. 보통 4층 내외의 건물들이 허용됐는데, 1층은 근린생활시설로 쓰고 나머지 층은 주거용으로 사용하는 게 일반적이었습니다. 그리고 근린생활시설이 허용된 1층에는 약 300개 정도 되는 음식점이 입점했습니다. 그중 약 80퍼센트가 휴게음식점으로 허가를 받았습니다. 그게 16년 전 얘깁니다. 그럼, 호민관께서는 과연 몇 군데나 되는 음식점들이 그때 주인 그대로라고 생각하십니까? 아마 손으로 꼽을 정도일 겁니다. 그리고 그 많은 음식점 사장들은 바보라서 술을 팔아도 된다고 믿었겠습니까? 영업허가증에 나오는 휴게음식점이라는 말의 뜻은 몰라도 사업자등록증에 나오는 '주류 판매 가능'이라는 여섯 자는 아니까 그 비싼 권리금을 주고 음식점 장사를 시작한 것 아니겠느냐, 이 말씀입니다."

어이쿠! 이런 사정이 숨어 있었구나. 뒤통수를 얻어맞은 듯했다. 이래서 남 말은 끝까지 들어야 하는데 명색이 억울한 사람들 편들라 뽑힌 호민관이 하라는 짓이라곤, 쯧쯧. 급반성 모드로 바꾸고는 바로 본격적인 조사와 탐문을 시작했다.

시화지구는 1994년 5월 수자원공사가 도시설계 승인을 받은 곳인데 설계에 따르면 약 4000필지에 이르는 주거지역 중 이주민 단지라고 불리는 곳을 제외한 5개 블록은 모두 제1종 일반주거지역이다. 그런데 「국토의 계획 및 이용에 관한 법률」에서 규정하고 있는 '용도지역' 중 하나인 제1종 일반주거지역에서는 제1종 전체 및 제2종 일부 근린생활시설을 설치할 수 있다. 따라서 제2종 근린생활시설인 '일반음식점'도 이론상으로는 이곳에 입점이 가능하다. 그런데 이곳은 제1종 일반주거지역뿐 아니라 지구단위계획구역으로도 지정된 곳이어서 지구단위계획도 따라야 한다. "지구단위계획에 의한다면 용도지역별로 정해진 기준이라도 이를 변경(조건 강화)할 수 있도록" 법률에 규정되어 있기 때문이다. 제1종 일반주거지역인데도 일반음식점을 운영할 수 없는 이유가 바로 여기에 있다. 쾌적한 주거환경 유지를 위한다는 명목으로 처음부터 휴게음식점만 가능하도록 설계됐기 때문이다. 따라서 다른 문제만 없었다면 그 누구라도 이 자체를 문제 삼지는 못했을 것이다. 그런데 엉뚱한 곳에서 제도의 균열이 생기기 시작했다. 왜 그랬는지는 모르겠지만(지금도 그 이유를 모르지만) 세무서에서 휴게음식점에 주류 판매를 허용해줘 버린 것이다. 사실 세무서의 이런 결정은 실수라고 하기에 좀 어이가 없는 구석이 있다. 통상 사업자등록증을 받으려면 영업허가를 먼저 받고 허가증을 첨부하는데, 바로 이 영업허가증에 떡하니 쓰여 있는 '휴게음식점'이라는 글자를 발견하지 못했다는 게 말이 안 되기 때문이다. 세금 더 걷으려고 그랬을 수도 있을 테고, 정말로 담당 공무원이 실수로 그랬을 수도 있을 것이고(2010년까지 무려 13년간이나 실수를 했다고 믿는다면), 아니면 지역 상권 활성화를 위해 대승적(?) 결단을 내린 것일 수도 있을 거지만, 아무튼 이 엄청난 '착각'이 부른 재앙은 고스란히 200곳이 넘는 휴게음식점 사장님들에게 전가됐다.

저녁 손님들로 북적거려야 할 상가는 조용하다 못해 고요했다. 마침 저녁을 혼자 해결해야 할 상황이 생겨 핑계 삼아 문제(?)의 시화지구 먹자골목으로 향했던 것인데, 이러다 밥 굶기에 십상인 듯 보이는 가게가 부지기수였다. 상인연합회 회장이 운영하는 가게는 그나마 나은 편이었다. 테이블의 반 정도는 차 있었다. 한쪽에 자리를 잡고는 삼계탕을 시켰다. 폐가 될 듯싶어 말없이 식사에만 열중했는데, 식사를 마칠 무렵이 돼서야 나를 발견했는지 회장이 반갑게 인사한다. 그간 밝힌 단속에 얽힌 에피소드는 충격 그 자체였다.

"한번은 삼겹살 3인분과 소주 몇 병을 먹은 청년 두 명이 계산도 않고 그냥 나가길래, 붙잡고 왜 돈을 내지 않느냐고 따져 물었습니다. 그런데 대답이 가관입니다. '신고하세요', 이러는 겁니다. 그럼 자기들은 불법으로 술 판 것을 신고하겠다나요. 그래서 '왜 불법이냐' 하고 따졌더니 이 동네 웬만한 사람들은 다 안다는 겁니다. 휴게음식점에서는 술을 팔아선 안 된다는 사실을 말입니다. 그냥 돈을 받지 않고 보냈습니다. 기가 막혀도 할 수 없는 노릇 아닙니까. 단속이 되면 영업정지와 벌금은 기본일 텐데 돈 몇만 원 벌겠다고 어떻게 싸웁니까." 그의 증언에 따르면, 몇 년 전까지 이런 일이 흔했다고 한다. 분을 이기지 못해 손님하고 싸워 엄청난 손해를 입은 사장도 있고, 종업원이 약점을 잡고 협박하는 통에 결국에는 문을 닫은 사장도 있었다고 했다. 이제는 내가 물을 차례였다. 단속이 처음 시작된 배경이 궁금했다.

"주류 면허가 있었으면 단속을 당해도 항의할 명분이 있지 않습니까? 그런데 왜 그렇게 속수무책으로 당하고만 계셨는지……." 물정 모르는 소리 하고 있다는 듯, 그가 피식 웃었다. "2003년부터 단속이 시작됐다고 합니다. 제가 알고 있기로도 처음 6년 동안은 단속이 없었습니다. 그런데 갑자기 단속을 받으니까 기가 막혔겠죠. 항의도 하고 시에 가서 소란도 피우고 그랬다고 합니다. 그렇다고 법에 안 되게 돼 있는 걸 어쩌겠습니까. 벌금 내고 영업정지 당해야죠. 그래도 1년에 몇 건 아니니까 상가 전체의 문제로 인식하지는 않았나 봅니다. 좀 잠잠해지다가 또 일이 벌어지고, 뭐 이런 식으로 또 6년이 지나갔는데, 그사이 주인들이 바뀐 거지요. 저도 그 무렵 이 집에 세를 얻어 들어왔습니다. 그랬는데 2010년도에 큰 사건이 벌어졌어요. 세무서에서 주류허가를 일괄 취소해버린 겁니다. 그나마 남은 안전판이 사라진 거지요. 아니나 다를까, 2011년도에는 무려 서른한 곳이 단속을 받았습니다. 기본이 영업정지 3개월이고 벌금은 따로 내야 했습니다." 서서히 안개가 걷히는 듯했다. 그러나 시 입장을 확인해야 비로소 완전한 진실과 마주할 수가 있을 것 같았다. 그런데 정작 중요한 질문은 그때까지도 꺼내지 못하고 있었다. "그럼, 시는 이제껏 무슨 일을 했습니까? 이렇게 많은 분이 관련되어 있다면 이미 문제를 알고 있을 텐데 말입니다. 어떤 입장인지가 궁금한데요." 종착역에 다다랐다고 느꼈는지 회장의 목소리가 빨라졌다. 그만큼 눈빛은 더 간절해 보였다. "2009년도에 지구단위계획이 변경된 적이 있습니다. 그때 우리 음식점을 제외하고 대부분의 업종(제2종 근린생활시설)이 풀렸습니다. 카센터나 PC방이 그때 허가됐으니까요. 솔직히 말씀드리자면, 그때 우리가 잘못 대응한 겁니다. 당연히 우리도 되겠지 하고 더 세게(?) 나가지 않은 것이 패착이었던 셈이죠. 다른 업종은 시청 앞에서 데모도 하고 했다는데 우리는 그냥 팔짱만 끼고 있었으니 우리 의견이 반영됐겠습니까. 아무튼, 지금 시장님도 '왜 그때 허용되지 않았는지 모르겠다'고 아쉬워하십니다. 그런데 문제는 지구단위계획이 5년에 한 번씩 변경된다는 점입니다. 내년이나 돼야 허가를 받든지 말든지 결정된다는 얘긴데, 공무원들은 늘 '기다려보자'는 말만 하고 도대체가 믿을 수가 있어야지요. 그러다가 호민관 제도가 생겼다는 말을 듣고 힘을 좀 보태주십사 부탁하기 위해 들른 겁니다."

1997년에 시작된 기나긴 얘기치고는 결론이 싱거웠다. 지구단위계획 변경 시기를 앞당겨 달라는 것도 아니고 계획을 변경할 때 그냥 일반 음식점만 포함해달라는 요구였으니. 조사를 더 해봐야겠지만, 법에서 정한 용도지역에 부합한 업종이고 다른 업종과 비교해서 특별히 배제되어야 할 위해시설도 아니라면, 더구나 정부 기관 간 혼선으로 근 15년을 억울하게 지내온 정상을 참작해서라도 일반음식점 허용은 지나친 요구가 아니라 생각했다. 이왕 마음먹은 거 서두르기로 했다.

그 후

"비록 시흥시의 행정처분(휴게음식점 허용)이 적법했다 하더라도 B 블록 휴게음식점의 불법 행위 원인이 상당 부분 주류 판매를 허용한 세무 당국에 있는 한 이를 근거로 한 상인들의 주장(장기간 지속된 불법 상태 해소를 요구)에도 타당한 측면이 있다고 보이는바, 신속한 절차 진행을 통해 지구단위계획을 변경(B 블록에 일반음식점 영업을 허용)함으로써 잠재적 불법 상태가 조속히 불식되기를 희망합니다. 동 계획 변경에 필요한 절차를 진행함에 있어 해당 기관(위원회)에 본 시민 호민관 의견을 전달할 것을 주문합니다."

오랜 고질적 집단 민원을 해결할 기회라고 판단한 시흥시가 발 빠르게 움직였다. 호민관의 의견을 적극적으로 검토하겠다는 답신이 전해졌다. 법률이 정한 절차가 있어 내년 이맘때가 되어야만 완전한 해결을 볼 수 있겠지만 질긴 민원의 역사는 이미 종결을 고한 것이나 마찬가지로 보였다.

2014년 11월 12일, 드디어 시화지구(정왕지구) 지구단위계획 결정(변경) 공고가 났다. 이제부턴 일반음식점도 합법이다. 물론 술도 팔 수 있다. 아쉽다면, 너무 오래 걸렸다는 점이다. 고충민원을 접수한 지 1년하고도 7개월이다. 첫 장사를 시작한 기준으로는 17년이다. 과정이야 어쨌든 해피엔딩으로 결말이 났으니, 앞으로는 행운의 여신이 이곳에 깃들기만을 바라고 바랄 뿐이다.

▌일반음식점 설치

- 용도지역 중 제1종 일반주거지역 내에서는 제2종 근린생활시설(일반음식점 포함)을 설치할 수 있다. (「국토의 계획 및 이용에 관한 법률」 제76조 및 동법 시행령 제71조)
- 허가를 받거나 신고한 영업 외의 다른 영업시설을 설치하거나 다른 행위(휴게음식점 영업자가 손님에게 음주를 허용하는 행위)를 하여서는 아니 된다. (「식품위생법」 제44조 제1항 및 동법 시행규칙 제57조)

어느 화물 운수 노동자의 눈물

/

"교통사고로 트럭이 반파되어 폐차했다. 그런데 새 차를 뽑아도 내 맘대로 등록을 할 수가 없다. 차는 내 것이로되 명의는 지입 회사로 해야 하는 현행법(「화물자동차 운수사업법」) 때문이다. 지입 회사가 협조하지 않으면 등록이고 뭐고 불가능하다. 돈을 더 달라는 지입 회사 요구를 거절했더니, 나도 모르는 사이 다른 사람 차를 등록(대차)해버렸다. 지입 회사의 농간에 협회와 시가 넘어간 것인데도, 시는 잘못이 없다는 얘기만 한다."

화물 트럭 운전기사인 L 씨는 고속도로 운행 중 차를 폐차해야 할 정도로 큰 사고를 당했다. 부상을 당했지만, 생계가 급했던지라 신차 도입을 서둘렀다. 그런데 문제가 생겼다. 우리나라의 독특한 지입 제도가 발목을 잡은 것이다. 아무리 자신 소유 차량이라도 화물 영업을 하려면 지입 회사(운송사업자) 명의로 등록을 해야 하고 사고 차량을 폐차할 때도 마찬가지인 황당한(?) 현실을 잠시 잊고 있었다. 이런 제도를 악용하여 신차 등록을 빌미로 계약 변경을 요구하는 경우가 많다는 얘기를 들었는데도 말이다. 듣던 대로 L 씨에게도 관리비 인상 요구가 들어왔다. 울며 겨자 먹기 식으로 관리비 인상(월 25만 원→월 100만 원)에는 합의했으나 추가적인 금품 요구를 거부하자 지입 회사가 일방적으로 위·수탁 관리 계약을 해지해버렸다.

지입차주와 지입 회사 간 갈등은 어제오늘의 얘기도 아니고 법 개정을 둘러싸고 첨예한 대립이 있어왔던 터라, 여기까지의 얘기만 갖고는 잘잘못을 따지기엔 역부족인 측면이 있다. 그런데 다음 얘기를 들으면 L 씨의 사연에 공분할 사람이 많을 것이다. 그의 얘기를 더 들어보자.

이른바 '대·폐차'(신규 차량을 등록하는 '대차'와 기존 차량을 말소하는 '폐차'는 이렇듯 한 단어로 쓴다. 폐차만 하고 대차를 하지 않는 경우는 없기 때문이다!)는 몇 가지 과정이 필요하다. 현물출자를 해지하고, 기존 차량 등록을 말소하고, 새로운 차량을 등록하는 것이 그것이다. 이러한 각각의 절차를 진행함에 있어 통상 지입차주와 지입 회사 간 갈등이 심화된다. 그래서 관련 법률은 대·폐차 업무별로 '협회'와 '시'(차량관리사업소)에 일정한 역할을 부여하고 있다. 이 역할을 어떻게 수행하느냐에 따라 분쟁을 줄일 수도 있고 더 키울 수도 있다. 불행히도 L 씨의 경우는 시청이나 협회 모두 분쟁을 키우는 데 일조했다. 시작은 시에서 먼저 했다.

기존 차량의 등록 말소(폐차)가 이루어졌는데도 신규 차량 등록을 차일피일 미루는 지입 회사의 행태가 걱정이 됐던(결국은 위·수탁 관리 계약을 일방적으로 해지당했지만!) L 씨가 시청을 방문했다. 혹시나 자신이 아닌 다른 지입차주 이름으로 신규 차량 등록 신청이 들어오면 연락해달라는 부탁을 했다고 한다. 그런데 그 말을 들은 담당자는 실제 등록 업무를 맡고 있는 차량등록사업소에 알리지 않았다. 왜 그랬는지, 반드시 알려야 하는 건지는 확인해봐야 할 사항이지만 여하튼, 시에 이어 이번에는 '협회'가 결정타를 날렸다. 통상 한 번 내주는 대·폐차수리통보서를 두 번에 걸쳐 발행한 것이다. 똑같은 통보서를 발급한 것이 아니라 내용이 다른 것을 각각 말이다. 무슨 말인고 하면, 처음에는 L 씨의 볼보 트랙터를 폐차하고 새로운 쌍용 트랙터(L 씨는 이 차를 샀다가 등록이 되지 않아 결국은 손해를 보고 다시 팔아야 했다!)로 대차하는 대·폐차수리통보서를 발급했는데, 3개월이 지나서는 다시 L 씨의 볼보 트랙터를 폐차하고 TGX(ㅇㅇ물류와 위·수탁계약을 체결한 김 아무개라는 새로운 지입차주의 소유 차량이다!)로 대차하는 새로운 대·폐차수리통보서를 발급해준 것이다. 즉, ㅇㅇ물류는 처음 통보서를 이용해 L 씨 차량을 말소(폐차)했고 두 번째 통보서로는 L 씨가 아닌 다른 사람 차량을 신규로 등록했다. 다른 관점에서 보면, 시는 처음 통보서를 근거로 차량을 말소했고 나중 통보서를 근거로 또 신규 차량을 등록해줬다. 좀 거칠게 말하면, 시와 협회 그리고 ㅇㅇ물류가 합작을 해 '아직 분쟁 중인' 신규 차량의 등록을 강행했다고 할 수도 있다. ㅇㅇ물류와 협회는 짝짜꿍이 맞을 사이라 그러려니 할 수도 있겠지만, 시가 여기에 동조(?)했다는 것은 도무지 이해가 되지 않았다. 담당자는 말소든 등록이든 실제 소유자까지 반드시 확인해야 할 의무가 있느냐고 볼멘소리를 해댔지만, 이해관계자의 동의 여부야말로 시의 과실 또는 위법을 가를 결정적 증거였다. 관련 규정이 있는지 없는지 바로 이 지점이 내가 살펴야 할 부분이었다.

권고, 실수 그리고 패배

"시의 처분(등록)은 절차적 하자가 있습니다. 자동차 등록 시 등록 관청은 제3자 동의서를 징구해야 합니다. 이때 제3자는 등록 명의자를 제외한 통보서(대·폐차수리통보서)상 이해관계자입니다. 통상 통보서에는 폐차 및 대차 차량의 위·수탁 차주가 동일인으로 나오기(사고 차량을 폐차하고 새로운 차량을 대차) 때문에 제3자인 위·수탁 차주 1인의 동의서만을 징구하지만, 등록 명의자인 ○○물류 측이 제출한 새로운(두 번째) 통보서는 폐차 및 대차 차량의 위·수탁 차주를 다르게 표기하고 있기 때문에 제3자 동의서는 폐차 및 대차 차량의 위·수탁 차주 모두로부터 징구하여야 합니다. 더구나 시는 신규 차량 등록 이전에 협회의 첫 통보서에 의거해 민원인 차량 등록을 말소한 바 있어 새로운 통보서에 기록된 폐차 정보만으로 민원인의 존재를 충분히 인지할 수 있었을 것으로 판단됩니다. 위와 같은 내용을 종합해볼 때, 금번 시의 등록 처분은 자동차 등록규칙 제24조를 위반했다는 것이 호민관의 판단입니다. 비록 시의 법규 위반이 협회의 매우 이례적인 통보서 발급에 기인했다 할지라도 '제3자 동의서 징구'를 규정한 자동차 등록 규칙 위반 자체를 정당화할 수는 없다고 할 것입니다."

당시 쓴 시정 권고문이다. 보다시피, 시정을 받아내기 위해 나는 자동차등록규칙 위반을 물고 늘어졌다. 그런데 이것이 결과적으로 패착(?)이었다. 시에 호민관 권고를 거부할 명분을 제공한 것이다. 시는 즉각적으로 답을 보내왔다. 그곳에는 상급 기관인 국토교통부의 유권해석이 들어 있었다. "자동차등록규칙 제24조에서 말하는 '제3자'는 통상 '차량의 저당권자나 압류권자'를 지칭하며 지입차주는 이에 해당되지 않는다"였다. "불법적 방법에 의해 등록된 기 신규 등록을 취소하라"라는 호민관의 시정 권고의 논거가 상급 기관의 답변에 의거 제척되는 상황에서 더는 달리 손을 쓸 수가 없었다. 백기를 들 수밖에.

등록규칙 위반과 같은 구체적 법률 규정을 논거로 삼는 대신 상담 내용 전달 미이행과 같은 업무 실수를 문제 삼았더라면 결과가 달라졌을까? 요즘 들어 부쩍 드는 의문이다. 이미 신규 차량의 등록이 이루어졌기 때문에 이를 번복할 경우 또 다른 민원이 생길 것이라는 측면에서 보면 호민관 권고를 '거부'하는 것 외에는 다른 대안이 없었으리라 생각하지만, 왠지 자꾸만 신경이 쓰인다. 이따금씩, 가슴 팻말을 들고 시청 정문 앞에서 시위를 하고 있는 L 씨를 볼 때마다 이런 생각은 더 간절해진다. 졸지에 생계를 뺏긴 늙은 가장의 억울한 사연 하나 제대로 풀어주지 못했다는 자책감에 한동안 괴로워했다.

제언(쟁점 그리고 제도 개선)

정치권의 「화물자동차 운수사업법」 개정 시도는 번번이 실패했다. 사업자 단체의 조직적 반발 때문인지 행정 당국을 포함한 정치권 전체의 무관심에서 비롯된 것인지는 모르겠으나 이 글을 쓰고 있는 2014년 현재까지도 화물 운수 노동자들의 요구가 관철될 가능성은 희박해 보인다. 그러나 화물 운수 노동자들의 현실은 여전히 위급하다. 자영업자로 분류되어 노동자의 기본권조차 보장받지 못하는 것은 물론이고 다단계 거래, 지입제 등으로 인한 불평등한 계약과 낮은 운임으로 생존권을 위협받고 있다. 이렇듯 법률 개정이 필요한 이유는 별처럼 많다. 그러나 그 세세한 방향과 내용까지는 나의 역량 밖이다. 다만 대·폐차 관련해서는 나도 할 말이 있다. 부족하지만 몇 마디 보탠다.

우선 운송사업자의 준수사항을 규정한 「화물자동차 운수사업법」(이하 '법률') 제11조의 개정이 시급해 보인다. 위·수탁계약으로 차량을 현물출자 받은 경우 위·수탁차주를 자동차등록원부에 현물출자자로 기재하거나, 해당 차량을 위·수탁차주의 동의 없이 타인에게 매도하거나 저당권을 설정할 수 없도록 하는 것 등을 신설할 필요가 있다. 지금도 등록원부에 현물출자자를 부기할 수 있게는 되어 있으니 여기서 핵심은 '동의 없이 매도 또는 설정할 수 없도록' 하는 것이다. 만약 이러한 조항만 하나 있었더라도 민원인과 같은 억울한 사람은 생기지 않았을 것이다.

위·수탁계약을 해지함에 있어 운송사업자의 횡포를 제한할 수 있는 조항의 신설도 필요하다. 운송사업자의 귀책사유로 허가 취소, 사업정지, 감차 조치가 된 경우 해당 운송사업자와 위·수탁차주와의 위·수탁계약을 해지된 것으로 본다든지 운송사업자로 하여금 정당한 사유 없이는 위·수탁계약을 해지할 수 없도록 하거나 위·수탁차주가 계약의 갱신을 요구하는 경우에는 예외적 경우를 제외하고는 이를 거절할 수 없도록 하는 것 등이 방안이 될 수 있을 것이다.

한편 국토교통부는 최근 대·폐차 기간을 현행 6개월에서 15일로 단축했다. 폐차와 대차를 동시에 신고토록 함으로써 폐차 먼저 한 후 대차등록을 빌미로 위·수탁계약 변경을 요구하는 운송사업자의 횡포를 차단해보겠다는 복안으로 보인다. 근본적 제도 개선인 법률 개정보다 손쉬운 방안(시행규칙 개정)을 찾은 셈인데 개정 목적을 달성할 수 있을지는 잘 모르겠다. 기간만 줄인다고 편법이 사라지겠는가도 싶지만, 그래도 조금은 낫겠지 하는 바람을 숨길 수가 없다. 뭐가 됐든지 꿩 잡는 게 매다.

▌「화물자동차 운수사업법」

- 화물자동차의 대·폐차와 같은 경미한 사항을 변경하려면 국토교통부장관에게 신고하여야 한다. (제3조 1항 및 3항)

▌화물자동차 대·폐차 업무 처리규정

- 대·폐차는 화물자동차 운수사업에 사용되는 차량을 교체하는 것을 말한다. (제2조 3호)
- 협회는 대·폐차신고를 수리하는 경우 폐차차량 및 대차차량의 내용 등을 기재한 '통보서'를 신고인에게 2부 발급(폐차 및 대차 차량 등록업무 신청시 각각 사용)하고, 운송사업 관할관청 및 자동차 등록부서에 동시에 통보하여야 한다. (제13조 2항)
- 화물자동차가 위·수탁 차량인 경우 협회는 '자동차등록원부 사본'과 '자동차등록증 사본', '위·수탁차주 동의서(인감도장 날인)', '인감증명서(3개월 이내 교부된 것)' 등을 받아야 한다. (제16조 2항)
- 협회는 관할관청에 해당 차량관련 유가보조금을 지급받는 자가 동일한 위·수탁차주인지를 확인하여 통보서를 발급하여야 한다. (제16조 3항)

▌위·수탁 화물자동차에 대한 운송사업 허가업무처리지침

- 기존 운송사업자가 협회에 화물운송사업 허가사항 변경신고(위·수탁화물자동차의 대·폐차)를 하고자 하는 경우에는 위·수탁차주의 동의서를 제출해야 한다. (제10조 1항)
- 운송사업자가 동의서 등을 제출하지 아니한 경우 협회는 화물자동차의 대·폐차 신고를 수리를 하여서는 아니 된다. (제10조 2항)

▌자동차 등록규칙 제24조

- 등록 원인에 대하여 제3자의 동의 또는 승낙이 필요한 경우에는 동의 또는

승낙을 받은 사실을 증명하는 서류를 등록신청서에 첨부하여 제출하여야
한다.

제3부

가난하고 병들고

내 남편을 가둬주세요

/

정신병원에 입원해 있던 남편의 퇴원이 결정됐다. 그러나 아내는 반갑지 않다. 폭행에 대한 두려움 때문이다. 아내는 절차상 하자를 들어 퇴원 결정의 재심을 요구했다. 그러나 시는 완강히 이를 거부했다. 보호자의 주장만 듣고 재심을 결정할 수 없다는 공무원과 법에서 정하고 있는 진술권만큼은 보장되어야 한다는 보호자, 그 둘 중 하나만 택해야 한다. 게다가 시간도 없다.

14년째 정신병원에 입원 중인 남편, 6개월에 한 번씩 입원 연장 심사를 받는단다. 일종의 통과의례였기 때문에 신경을 쓰지 않았다는 아내, 갑작스러운 퇴원 결정에 기가 막혔다. 어느 때인가 병원을 탈출한 남편의 무자비한 폭력에 앞니가 모두 부러졌던 악몽이 되살아났다. 퇴원 소식을 들은 어제부터 그녀는 한숨도 자지 못했다. 죽음을 떠올려야 하는 공포가 밀려들었다. 그러나 아내는 그보다 더 큰 걱정이 있었다. 환자 이동을 도와줄 인력에서부터 차량까지 비용이 만만치 않게 들 텐데, 어디서 또 돈을 빌려야 할지 엄두가 나지 않았다. 게다가 퇴원이 최종 결정되면 천상 다른 병원을 알아봐야 하는데 지금 병원비 수준의 병원을 찾는 일도 그리 만만한 일이 아니었다. 남의 집 도우미 일을 해서 감당하기에는 모든 게 벅찼다.

그녀가 어렵게 입을 열었다. 마르고 갈라진 아내의 입술을 통해 14년의 긴 얘기가 전해졌다. "남편은 조실부모한 탓에 어린 시절부터 보육원에서 자랐습니다. 내성적인 성격에 늘 우울한 표정이었지만 남다른 노력으로 어려운 환경을 극복하고 공무원까지 됐답니다. 그리고 저와 결혼을 해서 자식도 낳고 20여 년을 남들처럼 그렇게 평범하게 살았습니다. 그런데 새 천년이 시작될 무렵, 남편에게 병마가 찾아왔습니다. 잠깐 스쳐 지나갈 것으로 알았는데 남편의 병은 갈수록 그 도가 심해졌습니다. 폭행은 다반사고 심지어는 제가 병원과 짜고 자신을 가두었다고 경찰과 검찰 그리고 국가인권위원회 등에 수차례 진정을 내기도 했습니다." 얘기를 마친 아내가 한 꾸러미의 서류 더미를 내놓았다. 도대체 몇 차례나 조사를 받았는지 셀 수가 없을 정도로 방대한 분량이었다. 모조리 '혐의 없음'이고 "정신과 치료가 필요하다"라는 의견뿐이었다. 서류 곳곳에 아내의 지난 고통이 묻어 있었다.

아내는, 늘 그렇듯 시 정신보건심의위원회에 강제 억류를 호소했다고 한다. 그런데 위원회 요구로 심판에 나선 정신보건심판위원회가 어쩐 일인지 이번에는 예전과 달리 보호자에게 의견 진술 기회를 주지 않았다. 아내와 남편의 그 기나긴 역사를 알 리가 없는 위원들로서는 환자가 원하는 퇴원을 결정할 수밖에 없었을 것이고…….

보건소 직원의 음성에는 짜증이 묻어 있었다. 법에서 정하고 있는 위원회의 결정 사항이고 이미 퇴원 명령도 내려졌는데, '나더러 어쩌란 말이냐'는 투였다. 그녀는 재심의가 도지사의 권한이기 때문에 "자신이 할 수 있는 일은 없다"라고 잘라 말했다. 그러나 그것뿐이었다면 그럴 수도 있겠다고 생각했을 것이다. 그녀가 한 마디만 더 보태지 않았다면 말이다. "환자도 인권이 있는데……." 공무원은 '인권'을 들먹이기 시작했다. 사실 환자의 얘기를 듣지 않았으니 그 '긴 얘기'는 반쪽짜리 진실일 수 있다는 공무원의 주장에도 일리는 있었다. 물론 환자 말을 들었다 하더라도 전문적 지식이 없는 내가 '진실의 문'을 열어젖힐 수는 없었을 테니 이리 가든 저리 가든 어차피 반쪽의 운명을 피할 재간은 없겠지만 말이다. 그러나 그렇다고 해서, '보호자 진술권'을 보장받지 못했다는 아내 주장조차 '절반의 진실'로 폄하할 수는 없다고 생각했다. 대화가 더 사나워지기 전에 논의를 정리할 필요가 있었다. 환자의 인권을 말하는 '그' 공무원에게 나의 입장을 전달했다.

"난 계속 가두라는 말을 하는 게 아닙니다. 판단은 전문가들의 몫입니다. 단지, 그들이 올바른 판단을 내릴 수 있도록 법으로 정한 절차를 이행하라는 얘기를 하는 겁니다. 보호자의 진술권을 보장하세요. 도지사의 권한이라고만 하지 마시고 도에 당장 재심의를 요청하세요. 그리고 재심의 결과가 나오기 전까지는 퇴원 명령을 유보한다는 결정을 내리세요. 당신과 나는 거기까지만 하면 되는 겁니다. 아니, 거기까지는 해야 하는 겁니다. 당신의 실수로 누군가가 공포에 휩싸여 있는데, 아니 그렇게 주장하고 있는데, 최소한 진술 기회는 주어야 하는 것 아닙니까?"

퇴원 후 있을지도 모르는 폭력과 그 후폭풍을 얘기하자 비로소 부서 책임자는 나의 제안을 받아들였다. 재심의 개최 전까지는 퇴원 명령을 유보한다는 결정이 내려진 것이다. 이제 공은 내 손을 떠났다.

- 기초정신보건심의위원회는 제30조의 규정에 의한 회부를 받은 때에는 지체 없이 이를 정신보건심판위원회에서 심사하여 그 결과를 시장에게 보고하여야 한다. 한편 위 심사를 하는 때에는 청구인과 정신질환자가 입원 등을 하고 있는 정신의료기관등의 장의 의견을 들어야 한다. (제31조)
- 시장은 제31조에 의한 기초정신보건심의위원회로부터 보고받은 심사결과에 따라 필요한 경우 정신의료기관등의 장에 대하여 당해 정신질환자를 퇴원 등을 시키거나 임시로 퇴원 등을 시키도록 명하거나 처우개선을 위하여 필요한 조치를 취하도록 명하여야 한다. 이때 시장은 청구를 한 자에 대하여 당해 청구에 관련된 기초정신보건심판위원회의 심사결과 및 이에 따른 조치내용을 청구서 접수 일부터 30일 이내에 서면 또는 전자문서로 통지하여야 한다. (제33조)
- 청구를 한 자 및 계속하여 입원 등을 하는 것으로 결정된 정신질환자가 시장의 심사결과통지 또는 외래치료명령에 대하여 불복이 있거나 기간 내에 심사를 받지 못한 경우에는 시·도지사에게 재심사를 청구할 수 있다. (제34조)

어느 노부부 이야기

/

청소 일을 해 생계를 책임지고 있는 할머니가 팔이 부러지는 사고를 당했다. 지원이라도 없으면 노부부가 앉아서 굶을 판이다. 그러나 긴급 구제를 하려 해도 조건이 맞지 않는다. 금융자산이 기준을 넘겼기 때문이다. 담당 공무원은 애를 태워가며 방도를 찾아 헤매는데, 노옹은 만사가 못마땅하다. 자존심을 다쳐서다.

제1막

5월의 어느 날, 칠순을 한참 넘겼을 노옹과 함께 60대 중반쯤으로 보이는 할머니 한 분이 사무실 문을 두드렸다. 할머니는 팔을 다치셨는지 깁스를 한 채로 물끄러미 노옹과 나를 번갈아 쳐다볼 뿐 말이 없었다. 대신 분노로 일그러진 붉은 낯빛을 한 노옹이 입을 열었다. "제 나이가 일흔넷입니다. 이 나이에 일자리를 얻을 수 있겠습니까? 아내가 청소부로 일해서 근근이 먹고살고 있는데, 보시다시피 이렇게 팔을 다쳤으니 꼼짝없이 굶게 생겼습니다." 달리 도움을 받을 가족들은 있는지 물었다. 잠시 눈빛이 흔들리더니 이내 속내를 털어놓는다. "자식이 넷이나 되는데, 변변한 놈이 하나 없습니다. 다 지 먹고살기 바쁜지 부모가 굶는지 어떤지 관심조차 없어요. 오죽하면 이 나이 들어서까지 한 달 100만 원 남짓하는 청소 일로 연명하고 있겠습니까." 노옹의 얘기가 채 끝나기도 전인데 나는 궁금한 것을 참지 못했다. "기초생활수급자 신청은 하지 않으셨나 보죠?" 그 누구보다 우리나라 기초생활보장 제도를 잘 안다는, 명색이 호민관의 질문치고는 한심했다. 부양가족이 넷이나 된다고 이미 말했는데도 말이다. "두 늙은이 사는 자그마한 빌라 한 채가 있는데 가격이 1억 조금 넘습니다. 나보다 더 못한 사람들도 되니 마니 하는 판국에 언감생심 꿈이라도 꾸겠습니까. 이렇게 살다 가는 거지요." 노옹의 얘기는 그렇게, 한숨으로 시작됐다.

당장 끼니가 걱정이던 차에 시청에 가면 도와줄 거라는 말을 듣고 노옹은 불문곡직 전화기를 들었다. 다행히도 자신이 담당자라고 밝힌 공무원으로부터 긴급 구제 제도를 통하면 지원이 가능할 것 같다는 답변을 들을 수 있었다. 그래서 오늘 이런저런 서류를 준비해서 시청을 방문한 것이었다. 그런데……. "다시 살펴보니 자격 요건이 안 돼 지원이 어렵겠습니다." 자신이 진짜(?) 담당자라고 밝힌 공무원의 장황한 설명이 시작되려는 순간, "똥개 훈련시키는 것도 아니고, 실컷 서류 준비해 왔더니 인제 와서 안 된다고? 내가 이 나라를 위해 어떤 희생을 치렀는데, 돈 몇 푼 가지고 사람을 비참하게 만드느냐'라며 분을 삭이지 못한 노옹은 그 길로 자리를 박찼다. 생활비를 보조받지 못한 사실보다 기만당한 것이 더 분하다고, 노옹은 세상의 모든 것을 향해 연신 욕설을 퍼부어댔다. 마치 인생의 전부가 무너져 내린 듯 절규했다. 노옹에게서 자존심은 '목숨'이었던 모양이다. 문제를 풀기 위해서는 담당 공무원의 얘기를 들어야 했다. 그녀가 한걸음에 달려왔다.

"'긴급 구제'는, 재산이나 부양가족 등의 조건 탓에 기초생활수급 자격은 없지만, 실직과 같은 긴급한 상황이 발생해 생계가 곤란해진 사람들을 일시적으로 도와주기 위해 만들어진 제도예요. 그러나 이것도 자격 기준이 맞아야 지원이 가능합니다. 재산과 금융 기준이 그것인데 재산은 1억 5000만 원 이하, 금융자산은 300만 원 이하거든요. 그런데 할아버지께서는 통장에 350만 원을 갖고 계시기 때문에 구제가 어렵다고 한 것입니다. 물론 제도를 잘 모르는 우리 신참이 지원이 가능하다고 섣불리 말한 점은 잘못입니다." 얼마나 지독한 욕을 들었는지 그녀는 눈물까지 보이고 있었다. 그런 그녀가 말을 이었다. "며칠만 참으면(?) 통신 요금과 공과금이 빠져나갈 테니 300만 원 기준을 충족할 수 있다는 것을 저도 압니다. 그러나 기준이라는 것이 있는데, 제 맘대로 해석할 수는 없는 노릇이고……. 그래서 몇십만 원만 우선 찾아 300만 원 이하로 통장 잔고를 만든 다음에 신청하라고 조언(?)할 참이었습니다. 그 기준이라는 것이 '눈 가리고 아웅' 식인지라 극단적으로 1억 이상의 금융자산을 갖고 있는 사람이라도 신청 이전에 대부분을 인출한 후 기준(300만 원) 이하를 증명하는 잔고증명서만 제출하면 긴급 구제 대상이 되거든요."

사실 공무원은 노인 부부의 딱한 사정을 그 누구보다 안타깝게 여기고 있었다. 어떡해서든지 돕겠다는 마음에 거의 모험에 가까운 결단(?)을 생각하고 있었던 것인데, 본심을 알아주기는커녕 삿대질과 험한 욕설만 날아들었으니 억울할 법도 했다. 그럼에도 불구하고 그 공무원은 집에까지 찾아가 잘못을(단언컨대, 자신의 실수가 아니다!) 사과하는 성의를 보였고 정성에 감복한 노옹은 마침내 분노를 거두었다.

호통 소리가 내 자리에까지 들렸다. 급한 용무를 처리하느라 잠시 한눈을 판 사이 함께 일하는 공무원이 민원 상담을 하다 봉변(?)을 당하고 있었다. "좀 예의 바르게 말씀드리지 않고서는, 쯧쯧" 하고 마뜩잖은 표정으로 자리를 박찼다. 늘 그렇듯이, 위로와 맞장구 그리고 그 누군가를 '함께' 비난하면서 우선 화를 진정시키는 일이 급선무라 판단했다. 상담실 문을 열고 들어서니, 깡마른 체구의 노인 한 분이 금방이라도 분노의 화살을 퍼부을 태세로 앉아 있었다. 그때 그분, 민원 해결의 모범 사례라며 자랑질(?)에 열을 올리게 했던 바로 그 사건의 당사자가 아닌가. 또 웬일로 오셨을까, 걱정이 앞섰다.

전후 사정을 듣고 나니 사건의 윤곽이 이내 그려졌다. 얼마 전 긴급 구제 제도를 통해 자금 지원을 받았던 노옹이 이번에도 지원이 가능할 것으로 믿고 안과 수술을 감행하면서 일이 터진 것이다. 노옹은 별생각 없이 친절한(?) 그 공무원 이름을 대고 "시가 갚아줄 것"이라며 수술대에 오르셨다고 한다. 나중에 의료비 청구를 받은 그 공무원은 "심사 과정이 필요한데 무작정 수술부터 받으면 어떡하느냐?" 등등의 얘기를 던졌을 테고, 화가 난 노옹은 또다시 호민관을 방문해 억울함을 토로한 것인데…… 전후 사정을 모르는 우리 직원이 무심코 던진 입바른 소리 한마디가 불난 곳에 기름을 끼얹은 것이다. "할아버님, 이러시면 설사 의료비 지원이 결정되더라도 다시 환수 조치가 이루어질 수밖에 없습니다." 아차 싶었겠지만 이미 말은 비수가 되어 할아버지의 자존심을 할퀴고 지나간 뒤였다. "뭣이라, 환수라고?"

자존심이 소리치다!

사실 나는 지금도 노옹이 왜 그토록 분노했는지 모른다. 과연 자존심이 상할 만한 상황이었는지도 잘 모르겠다. 누가 보더라도 합리적이고 따뜻하게 응대한 것 같은데 도대체 왜? 노옹의 고백처럼 설사 자식들이 이제껏 부양을 외면했다 하더라도 이 정도면 솔직히 조금 과하다는 생각이 든다. 그러나 나의 서운함(?)은 딱 거기까지다. 자존심이란 게 원래 시도 때도 없이 불쑥불쑥 찾아오는 '불청객' 비슷한 것이어서 '왜 지금' 따위를 탓할 수 없는 놈이기도 하거니와 일흔이 넘도록 살아내온 노옹의 그 기나긴 세월을 재단할 자격이 나에게는 없기 때문이다. 더구나 이토록 답답한 현실을 만든 책임에서 나 역시 자유롭지 않으니……

사전은 자존심을 "남에게 굽히지 아니하고 사람이 갖추어야 할 위엄이나 기품을 스스로 지키는 마음"으로 정의한다. 품위(위엄과 기품)조차 돈으로 살 수 있다고 믿는 사람이야 '자만과 거만'을 '자존심'인 양 생각하겠지만 어떤 이는 당장 끼니를 걱정해야 하는 상황에서도 이른바 '존심'을 지키느라 동정과 연민조차 뿌리친다. 자존심은 그런 것이다. 굶어 죽을망정 절대로 포기할 수 없는, 저 가슴속에 똬리 틀고 있는 마지막 남은 '무엇'이다. 그런데 이 자존심 강한 '자존심'이라는 것도 나이가 들면 작아지거나 없어진다. 세상 풍파에 찌들다 보면 자존심 따윈 집안 벽장 속에 숨겨야 할 무엇으로 치부되기도 한다. 오죽했으면 정년까지 직장에 다니려면 지문이 닳도록 손바닥을 비벼야 한다거나 "자존심이 밥 먹여주느냐"라는 자조 섞인 말들이 격언의 반열에까지 오르겠는가.

살면서 난, 자존심만큼 지키기가 어려운 것은 없다고 늘 생각해왔다. 자존심을 상하지 않으려면 우선 돈이 많이 들기 때문이다. 처자식 굶기지 않기 위해서도 그렇고 최소한의 인간적 삶을 영위하기 위해서도 돈이라는 놈은 늘 필요한데, 돈을 모으는 일은 말처럼 쉽지 않고 그렇다고 마지막 남은 자존심을 돈과 맞바꿀 수도 없으니 하는 말이다. 하기야 칠순의 노옹은 남들 다 버린다는 비루하기 그지없는 그 자존심을 지키느라 죄 없는 공무원을 죽일 놈(?)으로까지 만들었으니 대단하다고 해야 하나?

울고 싶은데 뺨 때린다는 말이 있다. 그러지 않아도 팍팍한 인생살이 간신히 버티며 자존심 하나 지키고 살아가고 있는데 평생을 바쳐 이 나라에 작은 초석 하나 놓고 살았다 자부하는 노옹에게 '자격 운운'과 '회수 타령'은 비수보다 더한 상처였던 것은 아니었을까? 나라도 구제 못 한다는 가난이라지만, 기왕지사 구제의 깃발을 높이 든 이상 '마지막 존심'까지 배려하는 따뜻한 행정이 펼쳐졌으면 하는 바람이 절실했다. 다행히도 노옹이 받았다는 안과 시술은 지원 대상이었다. 사건은 잘 마무리됐다. 노옹이 노여움을 풀지 않은 채 돌아갔다는 것만 빼고는.

▌「긴급복지지원법」
- 생계곤란 등의 위기상황에 처하여 도움이 필요한 사람을 신속하게 지원함으로써 이들이 위기상황에서 벗어나 건강하고 인간다운 생활을 하게 함을 목적으로 한다. (제1조)
- "위기상황"이란 본인 또는 본인과 생계 및 주거를 같이하고 있는 가구구성원이 다음 각 호의 어느 하나에 해당하는 사유로 인하여 생계유지 등이 어

렵게 된 것을 말한다. 1. 주 소득자가 사망, 가출, 행방불명, 구금시설에 수용되는 등의 사유로 소득을 상실한 경우 2. 중한 질병 또는 부상을 당한 경우 3. 가구구성원으로부터 방임 또는 유기되거나 학대 등을 당한 경우 4. 가정폭력을 당하여 가구구성원과 함께 원만한 가정생활을 하기 곤란하거나 가구구성원으로부터 성폭력을 당한 경우 5. 화재 등으로 인하여 거주하는 주택 또는 건물에서 생활하기 곤란하게 된 경우 6. 그 밖에 보건복지부장관이 정하여 고시하는 사유가 발생한 경우 (제2조)

- 금전 또는 현물 등의 직접지원의 종류 및 내용은 다음과 같다.

    가. 생계지원: 식료품비·의복비 등 생계유지에 필요한 비용 또는 현물 지원

    나. 의료지원: 각종 검사 및 치료 등 의료서비스 지원

    다. 주거지원: 임시거소 제공 또는 이에 해당하는 비용 지원

    라. 사회복지시설 이용 지원: 「사회복지사업법」에 따른 사회복지시설 입소 또는 이용 서비스 제공이나 이에 필요한 비용 지원

    마. 교육지원: 초·중·고등학생의 수업료, 입학금, 학교운영지원비 및 학용품비 등 필요한 비용 지원

    바. 그 밖의 지원: 연료비나 그 밖에 위기상황의 극복에 필요한 비용 또는 현물 지원 (제9조)

- 긴급지원은 1개월간의 생계유지 등에 필요한 지원으로 한다. 다만, 시장이 긴급지원대상자의 위기상황이 계속된다고 판단하는 경우에는 1개월씩 두 번의 범위에서 기간을 연장할 수 있다. 다만, 시장은 위 지원에도 불구하고 위기상황이 계속되는 경우에는 제12조에 따른 긴급지원심의위원회의 심의를 거쳐 지원을 연장할 수 있다. 이 경우 지원은 총 6개월을 초과하여서는 아니 된다. (제10조)

아픈 사람들

/

목숨을 포기하는 것 말고는 달리 방법이 없었던 '세 모녀'가 이곳에도 많다. 그러나 그들을 구할 방법은 많지 않다. 구제하려 해도 기준과 조건에 맞지 않는다. 딸아이 병원비 내고 나면 팍팍한 살림이긴 마찬가진데도 남편이 너무 많이(?) 벌어 지원 대상에서 제외된 아주머니, 바람에도 쓰러질 것 같은 병약한 청춘, 빚에 쪼들린 우울증 환자……. 지원의 경계선을 벗어난 '아픈' 사람들 얘기는 차고도 넘친다.

아이가 아파요

열세 살짜리 자폐(1급) 여아를 둔 40대 초반의 아주머니가 호민관을 찾았다. 남편은 시화공단에서 300여만 원 정도의 월급을 받는 노동자라고 했다. 그 정도 돈이면 아무리 4인 가족이라 해도 누군가에게 손을 벌려야 할 정도는 아닌 것 같았다. 그런데 한사코 어렵다는 얘기만 하니 쉽사리 마음의 문이 열리지 않았다. 그러나 그녀의 생활비 내역을 보고 나서부터는 생각이 바뀌었다.

딸아이 병원비가 생활비의 반이다. 서울에 있는 아동 병원에 입원 중인데 병이 병인지라 비용이 만만치 않다. 더는 치료비를 감당할 수 없어 그러지 않아도 내달에는 퇴원할 참이다. 사실, 병원비가 부담스러워 몇 년 동안 입원과 퇴원을 반복하기도 했었다. 남 말하기 좋아하는 사람들은 집에서 키우면 될 텐데 살 만하니 저러는 것이라고 수군거리지만, 잠시 한눈팔다 자해를 막지 못해 딸아이 몸을 온통 상처투성이로 만든 그녀로서는 이런 소리를 들을 때마다 억장이 무너진다. 누군들 집에서 키울 생각을 안 해봤겠으며, 특수학교 보낼 생각을 안 해봤겠는가. 그러나 자폐아를 전문적으로 가르치는 특수학교가 시에 없으니 치료에 별 효험이 없는 걸 알면서도 하는 수없이 병원으로 향하는 것이다. 그런데 말이다, 자녀가 자폐를 앓고 있다고 인터넷에 등록한 학부모 숫자만 수백에 이른다는데 이런 곳에 전문학교가 없다는 것이 말이 된다고 생각하는가? 기가 찰 일이다. 물론 인근 도시에 있는 특수학교를 보내는 것도 방법이지만, 이동의 문제도 만만치 않고 순위(지역 우선 등)에서도 밀려 사실상 불가능하다. 그렇다고 귀족(?) 자녀들만 다닌다는 사립학교를 보낼 수도 없는 노릇이다. 사실, 특수학교가 있어도 문제다. 일을 하며 둘째와 자폐아를 집안에서 함께 돌본다는 것은 거의 불가능에 가깝다. 더구나 전문적 지식도 없는 상태에서 집안에서 돌보다간 병세를 악화시킬 게 뻔하다. 자해로 인한 상처가 이를 웅변한다. 해답은 아이를 24시간 돌보고 교육하는 시설에 있다. 그래서 생각해낸 것이 시설 입소다. 그런데 비용이 만만치 않다. 돌고 돌아 결국 또 돈이다.

현행법으로는 지원 자체가 불가능하다. 기초생활수급자든 의료지원이든 모든 지원제도는 하나같이 소득 기준이라는 것이 있는데 민원인은 이를 맞출 수가 없다. 속칭 너무 많이(?) 번다. 4인 기준 150만 원 정도가 지원의 최저선이고, 차상위라 하더라도 180만 원 정도니 아예 기준을 댈 수가 없다. 정말이지 대안이 없다. 아주머니에게 일할 직장을 구해주는 것이 그나마 차선책이다. 일단 돈이 모여야 지금 병원에라도 좀 더 머물 수 있을 것 아닌가.

기초생활수급자로 사는 청년

겉보기엔 멀쩡해 보이는 청년이 사무실에 들어 왔다. 많이 아파 일도 하지 못하고 집에서 그냥 요양 중이라 했다. 무슨 병인지는 묻지 않았지만, 생계는 궁금했다. 사회복지과 공무원에게 물으니, 기초생활수급자란다. 월 40여만 원 남짓한 돈을 받을 것이라 한다. 약값, 생활비 등에 지원금을 다 쓰고 나니 항상 돈이 부족할 수밖에. 가스를 끊겠다는 연락을 받았다며, 대책을 호소한다. 이런저런 서류를 요구하기에 준비해 제출했는데 방금 탈락을 통보받았다며 피죽도 못 먹은 듯 쓰러지기 일보 직전의 지친 표정으로 그가 힘없이 내뱉는다. "너무하네요."

모든 제도를(전체적인 지원제도를) 꿰뚫고 있는 사회복지 공무원은 흔치 않다. 거기에 상냥한 태도까지 겸비하라면 별나라 얘기가 된다. 그렇다고 사과가 떨어지기만을 기다릴 수는 없는 일이다. 이곳저곳에 수소문을 해 제법 전체적 윤곽을 꿰고 있다는 공무원을 찾아 아픈 '청년'을 인계했다. 이른바 맞춤 서비스를 부탁했다. 청년이 꾸벅 인사를 하더니만 쓰러질 듯 자리에서 일어선다. 그를 보는 내 가슴이 오히려 휑하다. 아니 아찔하다.

그 많은 지원제도는 다 어디로 갔으며, 도대체 그 많은 정보는 또 어떻게 얻을 수 있을까. 갑자기 무력감이 엄습해온다. 분명, 그 청년은 물어볼 데가 없었거나 물어보는 것 자체가 죽기보다 싫었을 텐데 말이다.

이른바 복지 전달 체계가 중요한 것은 알겠는데, 이놈의 체계는 대체 어디서부터 시작해야 작동이라는 걸 하는 거지?

가난하면 우울하다?

상담실 출입문 사이로 아주머니의 울음소리가 새어 나왔다. 그런데 그 소리가 너무 작아 어느 순간부터는 솔직히 정말로 우는 것인지조차 의심이 갔다. 아주머니에 앞서 호민관을 찾은 다른 민원인과 상담을 진행하느라 우리 사무실 계장이 대신 만나고 있었던 모양인데, 그 울음소리에 놀라 앞사람과는 이미 상담을 끝마쳤는데도 선뜻 아주머니를 마주하지 못하고 있었다. 울음이 잦아지는 기미가 보이자 헛기침과 함께 상담실 문을 열어젖혔다. 내 또래쯤으로 보이는 아주머니 한 분이 슬프게 앉아 있었다.

중학생과 고등학생 남자아이 둘만 두고 있다는 아주머니, 남편 얘기에 이르자 한숨이 더 깊어진다. 남편 사업이 망한 얘기며 여관방을 전전하다 최근에야 지금의 월세 집으로 이사 온 얘기 등을 나지막하게 읊조린다. 또 눈물을 쏟으면 어쩌지 걱정했는데 그런 고민이 민망할 정도로 그녀는 차분히 지난 세월을 이야기해나갔다.

"남편은 파산 선고를 받고 난 후부터 생활력이 더 강해졌습니다. 지금은 개성공단에서 노동자로 일해 월 230만 원을 받습니다. 주말부부지만 아이들을 위해 이를 악물고 열심히 살고 있습니다. 그런데 좀체 삶이 나아지지 않습니다. 빚 때문인 것 같습니다. 이자를 갚고 나면 150만 원이 남는데, 이마저도 월세 70만 원을 내면 밥 먹고 살기에도 빠듯합니다.

속 모르는 사람들은 왜 그리 비싼 집에 사느냐 묻는데요, 보증금이 없으면 이 정도 돈 갖고 4인 가족이 살 집 장만하기 쉽지 않습니다." 아주머니는 23평 아파트가 크냐고 되물었지만, 지금 처한 상황을 감안한다면 조금 과한 집임이 틀림없었다. 이러고서 지원을 요청하면 '나'라도 반감이 들겠다 싶었다.

아주머니는 상식이 뭔지 아는 사람이었다. 기초생활수급자가 되게 해달라고 무작정 떼를 쓰는 것도 아니고 당장 살 집을 마련해주지 않으면 죽어버리겠다고 엄포를 놓는 것도 아니었다. 그냥 사는 것이 너무 팍팍하다 보니 하소연이라도 하고 싶었을 뿐이었다. 아이들 학비라도 지원받을 곳을 찾는다면 그나마 다행이었다. 그런데 첫 상담에서부터 상처를 받았으니 기가 막힐 수밖에. "월 230만 원 수입으로는 어디에서도 지원을 받을 수 없습니다." 사정 얘기를 꺼내기도 전에 상담 공무원은, 싹둑하고 말머리를 잘라버렸던 것이다.

아주머니의 우울증이 더 걱정이었다. 사정 얘기를 하는 도중에도 몇 번의 고비가 있었다. 죽음을 연상시키는 말들을 쏟아냈기 때문이다. 그런데도 어떻게 위로해야 할지 몰라 당황스러웠다. 아니, 반응(위로)을 하는 것이 옳은지조차 확신이 서지 않았다. 이러다가 병이라도 더 깊어지면 큰일이다 싶었다. 치료가 필요할 정도로 심각해 보였다. 위기 가정은 분명한데, 지원 방법이 보이지 않는 형국이랄까. 어깨를 축 늘어뜨리며 자리를 일어서는 모습을 보니 자꾸만 불안감이 엄습해왔다. 며칠이 지나고, 무한 돌봄 제도를 통해 지원을 받을 수도 있겠다는 얘기가 들려왔다. 가뭄에 단비 같은 소식이었다.

컨테이너 하우스 할배

/

10년이 넘도록 컨테이너에서 사는 노인이 있다. 그간 시에서 생필품을 지원해줬다. 그런데도 노인은 잊을 만하면 시청을 방문해 도와주지 않는다며 행패를 부린다. 그때마다 공무원들은 또 자신의 주머니를 턴다. 악순환이다. 왜 공적 지원제도를 이용하지 못하는 걸까?

대낮인데도 술에 많이 취해 있었다. 게다가 나오는 말이라곤 욕지거리뿐이었다. 간신히 예순을 넘긴 나이라는데 겉모습은 칠순은 족히 넘어 보였다. 앞니가 거의 없을 정도로 치아 상태가 좋지 않고 입성은 포로시 거지 수준을 면했다. 술 냄샌지 입 냄샌지 모를 썩은 내가 진동했다. 이 모든 것들이 그가 살아온 고단한 삶의 흔적으로 보여 애잔하기까지 했다. 그래도 냄새는 질색이다. 노인이 얘기를 다 끝마칠 때까지 무려 30분이라는 시간 내내 머리가 다 지끈거렸다. 더구나 답이 없는 얘기가 아닌가. 그런데 해도 해도 너무한다. 벌써 일주일째 똑같은 일을 반복하고 있으니 말이다. 점심시간이 되려면 아직도 한 시간이나 더 남은 시각, 노인은 우리 사무실을 나가자마자 사회복지과와 주민생활과로 방향을 틀었다. 죄 없는 공무원들을 향해 쏟아지는 쌍욕 소리가 멀리서도 또렷이 들렸다.

"야, 이 ××들아. 쌀 좀 달라는데 왜 안 주는 거야. 니들 때문에 망했

152 제3부 · 가난하고 병들고

으니까 니들이 책임지라는데, 왜 지랄들이야." 좀 전 나에게 했던 얘기를 토씨 하나 틀리지 않고 또 반복하고 있었다. 10년도 훨씬 더 전에 건설 하청 일을 했는데 ○○지구를 건설할 당시에 시가 원청 업체 관리 감독을 잘못해 자신의 회사가 망했으니 시가 책임지라는 얘기를, 그는 하고 또 하고 그랬다. "회사가 망하자 그 길로 아내와 헤어졌고 그때부터 지금까지 서너 평 남짓 컨테이너 하우스에서 살고 있다." 이것은 노인이 얘기를 끝낼 때 하는 마지막 레퍼토리다.

밖은 벌써 겨울이다. 컨테이너 하우스에서 나기엔 힘든 계절이다. 노인에겐 도움이 절실하다. 음식도 필요하고 땔감도 필요하다. 그런데 시는 난색을 표한다. 주민등록지가 옆 도시로 되어 있기 때문에 공식적 지원은 불가능하단다. 이제껏 관련 부서의 재량으로 몇 번에 걸쳐 라면이나 생필품을 지원했지만 이제 더는 어렵다는 얘기다. 긴급 구제 제도나 무한 돌봄 제도 같은 지원책을 이용해서 도와주려 해도 한사코 주민등록을 옮길 수 없다고 버티는 데야 시 입장에서도 더는 어쩔 수 없는 것 아니냐고 반문한다.

긴급 구제가 무엇인가? 이것저것 따지다간 목숨을 잃을 수도 있는 긴박한 상황에 처한 국민들을 우선 구하고 보자는 차원에서 만들어진 제도가 아닌가. 그런데 관할지 타령이 웬 말인가 말이다. 실제 거주하는 곳에서 처리하면 정말로 안 되는 것인가? 아무리 생각해도 법이라는 것이 그 정도로 야박하지는 않을 것 같았다. 믿음이 한번 의심으로 바뀌고 나니 잠시라도 기다릴 수 없었다. 확인이 필요했다. 그러는 중에 놀라운 사실이 발견됐다. 이제까지 해온 시의 답변이 전부 거짓이었던 것이다. 법은, "거주지가 분명하지 아니한 경우에는 지원요청 또는 신고를 받은 시장이 지원할 수 있다"라고 적고 있었다. 나의 예리한(?) 지적을 받은 공무원들은 금세 꼬리를 내렸다. 즉각적인 지원에 나서겠노라 약속했다.

노인의 모습이 한동안 보이지 않았다. 그래서 내 주문대로 지원이 순탄하게 진행되는 줄 알았다. 그런데 이상한 얘기가 들려왔다. 긴급지원제도가 아닌 복지 재단을 통해 쌀 한 포대가 전달됐다는 것이다. 이건 또 뭔 소리? 들어보니, 노인은 아직까지도 긴급지원에 필요한 최소한의 서류조차 제출하지 않고 있었다. 급한 쪽은 공무원들이었을 테고, 또 그들은 십시일반 추렴으로 쌀과 라면을 전달해 드렸다고 한다. 도대체 이 일을 어떻게 풀꼬.

> ▌「긴급복지지원법」제6조
> − 이 법에 따른 지원은 긴급지원대상자의 거주지를 관할하는 시장이 한다. 다만, 긴급지원대상자의 거주지가 분명하지 아니한 경우에는 지원요청 또는 신고를 받은 시장이 한다.

해도 너무하십니다

/

J 씨는 이곳에선 민원의 지존(?)으로 통한다. 그 냉정함과 집요함으로 웬만한 공무원들 두 손 두 발 다 들게 만들어서다. 그럭저럭 먹고살 만했던 자신의 가게 옆에 불법(?) 영업점이 들어서는 바람에 사업이 망했고 이로 인해 설상가상으로 남편이 쓰러졌으니 시가 모든 책임을 지고 살길을 마련해줘야 한다는 것이 그녀의 주장이다. 그러나 그냥 도와달라고 하면 될 일을 왜 도와주지 않으면 언론에 알리겠다고 해서 여러 사람 맘을 상하게 하는 것인지, 알다가도 모를 일이다.

수요일 오후의 주민센터는 한가하다 못해 여유롭기까지 했다. '서넛의 민원인과 예닐곱의 공무원', 그 비대칭이 어색하게 느껴질 무렵 반가운(?) 손님 한 분이 들어왔다. 그런데 그녀는, 만사가 귀찮다는 듯 금방이라도 피곤함에 전염될 것 같은 얼굴을 하고 앞에 놓인 의자에 털썩 주저앉는 것이었다. "여기 앉으시죠", "어떻게 오셨습니까", 뭐 이런 의례적인 인사말이 채 건네지기 전인데도 말이다. "시 때문에 우리 가족이 파멸됐습니다." 그녀의 첫 일성은 강렬했다. 뭔가 뭉툭한 걸로 머리를 얻어맞는 그런 느낌이었다. 너무 갑작스럽고 도발적인 얘기인지라 순간 당황했다. 무슨 말부터 풀어나가야 할지 난감한 상황인데도 옆 직원은 말 한마디 보탤 생각은 않고 뜻 모를 사인만 연신 보내고 있었다. 나중에 들은 얘기지만 "저 사람이 바로 그 유명한 J 씨예요. 그러러니 하고 들으세요." 뭐 이런 내용이었다고 한다. 아무튼 나는 그녀의 얼굴을 찬찬히 들여다볼 기회가 있었는데, 30대 초반이라는 나이와 맞지 않게 얼굴이 많이 상해 있었다. 사는 게 많이 힘들었나 보다, 싶었다.

"전 재산을 털어 시작한 음식점이 악 소리도 못하고 순식간에 망했습니다. 가게 바로 옆에 들어선 '무한 리필' 샤부샤부집이 손님을 싹쓸이해 갔기 때문입니다. 대출받아 시작한 사업인지라 금세 빚이 빚을 낳았고 권리금도 한 푼 챙기지 못한 채 사업 시작한 지 5년 만인 올해 마침내 파산했습니다. 충격을 받은 남편은 당뇨합병증으로 쓰러져 중환자실에 입원해 있는데 다리는 괴사됐고 치아마저 80퍼센트 이상 소실된 상태입니다." 집세를 내지 못해 곧 쫓겨날 판이고, 가스며 전기며 모조리 다 연체돼 끊는다는 얘기뿐이고, 유치원에 다니는 아이는 활동비를 내지 못해 쫓겨날 지경이고…….

'무한 리필'을 파산의 주범으로 꼽은 이유가 독특(?)했다. 정당한 가격을 받아야 하는데 손님을 끌기 위해 원가 이하로 팔았으니 '불법'이고 따라서 이를 허가해준 시가 책임져야 한다는 논리를 난 도무지 이해할 수가 없었다. "아주머니, 음식 장사를 하려면 「식품위생법」에 따라 시에 영업신고를 해야 하는 것은 맞는데요, 제가 관련법을 검토해봐도 시는 법에서 정한 대로 신고했는지 검토하고 '신고필증'만 교부하면 되는 것이지 '무한 리필'의 불법성까지 판단할 의무는 없는 것 같습니다." 조금 과했다 싶을 정도로 나의 얘기는 '의견'의 경계를 넘어서고 있었다. 마치 선생이 학생에게 야단이라도 치듯 충고라는 걸 해대고 있었던 것인데,

기다렸다는 듯이 J 씨가 태클을 걸고 나왔다. "시흥시가 책임지지 않으면 언론에 억울함을 알릴 겁니다." "……." 가끔 이런 일을 겪는지라 새로울 것도 없건만 그날의 나는 절제를 잃고 있었다. 그녀가 '사연'을 언론에 알리든 말든 내가 굳이 발끈할 일이 아니었는데도 이성을 잃은(?) 걸 보면 그녀의 계산된 엄포를 '협박'으로 느꼈나 보다. 여하튼, 도무지 설득력이 없어 언론마저 외면할 것이 뻔해 그녀가 상처를 입게 될 게 걱정되기도 했거니와 무조건 민원인의 말이 옳다고 맞장구를 쳐주는 것이 능사가 아니라는 생각이 들어 조금은 '과하더라도' 잘못을 지적해줘야겠다고 마음먹었다. '시의 잘못'이라는 프레임이 깨져버리면 시의 '책임'을 주장할 수 없게 되고 이를 근거로 한 '지원' 요구가 명분을 잃게 되니 한사코 '잘못'을 주장하는 게 아닌가 하는 의심이 들었기 때문이기도 했다. "혹시 말입니다. 시끄러우면 좋을 게 없으니까 내 말이 맞든 틀리든 관계없이 무조건 내 요구를 들어줄 거야, 뭐 이런 생각을 갖고 계시는 건 아닙니까?"

뱉고 나니 후회가 밀려왔다. 침묵 모드로 바뀐 그녀가 짠해 보였다. 오죽하면 여북했겠나 싶기도 했다. 다시 물었다. "아주머니, 근데요, 만약 시에 잘못이 없다면 도움을 받지 못한다고 생각하시나요?" 순간 그녀의 눈동자가 반짝였다. 강한 긍정의 신호였다. 이때를 놓칠 리 없는 나는 다시 한 번 몰아붙였다. "정부의 지원은 책임을 물어야만 받을 수 있는 '보상'이나 '배상'이 아니고 국민이라면 마땅히 누려야 하는 '권리'입니다. 그러니 시의 잘못은 잘못대로 처리하고(내가 보기에 시는 잘못이 없어 보이지만 설령 그렇다 하더라도) 지금 당장은 부군의 건강 회복과 살 집 마련

그리고 최소한의 삶을 영위할 수 있는 경제적 지원을 얻기 위한 일을 서두르셔야 하지 않겠습니까. 공무원들도 사람인데 '시 때문에 망했다. 잘못했으니 책임져라. 언론에 알리겠다'고만 하는 사람한테 뭔가를 해줄 마음이 생기겠습니까. 괜한 반감만 살 뿐 아무런 해결책을 얻지 못하는 책임 타령보단 당장의 해결책을 요구하는 편이 훨씬 현명한 일입니다." 이미 엎질러진 물이라 생각하고 J 씨의 '태도'를 계속 비판했던 것인데, 예상과 달리 그녀의 태도가 고분고분해졌다. "정말 의료비와 주거비를 지원받을 수 있나요?" 허세와 막무가내를 벗어던지자 그녀의 숨겨진 '본심'이 소리치기 시작했다. 그녀는 떨고 있었고 눈가엔 어느새 눈물이 고여 있었다.

의기투합, 위기의 가정을 구하라!

관계 공무원들을 소집했다. 기초생활보장을 담당하는 공무원 두 명과 긴급 구제를 맡고 있는 공무원 두 명, 총 네 명이 참석했다. 소집 이유를 설명하기도 전에 그들은 이구동성으로 못마땅한 심경을 토로했다. "왜 그 사람을 도와야 합니까?" 그들의 질문은 냉담하리만큼 직설적이었다. "우리를 죄인 취급하는 사람인데 민원인의 요구대로 해주면 우리가 마치 뭐라도 잘못해서 그러는 양 떠들고 다닐 것 아닙니까." 그간 얼마나 시달렸는지 짐작하고도 남음이 있었다. "이해합니다. 그렇다고 해체가 불 보듯 뻔한 가정을 나 몰라라 할 수는 없는 노릇 아닙니까. 살길이 막막해 악만 남아 그런 거 같으니 우리가 먼저 마음을 엽시다." 설득이 주효했는지 아니면 이미 마음의 준비를 하고 있었던 것인지 누가 먼저랄 것도 없이 동시에 '대책들'을 내놓기 시작하는 것이었다. 그다음은 일사천리였다. 기초생활수급자 지정은 물론이고 어렵사리 전세 자금도 마련됐다. 복지 재단과 연계해 치아를 치료할 수 있는 길도 열렸다. 순식간의 일이었다. 이렇게 쉽게 풀릴 일을 너무도 멀리 돌아왔다고 생각하니 허탈하기까지 했다. 여하튼, 우여곡절은 있었지만 여럿이 힘을 합쳐 문제를 해결했다는 생각에 참여한 사람 모두가 뿌듯해 했다. 그로부터 며칠이 지나고, 다시는 기억하고 싶지 않은 바로 그 일이 벌어지기 전까지는 말이다.

실망 또 실망

출근하고 자리에 앉자마자 마치 기다렸다는 듯이 외부에서 전화가 걸려 왔다. 한동안 잊고 있었던 예의 그 피곤하고 건조한 목소리가 들렸다. 나쁜 예감은 빗나가지 않는다고 하지 않는가. 그날도 그랬다. "오랜만이네요. 이사 준비는 잘돼가십니까?" 안부를 물었지만 인사가 면구스러울 정도로 아주머니의 대답은 차갑고 신경질적이었다. "고맙기는 한데요, 전세 자금만 있다고 이사를 갈 수 있는 건 아니잖아요. 이사 비용, 아이 학원비, 에어컨 구입비 등 해서 1000만 원가량이 더 필요한데 해결 좀 해주세요."

망치로 얻어맞은 기분이 이런 것일까, 그저 아찔하기만 했다. 너무 불쾌해서 지금 무슨 말을 했다간 언쟁으로 번질 것 같아 나중에 연락하겠다는 말만 남기고 전화를 끊어버렸다. 그러나 그녀는 집요했다. 그 후로 꼬박 일주일을 전화와 문자 공세에 시달려야 했으니 말이다. 더는 머

뭉거리다간 더 큰 것을 잃을 것 같다는 생각이 미치자 이제껏 참아왔던 속 얘기를 하고 말았다. "아주머니, 그러시는 게 아닙니다. 고맙다는 공치사는 바라지도 않지만 최소한의 양식만은 지키셔야죠." 어느덧 나의 말투도 사무적으로 변해 있었다. "이제야 말씀드리지만, 전세 자금 지원은 1년에 대여섯 가구 정도에게만 지원되는 프로그램입니다. 자연재해와 같은 불가항력적인 상황에 직면한 저소득 가정에 지원되는 거거든요. 솔직히 아주머니는 조건에 해당되지 않습니다. 그걸 지원해드린 거란 말씀입니다. 언제 생길지도 모르는 '재해'를 대비한답시고 당장의 '위기 가정'을 모른 체할 수는 없다는 저의 주장에 시가 동의해줬기에 가능한 일이었습니다. 결코 자화자찬이 아니에요. 아주머니께서는 만족스러워하지 않으시겠지만 이번 시의 지원은 정말이지 이례적인 것입니다. 그리고 기우로 드리는 말씀이지만, 이번 지원을 결정하면서 단 한 번도 아주머니께서 주장하시는 것처럼 시의 잘못이나 책임이 거론되지 않았습니다. 아시겠어요?"

제4부

개발제한구역

그린벨트, 그 40년의 역사

/

　　"그린벨트 때문에", "그린벨트에 묶여서", "그린벨트를", "그린벨트가……."

　　이곳은 만나는 사람마다 그린벨트 얘기뿐이다. 그린벨트 때문에 집 수리도 내 맘대로 못한다고 하소연하는 사람부터 수천만 원에 이르는 이행강제금 폭탄을 맞은 사람까지 사연도 제각각이다. 그들이 소리친다. 그린벨트를 풀어달라고. 또 그들이 절규한다. 제발 그린벨트를 풀어달라고.

　　그런데 희한한 일은, 우리나라 법 어디를 봐도 그린벨트라는 말을 찾을 수 없는데 저들은 한사코 그린벨트를 입에 달고 산다는 점이다. 오히려 정식(?) 명칭인 '개발제한구역'이 외래어 같은 느낌이 들 정도니 말 다하지 않았는가. 도대체 저들은 왜 그린벨트만을 고집하는 걸까, 난 그것이 몹시도 궁금하다. 그린벨트라는 말 속에 숨겨진 동의, 자발, 환경 같은 긍정의 신호를 저들이 알고서 떠벌리는 것인지 정말이지 궁금하단 말이다. 하여, 한마디 보탠다. "여보세요, 40년을 당하고도 여전히 그린벨트입니까? 그러니 아직까지 그 모양인 겁니다. 그린벨트는 영국 신사들이나 쓰라 하고 이제부턴 개발제한구역이라 하세요, 아시겠어요?"

그린벨트는 유럽, 특히 영국에서 비롯됐다. 그 연원을 따지고 들면 19세기 중반까지 거슬러 올라간다지만, 대체로 1938년을 그 제도적 출발점으로 기록한다. 그린벨트의 전형이라 일컬어지는 런던 주변 지역의 그린벨트가 이때 법제화(Green Belt Act)됐기 때문이다. 당시 런던은, 도시의 외연적 확산을 방지하는 것 못지않게 도시민에게 여가 공간을 제공하고 농경지를 보전하는 것이 중요했다고 한다. 그래서였을까, 런던은 개발제한구역(development restriction area)이라는 말 대신에 그린벨트라는 이름을 택했다. 믿거나 말거나지만, 개발행위를 제한한다는 점에서는 개발제한구역이나 그린벨트가 별반 차이가 없음에도 굳이 그린벨트라는 말을 쓴 것은 바로 이와 같은 녹지와 여가로 대변되는 '그린'의 이미지를 차용하고 싶어서가 아니었을까 싶다. 누가 뭐래도 그린은 생명이요 평화다. 혹여나 그린벨트라는 단어 속에서 왠지 모를 친근함이 느껴진다면 바로 이 '그린' 때문이리라. 따라서 '녹지대'로 쓰고 '환경'으로 읽은들 누가 이의를 달겠는가. 문제라면, 언필칭 '금지'와 '금단'의 영역인 개발제한구역에까지 그린벨트라는 숭고한(?) 이름을 붙였다는 점이다. 아무리 궁하기로서니 말이다. 그런데 도대체 누가 왜 그런 짓(?)을 했는지는 궁금하다. 저항이 두려운 정부가 의도적으로 전파한 것일까, 아니면 개발제한구역의 진실(?)을 모르는 범부의 창작일까? 모르고 또 모를 일이지만, 그린벨트 대신에 레드벨트 혹은 블랙벨트가 명명됐다고 상상한다면 누구라도 '보이지 않는 손'의 개입을 의심하지 않을 수 없으리라. 이른바 합리적 의심을 거둘 수 없다. 아무튼, 진실이든 조작이든, 그린벨트는 막연히 '좋은 것'이고 마땅히 지켜져야 할 '무엇'이지만, 개발제한구역은 그렇지 않다. 이처럼 그린벨트가 환경을 연상시킨다면 개발제한구역은 토건과 맞닿아 있다. 전자가 자율과 동의에 기초한 것이라면 후자는 억압의 그것이다. 「개발제한구역의 지정 및 관리에 관한 특별조치법」(이하 '개발제한법')이라는 참으로 긴 이름 속에서 나는 지난날 '개발독재'의 망령을 본다. '제한하고', '지정하고', '관리하고' 한다지 않는가. 그래서인가, 이제 나는 그린벨트라는 이름 속에서 더는 녹색과 평화 그리고 안락함 따위를 느끼지 못한다. 그저 규제와 단속으로 점철된 원한과 눈물의 역사만 목도할 뿐이다.

개발 제한의 역사, 박정희와 김대중

1971년 1월 박정희 대통령은 연두교시를 통해 개발제한구역 설치 구상을 밝힌다. 과문한 탓이겠지만, 그가 왜 이런 정책을 구상하고 갑작스레 발표했는지 모른다. 다수의 사람이, 1960년대 이후의 성장 주도 정책으로 산업화와 도시화가 급속히 진행돼 대도시 지역으로 인구와 산업이 집중되는 바람에 개발제한구역 제도 도입이 촉발됐다고 하니 그럴 수도 있겠다고 생각할 뿐이다. 따라서 이 정도의 일을 갖고 구국의 결단 운운하는 것 자체가 솔직히 거슬린다. 비록 공익이라는 명분이 있다고는 하나 절차적 민주주의와는 한평생 담 쌓고 살아온 사람이 남의 재산에 줄 한번 화끈하게 그어버린 것을 갖고 '구국'이라 부르는 것은 과하다고 보기 때문이다. 아무튼 정부는, 대통령의 발표를 기다렸다는 듯이 「도시계획법」의 전부 개정을 통해 입법적 보완을 서둘렀고 「도시계획법」 발효 시점(1971년 7월 20일)에서 열흘을 묵힌 끝에 7월 30일 서울을 시작으로 1977년 4월 여천 지역에 이르기까지 총 여덟 차례에 걸쳐 대도시, 도청 소재지, 공업도시와 자연환경이 필요한 도시 등 총 14개 도시권역에 개발제한구역을 설정하기에 이른다. 1972년 8월에는 수도권 개발제한구역이 두 배로 확대되었는데, 서울의 광화문 네거리를 중심으로 반지름 30킬로미터 이내의 여섯 개 위성도시를 총망라한 68.6 제곱킬로미터 지역이 개발제한구역이 되었다. 번갯불에 콩 볶아 먹는다는 것이 바로 이런 것을 두고 하는 말이다.

"도시의 무질서한 확산을 방지하고 도시 주변의 자연환경을 보전하여 도시민의 건전한 생활환경을 확보하기 위하여 또는 국방부 장관의 요청이 있어 보안상 도시의 개발을 제한할 필요가 있다고 인정되는 때에는……." 개발제한구역의 도입 취지를 가장 잘 드러내고 있다는 「도시계획법」 제21조는 이렇게 시작한다. 결국, 경계 구분이 모호한 채 도시가 서로 이어지는 현상인 이른바 '도시 연담화'를 막는 것이 당시 정부의 개발제한구역 도입의 첫 번째 정책 목표였다는 얘기인데, 이는 역설적으로 당시 도시 팽창의 문제가 얼마나 심각했는지를 보여준다고 하겠다. 급속한 산업화의 진전으로 대규모 노동인구가 대도시로 몰려들었을 테고, 경제력이 취약한 노동자들은 지대가 싼 도시 외곽으로 내몰렸을 테고, 이로 인해 기존 도시 경계가 급속히 허물어졌을 테고, 개발제한구역의 지정과 같은 극단적 정책에 대한 유혹을 떨칠 수 없었을 테고. 개발제한구역을 지정할 수밖에 없었을 정부의 다급함이 그려지지만, 그렇다고 동의 까지는, 글쎄다. 그런데 개발제한구역 설정 목적에 환경 보전과 안보가 들어간 것은 왠지 어색하다. 구색 맞추기 냄새가 짙어 보이기 때문이다. 환경 보전이야 다른 법률로도 충분히 규제가 가능할 텐데 '왜 군이' 넣었 을까 싶고, 도시가 커지면 폭탄 한 방에 여럿 다칠 수 있고 하니 내가 모 르는 무슨 전략적 고민이 있었겠지만 아무리 눈만 뜨면 반공과 멸공을 외치던 때라고 해도 그렇지 개발제한구역 설정의 목적에까지 '안보'가 등장하다니, 불편하다.

개발제한구역 지정이 완료된 시점인 1977년에는 개발제한구역이 전 국토의 5.4퍼센트를 점할 정도로 그 크기가 엄청났다. 그리고 한번 그은 선은 지워지지 않은 채 20년을 넘기고도 꿋꿋이 살아남아 개발제한 구역 인근 주민들의 삶을 초토화(?)했다. 이처럼 1971년부터 1997년에 이르는 기간은, '구역지정 불변의 원칙'이 유지되는 중에 강력한 규제와 생색내기용 규제 완화가 교차했던 시기였다. 그러나 불패일 줄 알았던 개발제한구역도 이의 조정을 선거 공약으로 내세운 김대중 대통령의 당 선으로 커다란 변화를 맞게 되는데, 이때를 기점으로 이른바 '보전론'이 후퇴하고 '해제론'이 우위를 점하기 시작한다. 정부는 1999년 7월 일곱 개 중소도시권의 전면 해제와 일곱 개 대도시권의 부분 조정을 발표하 고, 이듬해인 2000년에는 개발제한법을 제정(1월), 시행(7월)하기에 이른 다. '토지 매수청구제도'가 처음으로 도입되는가 하면, 환경 단체의 해제 반대 운동도 일어난다. 30년을 눈물로 지새웠던 일단의 토지 주인이 전 면 해제의 깃발을 올렸지만, 그만큼 환경 훼손을 걱정하는 환경론자들의 반발도 만만치 않았다.

한편, 일단의 학자는 2008년에 발표된 '개발제한구역 조정 및 관리계획'에 들어 있는 정부의 개발제한구역 운영 기조에 주목하며 해제의 광풍이 일단락된 2003년부터 현재까지의 시기를 '정책조정 관리기'*라 명명한다. 이 시기에는, 보전할 가치가 낮고 기반시설이 갖추어진 지역은 추가 해제를 통해 지역 경제 활성화 및 서민 주거 복지 확대를 도모하지만 보전 가치가 높은 지역은 좀 더 강력한 관리 시스템을 작동시키고 있다. 이른바 투 트랙(two-track) 접근법으로서 보전에만 치우친 과거와 달리 보전과 이용에 관해 종합적인 관리계획을 수립하여 관리하도록 한 것이 특징이며, 해제 지역은 계획적인 개발을 유도하고 지가 상승에 대한 이익을 환수하는 장치를 만들고 존치 지역은 자연환경 보전을 철저히 관리하고 주민 불편을 최소화하며 필요한 경우 재산권 피해를 보상한다는 것이 중심적 내용이다. 취락지구의 지정을 통해 건축 규제 등을 완화하고 구역 내 공공시설 입지 제한을 위해 훼손부담금을 부과하는 등 존치 지역에 대한 대책을 시행하는 것도 같은 맥락으로 볼 수 있겠다.

「도시계획법」의 한 귀퉁이에 자리 잡고 있던 개발제한구역은 개발제한법의 제정으로 마침내 '특별한' 위치에 오르게 된다. 이처럼 일반법이 아닌 특별법으로 한 번에 두 계단이나 점프한 것은 과거와 같은 무조건적인 '변경 불가' 방식으로는 더는 개발제한구역에 사는 주민들의 분노를 잠재울 수 없다고 믿었기 때문이 아닐까 싶다. 물론 나는, 이 또한

---

* 권용우 외, 『그린벨트: 개발제한구역 연구』(박영사, 2013) 참조.

개발제한구역의 전면 해제가 가져올 사회적 파장을 감내할 자신이 없는 정치권과 공무원들이 '정책조정'이라는 미명하에 만들어낸 '억지 춘향'이라 믿지만 말이다. 아무튼, 제정의 이유가 어디에 있든, 개발제한법은 과거 「도시계획법」에서 밝힌 개발제한구역 설치 목적을 그대로 답습하고 있다. 그 구체적 내용은 이렇다.

"도시의 무질서한 확산을 방지하고 도시 주변의 자연환경을 보전하여 도시민의 건전한 생활환경을 확보하는 것을 목적으로 한다"(개발제한법 제1조)……. 어이쿠, 근데 이게 웬일인가. '보안상'의 이유가 빠지다니 말이다. 첨단 전쟁 무기의 개발로 전후방이 따로 없는 상황이 됐으니 굳이 개발제한구역 지정 목적에까지 넣을 필요가 없어진 거겠지만 그래도 그렇지, 자꾸 고개가 갸웃거려지는 건 어쩔 수 없었다. '안보'가 모든 걸 삼키는 나라인데 설마 싶었다. 아니나 다를까, 나의 '설마'는 제3조를 넘지 못하고 '역시나'로 변했다. 토씨 하나 바뀌지 않은 채 개발제한법 제3조는 개발제한구역 지정의 사유로 '보안'을 들고 있었다. 그럼 그렇지 했지만, 도대체 뭔 놈의 법이 목적 따로 지정 사유 따로 적어놨는지 도무지 알다가도 모를 일이다. 아무튼 「도시계획법」이나 개발제한법 모두 '안보'를 사랑한 것은 분명하지만, '무질서'에 대한 애정에는 이르지 못한 듯 보인다. 모든 문장의 첫머리를 '무질서한 확산'이 자리 잡고 있으니 하는 말이다. 그런데 난 여기서도 삐딱선을 탄다. 도시가 질서 있게 확산만 된다면 문제가 없다는 뜻인가, 그래서 개발제한법 제정 이후 개발제한구역이 그렇게 질서정연하게 확산되고 있는 거야? 솔직히 수십 수백에 달하는 온갖 지구와 단지들은 다 개발제한구역을 해제한 것이면서. 이처럼

'무질서'를 향한 나의 냉소는 꽤 깊고 끈질기다. 이른바 질서 있는 확산이라는 말 속에서 국가 폭력의 징후를 발견하기 때문이다. 국가의 행위는 질서요 국민의 그것은 무질서라는. 하여 난 한사코, '무질서'라는 단어 앞에 '개인에 의한'이라는 전제를 달아야 한다고 주장한다. "나(국가)는 되지만 너(국민)는 안 돼"라고 좀 솔직하게 말하지, 마치 '무질서'가 문제라는 듯 말장난을 늘어놓는 폼이 너무나 눈꼴사납지 않으냐 말이다.

개발을 제한하라!!!

개발제한구역을 명문화했던 「도시계획법」이 「국토이용관리법」과 통합을 이뤄 「국토의 계획 및 이용에 관한 법률」이라는 긴 이름으로 재탄생한 것은 지난 2002년도의 일이다. 이 법에 따르면 우리 국토는 도시지역, 관리지역, 농림지역, 자연환경보전지역으로 나뉘는데, 도시지역은 주거지역, 상업지역, 공업지역, 녹지지역 등으로 다시 구분되고 관리지역은 보전, 생산, 계획 관리지역 등으로 세분된다. 그런데 도시에는 많은 사람이 함께 모여 살고 있고 토지이용 형태도 다양하기 때문에 용도지역만으로는 충분한 관리가 어려워 앞의 네 개 용도지역을 바탕으로 특별한 목적을 가진 지구나 구역을 지정할 수 있도록했다. 미관지구나 개발제한구역 등이 그 예다. 단순화한다면, 지역 안에 지구나 구역이 있는 셈인데 같은 녹지지역(도시지역) 안에서 개발제한구역인 곳과 아닌 곳이 나뉘고 동일한 주거지역 내에 특정한 곳만 미관지구로 지정되는 이치다. 이미 간파했겠지만 개발제한구역은 '도시'의 무분별한 확산을 방지할 목적으로 지정되는 것이니만큼 도시지역, 그것도 녹지지역에만 위치한다. 상업지역이면서 동시에 개발제한구역일 수는 없다는 뜻이다. 여기서 혼동하지 말아야 할 것이 하나 있는데, 지목과 구역의 차이다. 전혀 다른 범주인데도, '대지는 주거지역, 임야나 전답은 개발제한구역'이라는 식으로 잘못 이해하고 있는 사람들도 더러 있기에 하는 말이다.

「국토의 계획 및 이용에 관한 법률」에 따르면, 건물을 짓거나 토지의 형질을 변경하려는 경우, 그리고 토석을 채취하거나 토지를 분할하는 것과 같은 개발행위를 하고자 할 때는 행정청의 허가를 받아야 한다. 우리나라 법률의 특징인 열거주의(positive system)에 따른 것이지만, 허가만 받으면 개발행위를 할 수 있다는 점에 있어서 기본적으로 개발을 제한하는 규정은 아니라 할 것이다. 그런데 개발제한법은 그 근본적 철학부터 다르다. 개발제한법 제12조 규정이 이를 웅변한다.

"개발제한구역에서는 건축물의 건축 및 용도변경, 공작물의 설치, 토지의 형질변경, 죽목(竹木)의 벌채, 토지의 분할, 물건을 쌓아놓는 행위 또는 도시계획사업의 시행을 할 수 없다. 다만, 다음 각 호의 어느 하나에 해당하는 행위를 하려는 자는 도지사 등의 허가를 받아 그 행위를 할 수 있다."

건물을 짓지 못한다. 집도 마찬가지다. 용도를 바꿀 심사라면, 꿈 깨시라. 땅을 깎거나(절토) 쌓거나(성토) 혹은 고르게 하거나(정지) 포장하는 짓(?)은 아예 생각도 말아야 한다. 나무를 베겠다고? 큰일 날 소리다. 토지 필지를 나누는 일은 개발이 자유로운 세상에서나 고민할 일이다. 공터에 물건을 좀 쌓아두겠다고? 물론 안 된다. 이것이 바로 개발제한구역에서의 행위제한을 규정한 개발제한법 제12조의 내용이다. 실로 엄청난 법 아닌가. '할 수 없는 것'이 원칙이고 '할 수 있는 것'이 예외라니 말이다. 게다가 예외 규정은 또 왜 그리 방대한지, 그 실상의 끄트머리라도 한번 맛보게 되면 그 누구라도 기절초풍하고 말 것이다. 이런 식이다. 허가를 받아 할 수 있는 '예외' 행위가 총 아홉 가지인데(개발제한법) 그중 첫 번째 허가 행위만 해도 다섯의 유형으로 나뉘고 그 각각의 유형은 18쪽에 이르는 방대한 내용으로(개발제한법 시행령 '별표') 다시 세분된다. 물론 이것으로 끝이 아니다. 각각의 세분된 허가 행위는 조례와 지침을 통해 또 한 번 '정련'의 과정을 거쳐야만 비로소 국민의 명줄을 쥐고 흔들 수 있는 자격을 얻게 되는 것이다.

그럼 여기서 잠시 전원생활이 꿈이었던 김 부장의 사연을 통해 개발제한법의 위용을 한번 살펴보자. 김 부장은 주말농장으로 쓸 요량으로 지금으로부터 꼭 20년 전 100평 남짓 크기의 밭떼기를 장만했다. 당시 2000만 원이 들었으니 작지 않은 투자였다. 그런데 요즈음 정말이지 사는 재미가 나지 않는다. 누가 뭐래도 땅 투기가 목적이 아니었다고 자신 있게 말할 수 있지만 그래도 그렇지 해도 해도 너무할 정도로 땅값이 형편없다. 어쩌다 동네 부동산에서 시세를 확인할라치면 속에서 열불이 인다. 더군다나 최근에는 환장할 일이 생겼다. 비만 오면 밭이 자꾸 침수가 되는 게 아닌가. 알고 보니 주변 땅이 전부 성토를 하는 바람에 자신의 땅만 낮게 되어 물이 몰려들기 때문이다. 이곳저곳 하소연도 해봤지만 허사였고, 하는 수 없이 자신도 성토의 대열에 합류했다. 그런데 거금을 들여 겨우 땅 높이를 맞추어갈 무렵 난데없는 계고장 하나가 날아들었다. 당장 원상 복구하지 않으면 이행강제금을 부과하겠단다. 50센티미터까지는 개발제한구역이라도 허가 없이 성토할 수 있지만 그 이상은 '안 되는데' 그걸 지키지 않았다나 뭐라나. 기가 막히고 코가 막힌 김 부장, 한걸음에 시청을 찾아 그럼 옆 땅은 어떻게 성토가 됐냐고 물었겠다. 하지만 물기 하나 없는 대답만이 날아들 뿐이다. "선생님은 누군가 신고를 해서 제가 확인한 것이니 법 위반이 맞지만 옆 땅이야 제가 어찌 알겠습니까? 1년에 50센티미터씩 성토했는지 아니면 원래부터 이렇게 높았는지 말입니다."

솔직히 김 부장의 경우는 억울한 축에도 끼지 못한다. 40년이 넘도록 개발을 제한받아온 사람들의 그 기막힌 사연들에 비해서는 말이다. "내 땅 갖고 내가 하겠다는데 왜 난리야" 하는 식의 똥배짱은 더는 이곳 개발제한구역에서 통하지 않으니 뭔가를 하고 싶거든 어느 날 갑자기 자신의 땅이 개발제한구역에서 해제되는 행운이 올 때까지 아무 짓도 하지 말고 그저 기다리거나 시청 공무원으로부터 구원의 '해석'을 얻어내거나 할 일이다. 그렇게 한다면야, 요즈음 말로 "참 쉽죠~잉" 소리가 절로 나올 듯. 그게 싫다면, 화병을 각오하거나.

보전이냐 해제냐

세계 여러 나라는 예외 없이 한정된 토지를 잘 사용하기 위하여 그 이용을 규제한다. 우리도 예외는 아니어서 헌법(제 122조)에까지 이를 규정하고 있다. "국가는 국토의 효율적이고 균형 있는 이용·개발과 보전을 위하여 법률이 정하는 바에 의하여 그에 관한 필요한 제한과 의무를 과할 수 있다"라고 말이다. 영국의 그린벨트와 우리의 개발제한구역이 이와 같은 토지 이용 규제의 단적인 예다. 그런데 그에 대한 평가는 사뭇 다르다. 영국이 아직까지도 제도 존속에 대한 탄탄한 사회적 합의를 유지하고 있는 데 반해 우리는 합의는커녕 지역 주민을 중심으로 불만의 목소리만 더욱 커져가는 형국이다. 왜일까. 이름만 다를 뿐 실제는 별반 차이가 없는데 도대체 왜 평가가 갈리는 것인가. 영국의 그린벨트는 무차별적인 개발 규제보다 환경친화적인 개발을 유도했기 때문에 시민들의 지속적인 지지를 받을 수 있었지만 우리의 개발제한구역은 무조건적인 규제만을 강제했기 때문에 성공을 거두지 못한 것이라고 주장하는 이들이 있다. 그린벨트는 시민적 요구를 수용하여 만들어진 제도지만 개발제한구역은 최소한의 동의 절차도 거치지 않았기 때문이라는 사람들도 있다. 맞는 말이다. 그러나 이는 어디까지나 일면적 고찰에 지나지 않는다. 본질은 아니라는 말이다. 그린벨트든 개발제한구역이든 성공의 핵심은 경제적 이익의 침해 여부에 달려 있다는 것이 나의 생각이다. 영국은 쾌적한 전원생활을 꿈꾸는 중산층이 모여 사는 그린벨트 지역의 지가가 오히려 높다. 그린벨트를 반대할 가장 중요한 이유가 사라진 것이다. 게다가 개발 이익을 100퍼센트 환수하는 제도를 이미 오래전부터 시행하고 있었기 때문에(영국은 제2차 세계대전 후 개인의 토지소유권은 인정하면서 개발권은 국유화하여 모든 토지의 개발행위는 국가의 사전 허가를 받도록 하는 개발허가제를 도입했다) 이른바 형평성을 시비할 필요도 없었다. 그러니 성공한 것이다. 그런데 우리는 어떤가. 개발제한구역 외의 지역은 무한정 개발의 자유가 주어지지만(그로 인해 천문

학적인 개발 이익이 사유화되지만) 개발제한구역은 금단의 땅이 되어 땅값 상승은커녕 이런저런 이유로 정상적 이용마저 제약을 받는다. 이러니 실패할 수밖에. 한쪽은 오히려 경제적 이익을 취하는데 다른 편은 상대적 박탈감까지 느껴야 한다니. 영국이 압승(?)을 거둔 이유다. 아무튼 영국은 그린벨트 주민의 대부분이 중산층으로서 자연 상태의 개방성을 선호한 탓에 최근의 그린벨트 훼손 추세에도 불구하고 제도 존속에 대한 시민적 동의가 여전히 견고하다고 한다. 문제는 우리다. 개발에 따른 이익만을 유일한 가치로 믿는 풍토에서 개발제한구역 지정은 곧 사형선고를 의미하는데, 더구나 사방천지 모든 곳이 개발 이익으로 이익을 얻고 있는데 얼마나 더 그들에게만 참으라고 할 것인지 답답할 뿐이다. 이 점에 대해 정부는 대답해야 한다. 개발 이익은 차치하고라도 최소한 형평성만큼은 지켜줘야 하지 않겠는가 말이다. 남이 땅을 산 것이 제일 배가 아픈 법임에랴.

개발제한구역에 서린 눈물과 한을 알 리가 없는 몇몇 학자와 관료들이 만나 '개발제한구역제도개선협의회'를 만든 것이 1998년 일이다. 그들은 해제와 보전이라는 양동작전을 구사하며 개발제한구역 제도에 대한 몇 가지 원칙과 제도 운용 방향을 발표하기에 이른다. 그 주요 내용은, ① 지정 실효성이 낮은 도시권의 구역 전체를 해제하고, ② 존치되는 도시권 중에 보전 가치가 낮은 지역은 부분 조정(해제)하며, ③ 해제 지역은 관리를 철저히 하여 난개발을 방지하고, ④ 해제로 인한 이익은 환수하는 것 등이다. 이러한 정부의 해제 움직임과 때를 같이하여 이른바 환경론자를 중심으로 '그린벨트 살리기 국민행동'이라는 시민 단체가 결성됐는데, 그들은 앞서 개선협의회 주장을 정면으로 반박하며 ① 전면 해제 유보, ② 부분 해제를 위한 환경영향평가 항목 보완 및 실태 조사, ③ 명백하게 불합리한 지역에 대한 해제, ④ 존치 지역 토지에 대해 우선순위에 따른 보상, ⑤ 해제 이익 환수와 투기 억제를 위한 대책의 철저한 집행, ⑥ 대표성과 신뢰성을 담보할 수 있는 위원회의 구성, ⑦ 국토에 대한 친환경적이고 효율적인 정책의 수립 등을 요구했다. 보상에 있어서도 원거주민과 지정 이후 토지 매입자에 대해 차등 적용할 것을 주장하며 개발에 따른 해제 이익을 환수하여 개발제한구역을 생태 보전 구역으로 만드는 방안을 모색하자고 주장했다. 참으로 공정하고 공평한 주장인 듯싶은데, 개발제한구역 주민들 입장에서는 하늘이 무너질 얘기였다. 니들이 뭔데 남의 일에 배 놔라 감 놔라 하느냐는 식의 다소 격앙된 반응을 보이기도 하고, 우리의 고통으로 쾌적한 환경이라는 이익을 얻었다면 의당 고통 분담의 얘기가 나와야지 그 얘기는 쏙 빼고 마치 정의의 사도나 되는 양 우리 가슴에 대못을 박느냐며 쌍심지를 켜기도 했다. 분노한 개발제한구역 주민들은 마침내 '전국개발제한구역주민협회'를 구성했다. 개발제한구역의 전면적인 해제를 주장하고 만약 존치해야 한다면 현 시가로 보상할 것을 요구했음은 물론이다.

한편 1998년 12월 헌법재판소는, 개발제한구역 해제의 도도한 흐름에 발맞춰 오랫동안 논란이 돼왔던 개발제한구역 지정에 대해 헌법불합치 결정을 내리게 된다. 개발제한구역의 지정이라는 제도 그 자체는 "토지재산권에 내재하는 사회적 기속성을 구체화한 것으로서 원칙적으로 합헌적인 규정이지만 구역지정으로 말미암아 일부 토지소유주에게 사회적 제약의 범위를 넘는 가혹한 부담이 발생하는 예외적인 경우에도 보상규정을 두지 않는 것은 위헌성이 있다"라는 것이 주된 내용이다. 제약의 범위에 대한 또 다른 논란을 남긴 점은 아쉬운 대목이지만, 정부와 국민들에게 보상의 방법과 재원 마련이라는 국가적 과제를 안겼다는 점에서 개발제한구역 제도로 인해 고통받은 구역 주민들에게는 한 줄기 빛과 같은 소식이었다.

사람은 자신의 이익을 위해서 행동하는 이기적 동물이다. 그러나 사회는 이러한 개인의 이익 추구를 모두 만족시키지 못한다. 자원이 부족하거나 개인의 이익이 상충되기 때문이다. 결국 사회는 존속을 위해서라도 개인의 양보를 요구하게 되는데 이러한 것들이 모여 법률이 된다. 앞에서 언급했듯 개발제한구역은 환경 보존의 측면에서 각 개인의 이기적 행동이 초래할 위험을 방지하기 위해 만들어놓은 국토 환경적인 룰이다. 다시 말해 개발제한구역은 인간의 이기심에 따른 국토의 난개발을 막고 환경을 보존하기 위해 만들어졌다. 그런데 그 지정 과정이 너무 비계획적이었던 데다가 보상 합의도 거치지 않은 일방적인 조치였기 때문에 지정의 선의(?)마저 의심받게 된 것이다. 모름지기 공익이 사회적 합의를 획득하려면 사익과의 조화를 이루어내야 함에도 지난 40년간 우리 정부는 피해자인 주민들에게 정당한 대가를 지불하고 양해를 구하기는커녕 양보와 희생만을 강요하고 심지어는 투기자 낙인까지 덧씌우는 만행(?)을 저질렀다. 더구나 이름도 살벌한(?) 개발제한구역으로 부르면서 말이다.

난 기본적으로 개발제한구역의 전면적 해제를 지지한다. 도시의 무분별한 확산은 정부만 경계하면 될 일이라 믿기 때문이고, 자연보전은 이미 촘촘하게 엮여져 있는 다른 법률로도 충분히 지켜질 수 있다고 확신하기 때문이며, 국가 안보는 군기와 군사력의 문제이지 개발제한과는 하등 관련이 없다고 믿기 때문이다. 백번 양보해서(그럴 생각은 별로 없지만) 정말로 포기할 수 없는 어떤 가치의 수호를 위해 개발제한구역의 존치가 필요하다 생각한다면, 재산권 행사가 제한됨에 따른 적절한 보상이 뒤따라야 한다는 것이 또한 나의 신념이다. 더는 못 줘도 최소한 시가로의 보상은 이루어져야 그들의 지난 세월의 반의반이라도 위로할 수 있지 않겠는가. 그런데 그것도 돈이 없어 못 하겠다면, 최소한 형평을 맞추는 시늉이라도 해야 한다. 개발 이익 100퍼센트 환수 제도의 전면 시행 같은 것 말이다.

개발제한구역 같지 않은 개발제한구역이 천지다. 정부의 표현을 빌리자면 개발제한구역 '훼손 지역'이다. 불법(?) 건축물의 온상이다. 축사를 개조한 공장이 부지기수고 농업용 비닐하우스는 검은 위장막으로 가려져 있다. 정부는 단속하고 주민은 숨기 바쁘다. 수천만 원의 이행강제금이 일상화되고 있지만 어느 누구도 원상회복이 이루어지리라 믿지 않는다. 심지어 정부마저도. 다만 그 속에 분노가 자라고 억울함만 무성할 뿐이다. 오늘도 단속과 원상복구가 숨바꼭질을 계속하는데, 정부는 여전히 개발제한구역은 유지돼야 하고 유지될 수 있다고 되뇌고 있다. 도대체 왜 하늘을 손바닥으로 가리려 하는지 난 당최 이해할 수 없다. 개발제한구역으로 놔둔다고 이미 훼손된 지역이 갑자기 복구될 리 없는데 말이다. 아무리 생각해도 푸는 것만이 정답이다. 산소를 공급하고 건강해지기를 바라야 한다. 그러면 복구는 저절로 이루어지는 법이니.

　개발제한구역이 지정된 지 40년이 지났다. 이미 용도가 다한 개발제한구역 방식만 붙들지 말고 다시 한 번 영국의 그린벨트로의 회귀를 고민해야 한다. 시민들의 삶을 더 풍요롭게 해줄 수 있는 녹지축으로서의 그린벨트, 더는 '제한'의 땅이 아니라 여가와 환경이 어우러진 '창조'의 공간 말이다. 개발제한구역이 아니라도 우리의 신천지를 여는 길은 이미 여럿이다. 의지만 있다면.

레미콘과 철근

/

"레미콘 공장이 들어서면 분진으로 인한 공기 오염과 오·폐수 방출로 인한 수질오염, 레미콘 차량 운행으로 인한 교통난, 이로 인한 재산 가치 하락이 우려된다. 특히 레미콘 공장 설립 예정지는 경관이 화려한 관광지에 인접해 있으며 곡창지대인 호조벌과도 가깝다. 따라서 우리는 자연환경 훼손이 불가피한 레미콘 공장 설립을 반대한다." — 레미콘공장설립반대 추진위

레미콘은 절대 안 돼!

거리는 '레미콘 공장 설립 반대' 현수막으로 넘쳐났다. 낮 시간대 이면 도로답게 차량 통행도 뜸했다. 그러나 여느 민원과 달리 현장으로 향하는 발걸음은 무겁기만 했다. 수백 명이 집단적으로 제기한 민원인지라 나도 모르게 심리적 압박을 받았던 모양이다. 자칫 또 다른 희생자(?)를 만들 수도 있는 일이기도 해서였다. 세상에 완전한 중립이란 존재하지 않는다고 늘 입버릇처럼 말하고 다니던 위인인지라 이번 민원이 접수될 때도 좌고우면하지 않고 "레미콘은 안 돼!" 편에 줄을 섰던 것인데, 예전과 달리 자꾸만 나의 경솔함(?)이 신경 쓰였다. 고충민원을 해결하다 보니 부지불식간에 '잘못된 행정, 억울한 민원인'이라는 구도에 익숙해져 시민들 간의 분쟁(물론, 행정이 개입되어 있지만)

에는 웬만해선 개입하지 않는 원칙을 갖고 있었던 터라 바로 그 원칙을 깨야 한다는 부담감이 있지 않았나 싶다. 이번에는 레미콘 공장을 반대하는 사람들이 민원을 제기했지만 '만약 공장을 하겠다는 사람이 억울함을 호소한다면 난 어떻게 하지?' 하는 걱정이 늘 따라다녔던 것인데……. 어떤 결론을 내든 시민 중 누군가는 상처를 받을 게 분명하니 마음이 편할 리 없었다.

아파트와 상가들이 밀집한 지역을 얼마 지나지 않았는데 금세 공사 현장이 나왔다. 터파기 공사가 한창인 건축 현장에 들어섰건만 제지하는 사람 하나 없었다. 평온한(?) 현장을 이곳저곳 살피고 있는데 누군가 다가와 "무슨 일이신지" 하고 조심스레 물었다. 차량 앞에 붙은 공무 수행 팻말을 봤을 텐데, 부러 묻는 눈치가 역력했다. "예, 민원이 들어와서 좀 살피고 있습니다. 곧 갈 테니 일 보시지요." 말을 하고 보니 대화를 막는 꼴이 됐다. 계면쩍은 모습으로 한참을 옆에 서 있던 그 '누군가'가 사라지자 나도 그 자리를 떴다. 현장을 나와 우측으로 방향을 틀자 호조벌이 그 위용을 드러냈다. 바로 이곳이 지역 특산품인 '햇토미'를 생산하는 곡창지대다. 들판의 좌측으로는 갯골생태공원, 그리고 우측으로는 연꽃 테마파크가 자리 잡고 있다. 그러고 보니 공장 예정지는 연꽃 테마파크와 호조벌 그리고 갯골생태공원을 잇는 생태 환경 축의 꼭짓점에 위치해 있었다. '그런데 이 길을 매일 수십 대의 트럭들이 드나든다고?' 생각이 여기에 미치자 내 머릿속은 어느덧 '레미콘 공장 반대'가 대세를 점해버렸다.

고충 해결을 위해 골머리를 앓고 있던 차에 뜻하지 않은 행운이 찾아들었다. 시가 공장 증설 변경 신청을 반려해버린 것이다. 자칫 조금만 늦었더라도 '뜨거운 감자'를 내가 먹어야 할 판이었는데, 웬 떡인가 싶었다. 허가를 내주지 말 것을 요구하는 민원이었으니 허가가 반려된 이상 더는 내가 만지작거릴 이유가 없었다. 만세! 손도 대지 않고 코를 풀었다 싶었다. 그러나 시와 공장주와의 2라운드가 시작되면 또 링에 오를지도 모를 일인데……. 한편으론 걱정도 됐다.

초기 대응이 서툴렀다?

공장 예정지는 그 무섭다는 개발제한구역에 속해 있다. 사실상 모든 개발행위가 금지되는 '개발제한구역' 말이다. 그런데 어찌 된 영문인지 문제의 공장 주인은 허가에 아무런 장애가 없다고 주장하고 나섰다. 개발제한구역 지정 이전부터 있던 공장이라 증설에 아무런 제약이 없다는 설명이었다. 통상 개발제한구역 내에서의 공장 증설에는 개발제한법(너무 긴 이름이니 그렇게 부르자!), 「건축법」, 산집법(「산업집적활성화 및 공장설립에 관한 법률」), 이렇게 크게 세 개의 법률이 적용된다. 그런데 그중에서도 핵심은 「건축법」이다. 「건축법」에서 정한 대로 건축허가를 받으면 다른 법률에 따른 허가를 받은 것으로 간주(의제)된다는 조항이 있기 때문이다. 물론 개발제한구역 내에서의 행위제한을 받지 않아야 하고 산집법에서 정하고 있는 공장 허가 조건도 충족해야 한다. 그런데 공장 주인의 말마따나 문제의 공장은 개발제한구역 지정 이전부터 있었기 때문에 '존속 중인 건축물 등에 대한 특례' 규정(개발제한법 제13조)에 따라 개발행위(증설)가 가능한 곳이었다. 그뿐만 아니라 공장 규모가 500제곱미터 이하여서 산집법에 따른 허가 대상도 아니었다.

따라서 "「건축법」에 규정된 건축허가만 받으면 공장 증설에는 아무런 문제가 없다"라는 공장 주인의 얘기가 전혀 틀린 말은 아니다. 그런데 그 역시도 간과했던 조항이 하나 있었다. 개발제한법과 동법 시행령에 명시된 '신고 및 허가 세부기준'이 그것이다. 기준에 따르면, 개발제한구역에서의 개발행위 허가는 '훼손의 최소화'와 '환경오염 및 생태계 파괴 방지' 그리고 '역사적·문화적·향토적 가치가 있는 지역 훼손 불가' 등의 원칙 아래 이루어져야 하는데, 시는 이를 문제 삼았다. 한마디로 '생태도시' 목표와 부합하지 않는다는 것이다. 시장은 고심 끝에 불허를 결정했다. 그러나 이것은 끝이 아니라 기나긴 싸움의 시작 같다는 생각이 떠나지 않았다.

사실, 레미콘 허가를 둘러싼 논쟁이 벌어지기 훨씬 전에 이미 시는 공장주가 신청한 벽돌 공장 증설을 허가해줬다. 이 일로 인해 공장주가 "허가를 받았으니 개발제한법이나 산집법에서 정하고 있는 요건은 이제 모두 갖춘 것"이라고 주장해도 기껏해야 어떤 공장이냐에 따라 개발제한법 문제가 또 불거질 수 있다고 시비하는 게 전부일 뿐 반박할 여지가 별로 없게 된 것이다. 물론 이 논리는 비약이다. 공장의 종류까지 개발제한법에서는 나열하지 않고 있기 때문이다. 아나나 다를까, 예상대로 그는 레미콘 공장으로의 변경을 신청했다. 작전(?)이었는지까지는 모르겠으나, 절묘한 방법인 것만은 분명해 보인다. 어차피 쉽게 허가를 받지 못할 거라면 꼬투리라도 잡아야 하는데 이보다 더 좋은 빌미가 어디 있겠는가 말이다. 초기 대응에 실패했다(?)고 보는 이유가 바로 여기에 있다. 처음부터 '개발제한구역 내 신고 및 허가 세부기준'을 들어 벽돌 공장을 허가

하지 않았다면 이 정도로 문제가 커지지 않았다는 점에서 더더욱 아쉬움이 남는다. 아무튼, 주사위는 던져졌다. 공장주는 변경 허가 불허를 시의 권한 남용으로 몰아갈 태세다. 소송도 불사하겠다는 얘기가 들린다. "벽돌 공장과 레미콘 공장에 무슨 차이가 있어 당초 허가 시에는 문제 삼지 않던 환경오염과 생태계 파괴를 시비 거느냐. 지하수가 오염되고 분진이 발생할 것이라고 하는데 우린 지하수 대신 수돗물을 쓸 것이고 분진 차단막과 세륜기(洗輪機)를 설치할 것이기 때문에 차량 이동에 따른 먼지 발생을 없앨 수 있다"라고 주장한다. 그렇다면 시는 또 어떤 논리로 맞설 것인가? 재판 결과가 벌써부터 궁금하다.

· · ·

개발제한법에서 "개발행위를 허가할 수 있다"라고 규정하고 있다면 허가해줘야 한다. 개인의 사유권을 근본적으로 제한하는 특별법인 점을 감안하면 '행위 허가' 조항은 강행규정으로 볼 수도 있기 때문이다. 지목상 잡종지라면 물건을 '적치'할 수 있도록 한 조항이 대표적이다. 그런데 땅값에 비해 수입이 적은 농사를 접고 상대적으로 고수입인 철근 등의 보관(적치)사업을 하겠다는 농민에게 시는 '적치' 허가를 내주지 않고 있다. 환경오염이 예상된다는 이유에서다. 문제는 같은 조건의 인접 잡종지에 대해서는 벌써 허가를 내줬다는 것이다. 또 '형평성'이다.

레미콘 대신 철근

참 딱하게 됐다. 청소 공무원으로 일하는 중에도 틈틈이 농사를 지었다는 백 씨의 하소연을 듣고 나서부터 이런 생각이 들었다. 이러지도 저러지도 못하는 형국이라는 말이 바로 이럴 때 쓰는 것이리라. 그는 얘기를 이어갔지만 듣는 내내 뾰족한 수가 보이지 않아 답답했다. 얼마 전 이곳을 강타했던 '레미콘 사태'가 떠올라서다. 닮아도 너무 닮았다.

"이름만 대면 알만한 지역 토호로부터 지금의 땅을 10여 년 전쯤에 샀습니다. 제가 임차해서 일구던 땅이었는데 싼값에 팔겠다고 하니 얼마나 고마웠겠습니까." 그러니까 백 씨는 40년을 일하고서 받은 퇴직금을 몽땅 털어 지금의 땅을 샀던 모양이다. "차라리 논밭이라면 체념하고 살겠습니다. 달라진 것도 없이 잡종지라며 이제껏 세금만 더 냈는데 그게 아까워서라도 포기를 못 하겠습니다." 그도 그럴 것이 개발제한구역으로 묶어 농사 외에는 아무 짓도 하지 말라고 해놓고는, 거기다 지목은 또 잡종지로 분류해 비싼 세금만 물렸으니 열 받을만 했다. "그리고 환경오염, 환경오염 하는데 철근을 쌓아둬도 환경이 오염됩니까? 그리고 고속도로에 가려서 갯골생태공원은 여기서 보이지도 않는데 도대체 왜 생태공원 얘기를 하는 겁니까?" 그의 얘기로만 보면 환경오염이 죽일 놈이었다.

현장을 찾았다. 백 씨 말마따나 고속도로가 백 씨의 땅과 생태공원을 양분하고 있어 환경오염의 가능성은 적어 보였다. 그리고 한창 건설 중에 있는 새 도로(민원인의 땅과 고속도로를 또다시 가르는)가 완공되면 백 씨의 땅은 도로들 사이에 낀 글자 그대로 고립된 섬이 될 것이 틀림없어 보였다. 투자로만 치자면 그는 완전히 망한 것이다. '이 상황에서 그에게 농사만 강요할 수 있는 거야? 환경오염이 걱정된다면 차라리 수용을 하던가.' 이런 데에 생각이 미치자 갑자기 부아가 치밀었다. 불과 얼마 전까지 레미콘 공장 설립은 곤란하다고 생각했다는 사실이 민망할 정도로 난 어느새 개발주의자(?)로 변신했다. "환경이라고 같은 환경이 아니다"라며 말이다.

누구는 되고 또 누구는 안 되고

백 씨를 정말로 화나게 한 것은 따로 있었다. 허가를 신청한 곳이 다섯 집인데 딱 두 곳만 허가를 받았기 때문이다. 그것도 며칠 차이로 가부가 갈렸으니 환장할 만했다. 그런데 더 기막힌 것은 이런 사실을 1년이 다 지난 최근에야 알게 됐다는 점이다. 곧 될 거라는 브로커 말만 믿은 자신이 원망스러웠다.

"저는 평생 이곳에서 농사만 지었습니다. 그리고 이곳에서는 농사 말고는 아무것도 할 수 없는 줄로만 알고 있었습니다. 그런데 옆집 이 씨가 말하기를, 잘 아는 설계 사무소에 맡기면 적치 허가를 받아준다는 겁니다. 평당 만 원만 내면, 그것도 성공 부로 말입니다. 마다할 이유가 없었지요. 아 근데 정말 허가가 나는 거예요. 몇 년 전에는 소송을 해도 졌는데 갑자기 허가가 나니 그 브로커를 믿지 않고 배기겠습니까." 그는 계속해서 브로커 얘기를 했다. 뭔가 모를 말 못 할 사연이 있는 것 같기도 했지만 그는 끝내 그것만은 밝히지 않았다. "사실은 제가 먼저 신청을 한 것인데, 당시 제 땅은 밭작물이 심어져 있어서 이것을 없앨 때까지는 허가 신청을 할 수 없다면서 브로커라는 사람이 순번을 바꿔버린 겁니다. 물론 저도 부랴부랴 굴착기를 불러 전부 갈아엎은 다음에 다시 신청을 했습니다. 그런데 그러고는 깜깜무소식인 겁니다. '오늘 난다. 내일 난다.' 이렇게 차일피일 미룬 지가 1년이 지났습니다."

애기를 듣고 나니 더더욱 시의 행태에 분노가 치밀었다. 아무리 좋은 명분이라도 절차의 투명성이 확보되지 않으면 신뢰를 얻기란 불가능한 법인데, 도대체 어떤 생각으로 이런 일을 벌였는지 알다가도 모를 일이었다. 이제껏 내가 봐 왔던 시 행정이라고는 믿기 어려울 정도로 형편없었다. 그래서 더 실망이 컸다. 게다가 출구도 보이지 않았다. 담당 공무원이 가로막고 있었기 때문이다. 자신은 지난 일(왜, 어떻게 허가가 났는지)과 관련이 없다면서 "어떤 일이 있어도 허가는 안 된다"라는 말만 되풀이하면서 말이다. 그의 요지부동을 꺾을 재간이 없었다. 게다가 잘못했다가는 누군가의 '비위'와 맞닥뜨릴 수도 있는 문제였다. '그것만은 피하자. 그건 나의 몫이 아니다.' 이렇게 마음을 정하고 나니 길이 하나 보이기 시작했다. 시장을 직접 만나는 것이었다.

시장의 고뇌를 읽다

시장은 격노했다. 생명도시를 향한 자신의 열정이 배신이라도 당한 듯 아파했다. 도대체 어떤 자가 그런 결정을 내렸는지 반드시 책임을 묻겠다는 얘기도 했다. 예상치 못한 선제공격(?) 탓에 입을 다물 수밖에 없었다. 우선 듣는 게 순리 같았다. 그가 말했다.

"철근만 보관한다면 왜 허가를 내주지 않겠습니까. 허가가 나면 고물상이 들어온다니까요. 제가 장담합니다. 어떻게 그리 장담하느냐고요? 보십시오. 지금 허가를 받았다는 두 곳 모두 허가받은 지 1년이 다 돼가도록 비어 있습니다. 왜겠습니까. 고물상이 들어오면 당장 취소한다고 하니까 이러지도 저러지도 못하고 있는 겁니다. 그 돈 주고는 고물상 말고 그곳에 들어올 사람은 없어요. 잘 아시겠지만 고물상이 한번 들어오면 마음대로 쫓아내지도 못합니다. 그럼 또 지루한 싸움을 시작해야 합니다. 고물상과의 전쟁 말입니다. 지금도 시내 주택가에 산재한 고물상 때문에 골머리를 앓고 있는데 뻔히 앞이 내다보이는 일을 어떻게 하겠습니까." 그의 주장은 담당 공무원의 그것과 사뭇 달랐다. 집단 민원이 예상된다거나 생태공원을 찾는 관광객이 눈살을 찌푸릴 수 있다는 등의 추상적 이유가 아닌 현실적 문제를 지적하고 있었다. "고물상이 들어오면 침출수 문제가 생깁니다. 분진이야 어떻게 막는다손 치더라도 침출수가 땅으로 스며들면 생태공원을 오염시키는 것은 시간문젭니다." 달리 논쟁거리가 생각나지 않았다. 생태에 대한 열정에 압도된 탓이다. 더구나 그는 시장이 아닌가. 최종 판단은 오롯이 그의 몫이니, 돌아서는 수밖에.

"그럼에도 불구하고, 허가가 내려진 과정만은 반드시 밝혀내겠습니다. 호민관께서 말씀하신 대로 민원인들의 고통을 줄여주는 방안도 함께 찾아보겠습니다." 그의 약속이 성과라면 성과였다.

▌개발제한구역 내 개발행위 제한
- 개발제한구역에서는 건축물의 건축 및 용도변경, 공작물의 설치, 토지의 형질변경, 죽목의 벌채, 토지의 분할, 물건을 쌓아놓는 행위 또는 「국토의 계획 및 이용에 관한 법률」 제2조 제11호에 따른 도시계획사업의 시행을 할수 없지만, 모래·자갈·토석·철근 등의 물건을 쌓아놓는 행위를 하려는 자

는 시장의 허가를 받아 그 행위를 할 수 있다. (개발제한법 제12조 1항 7호)
- 위 허가 또는 신고의 대상이 되는 건축물이나 공작물의 규모·높이·입지기준, 대지 안의 조경, 건폐율, 용적률, 토지의 분할, 토지의 형질변경의 범위 등 허가나 신고의 세부 기준은 다음과 같다. (동법 제12조 8항, 동법 시행령 제22조 및 별표2)

1. 일반적 기준

　나. 해당 지역과 그 주변지역에 대기오염, 수질오염, 토질오염, 소음·진동·분진 등에 따른 환경오염, 생태계 파괴, 위해 발생 등이 예상되지 아니하여야 한다.

　다. 해당 지역과 그 주변지역에 있는 역사적·문화적·향토적 가치가 있는 지역을 훼손하지 아니하여야 한다.

▎존속중인 건축물에 관한 특례

- 시장은 법령의 개정·폐지나 그 밖에 대통령령으로 정하는 사유로 인하여 그 사유가 발생할 당시에 이미 존재하고 있던 대지·건축물 또는 공작물이 이 법에 적합하지 아니하게 된 경우에는 대통령령으로 정하는 바에 따라 건축물의 건축이나 공작물의 설치를 허가할 수 있다. (개발제한법 제13조)

▎공장 설립

- 건축면적이 500제곱미터 이상인 공장의 신설·증설 또는 업종변경을 하려는 자는 시장의 승인을 받아야 한다. 공장건축면적이 500제곱미터 미만인 경우에도 허가·신고·면허·승인·해제 또는 용도폐지 등의 의제를 받으려는 자는 공장설립 등의 승인을 받을 수 있다. (「산업집적활성화 및 공장설립에 관한 법률」 제13조)
- 공장설립 등의 승인을 할 때 「건축법」에 따른 건축허가와 건축신고에 관하여 시장이 관계 행정기관의 장과 협의한 사항에 대하여는 해당 인·허가 등

을 받은 것으로 본다. (동법 제13조의2 15호)

▌건축행위

- 건축물을 건축하거나 대수선하려는 자는 시장의 허가를 받아야 한다. (「건
  축법」 제11조)
- 바닥면적의 합계가 85제곱미터 이내의 증축·개축 또는 재축(3층 이상 건
  축물인 경우에는 증축·개축 또는 재축하려는 부분의 바닥면적의 합계가
  건축물 연면적의 10분의 1 이내로 한정)인 경우에는 시장에게 신고를 하면
  건축허가를 받은 것으로 본다. (동법 제14조 1호)

승마장과 난개발

개발제한구역에서의 개발행위 제한 규정은 가히 폭력적이다. 되는 것보다 안 되는 게 훨씬 많아서이기도 하지만 '제한'을 '폭력'으로 바꾸는 '해석의 자유'를 공무원에게 부여해놨기 때문이다. 허가 및 신고의 일반기준이 바로 그것인데, 그중에 '훼손의 최소화'가 압권이다. 이를 근거로 공무원은 승마장 설치를 불허했다.

4차선 도로를 빠져나와 마을 안길을 제법 달렸다. '훼손된' 개발제한구역의 맨살이 드러난다. 차 한 대 겨우 지나갈 만한 좁은 도로 양편으로 슬레이트 지붕과 시멘트 벽돌로 이루어진 창고들이 다닥다닥 붙어 있고 그 옆으로 계획 영농과는 한참이나 거리가 있어 보이는 논밭들만 '비계획적으로' 삐뚤빼뚤 자리하고 있다. 모르긴 몰라도 방금 지나온 창고와 논밭 중에 불법이 아닌 곳이 없으리라. 이윽고 저만치 목적지가 눈에 들어온다. 산과 대지를 정확히 직각으로 가르기라도 하려는 듯 굴착기 한 대가 연신 땅을 파대고 있다. '이미 훼손된' 땅을 지나 '막 훼손되고 있는' 현장을 목도했다고나 할까. 땅들은 아프다 아우성치는 듯했고 나의 기분은 금세 거시기(?)해졌다. 우울한 기분과 너무도 닮아 있는 '더 우울해 보이는' 사내가 저만치서 손을 흔들며 아는 체를 한다. 인근에 축사가 있는지 향기롭지 않은 냄새가 진동한다. 개 짖는 소리는 거의 소음 수준이다. 그를 향해 발걸음을 옮긴다.

"잘돼가십니까?" "글쎄요, 허가해준다는 말인지 하지 말라는 얘긴지 모르겠습니다. 아무튼 설치 규모를 조금 줄여서 다시 신청서를 제출했으니 기다리는 수밖에요." 영혼 없이 물어 그런 것인가, 그의 답도 딱딱하기가 매한가지다. 딱히 트집 잡을 만큼 무례한 언사는 아니었지만 그렇다고 살가운 환대도 아니었다. '도와주러 온 사람인데…….' 왠지 모를 서운함이 몰려왔다. 시청을 향해 불허가 처분을 취소하라는 의견서까지 이미 작성해놓았는데, '이건 뭐지?' 하는 그런 기분마저 들었다. 아직 최종 결정도 나지 않은 일을 갖고 괜히 호민관이 시정 권고라도 하게 되면 자칫 공무원의 심기만 건드릴 수 있다며 의견서 발송을 유보해달라는 다소 황당한 요청을 받았을 때도 흔쾌히 그러겠노라 했었다. 호민관을 지렛대 삼아 담당 공무원과 거래를 하는구나 하는 생각이 들어 시쳇말로 '껄쩍지근'하기도 했지만 내색하지 않았다. 그렇다고 해서 적법한 민원을 나 몰라라 할 수도 없거니와 숨겨진 의도 따위를 찾으라고 나를 호민관 자리에 앉힌 게 아니라 생각했기 때문이다. 이처럼 처음 생각은 번지르르했는데 자꾸만 뭔가가 걸린다. 자기 검열이 또 시작됐나 보다. 사실 그 사내가 민원인이 아니라 대리인이라는 말을 들은 후부터 불편함(?)이 더 심해졌다. 이래저래 다소 당황스러운 한 주를 보냈다. 그래서 오늘에야 비로소 현장을 찾았던 것이다. 그런데 여기서 만약 '의심'의 단서까지 잡게 된다면? 모르긴 몰라도 한동안 '자책'과 '회의' 속에 빠져 허우적거릴 것이다. 초짜 호민관을 어여삐 여긴 걸까, 승마장으로 개발하겠다고 한 민원인 토지는 다행히도 도로에 바로 붙어 있다. '휴, 훼손은 아니다.'

지금으로부터 30년 전, 이곳에 목장이 생겼다. 20만 평에 달하는 광대한 초지와 몇 개의 축사가 지어졌고, 젖소와 염소들이 키워졌다. 그런데 주인이 갑작스레 죽고 말았다. 애당초 낙농에 관심이 없던 자식들로서는 목장을 팔 수밖에. 민원인은 그들에게서 땅 1000평을 샀다고 한다. 그런데 민원인도 낙농에는 관심이 없었다. 대신 승마장을 짓고 싶었다. 레저 붐을 타고 승마 이용 인구가 늘고 있다는 얘기를 들었던 데다 승마장이 개발제한구역에서 농사 외에 할 수 있는 몇 안 되는 일이기도 해서였다. 법에 떡하니 '가능'이라고 쓰여 있고 전문가라는 사람 모두가 이구동성으로 문제없다고 했으니 땅을 사고 설계를 해서 관련 부서와 사전 협의를 진행할 때까지 허가를 받지 못하리라고는 꿈에도 생각하지 않았다고 한다. 그런데 최종 관문에서 브레이크가 걸렸다. 아무리 봐도 법 규정으로는 문제가 없는데 담당 공무원은 한사코 난개발이 우려된다며 불허 입장을 굽히지 않았다. 미치고 팔짝 뛸 밖에. 그러나 한번 뺏긴 기선은 좀체 되찾기 어려웠다. 한쪽은 난개발을 막는 국토 지킴이의 반열에 오른 반면 다른 쪽은 졸지에 투기꾼 혹은 개발업자가 된 판이니 해결이 간단치 않은 것은 당연했다. 논리 없이 무작정 달려들었다가 창졸간에 쪽팔림을 당한 민원인처럼 공부 없이 덤볐다간 나 역시 같은 신세가 될 게 뻔해 보였다.

공무원과의 첫 대화는 격렬했다. "개발제한구역에 승마장을 설치할 수 있지 않습니까?" 난 직진을 택했다. "가능합니다. 그런데 이번 경우는 다릅니다. 민원인의 토지는 오래전에 초지(목장용지)로 승인되어 사용되다가 상당 기간 방치됐기 때문에 현행(실질) 임야로 봐야 합니다. 임야에서는 개발행위 허가를 가능하면 하지 말도록 법률에 규정되어 있습니다." 그는 조금도 주저함이 없었다. 그렇다고 호락호락 당할 내가 아니다. "「초지법」은 '토지가 초지로 사용되지 않을 경우 시장으로 하여금 초지에서 제외할 수 있도록' 하고 있습니다. 그런데 아직까지 그런 조치를 취하지 않았던데요. 법률상 지목도 여전히 목장용지고요. 더구나 최근에는 시에서 토지거래를 허가하면서 초지로 사용하라고 했던데 말입니다. 도대체 누구 말을 들어야 합니까. 한쪽에서는 초지 사용을 허가해놓고 다른 부서는 사실상 임야라니요." 아픈 곳을 정확히 타격했다. 그러나 그는 잠시 주춤하는가 싶더니 이내 또 다른 논거를 제시하기 시작했다. "「초지법」은 그렇다손 치더라도, 난개발의 문제는 그냥 지나칠 수 없습니다. 개발제한법은 1만 제곱미터 이상의 형질변경에 대해 관리계획 수립을 규정하고 있는데 민원인 토지가 포함된 초지는 전체 규모가 20만 제곱미터에 이르는 방대한 크기임에도 아직까지 관리계획이 만들어지지 않았습니다. 잘 아시겠지만 관리계획이 수립되지 않은 토지에 대해서는 개발행위를 허가하지 말도록 규정돼 있습니다. 난개발을 막기 위한 조치지요. 이것이 제가 개발행위를 불허하는 핵심적 이유입니다." 예견된 주장이었지만, 그의 입장이 너무 단호해 해결이 만만치 않을 것 같다는 불길한 생각이 엄습했다. 하지만 그의 논리 자체는 비약이 심했다. 법률 규정을 들이대는 수밖에. "1만 제곱미터 이상 토지의 형질변경은 관리계획 수립 대상임이 분명합니다. 그러나 민원인이 신청한 승마장은 3000제곱미터 규모에 불과합니다. 더구나 개발제한법은 '1만 제곱미터 이상'의 의미를 '같은 목적으로 여러 번에 걸쳐 부분적으로 형질변경을 하거나 연접하여 형질변경을 하는 경우 그 전체면적'이라 규정하고 있기 때문에 인근 지역에 승마장이나 다른 체육시설로 형질변경을 신청한 사례가 없는 한 민원인의 허가 신청에 대해 관리계획 대상으로 해석하는 것은 무리가 있습니다. 물론 이른바 쪼개기의 폐해를 걱정하는 것은 이해가 됩니다만, 그렇다고 법률상 하자가 없는 행위를 추정만으로 불허하는 것은 문제가 있습니다. 난개발 방지는 적법하게 진행된 허가 신청의 불허를 통해서가 아니라 오히려 시가 갖고 있는 여러 적법한 행정권의 사용을 통해 장기적으로 관리되어야 할 사안입니다." 거의 백기를 들 정도로 정연한 논리라고 생각했다. 이제는 더는 생떼(?)를 쓰지 않으리라 믿었다. 그러나 그는 집요했다. 판례까지 들이댄다. 많이 준비한 모양이다. "최근 '승마장은 법상 개발제한구역의 보전, 관리에 도움이 되는 시설로 규정되어 있지만, 환경오염 등이 우려될 경우 함부로 지을 수 없다'는 판결이 나왔습니다. 이 점 또한 불허의 주요한 판단 근거입니다." 살짝 짜증이 나려고 했다. 이미 불허 쪽으로 마음을 정한 듯 보이는데 굳이 더 논쟁을 해야 하나 싶기도 했다. 그러나 이내 마음을 다잡았다. 최후의 일격은 날리고 일어서고 싶었기 때문이다. "서울고법이 올 3월 A 씨가 ○○시장을 상대로 낸 승마장 건축 불허가 처분 취소 소송에서 당초 원심을 깨고 원고 패소 판결을 내린 것은 '승마장 부지가 상하수도 시설이 부족하고 악취와 소음 탓에 주변 주거지역 생활환경에 악영향을 줄 수 있기 때문'입니다. 그런데 민원인은 이미 관련 부서와의 사전 협의에서 아무런 문제도 지적받지 않았습니다. 인근에 주거지역이 없을뿐더러 오염 저감시설 설치도 약속한 상태입니다. ○○시와는 전혀 다른 상황이라는 말씀입니다. 그런데 말입니다. 아무리 생각해도 불허 방침을 정해놓고 논리를 꿰맞춘다는 느낌을 지울 수가 없습니다. 제 견해에 동의하지 않으신다면 이제부터는 제가 가진 권한을 사용해 시장에게 시정 권고를 표명하겠습니다. 논쟁은 그만하시지요." 너무 급작스러운 마무리에 놀랐는지 그는 한동안 말이 없었다. "내부에서 다시 논의를 해보겠습니다"라는 말을 끝으로 그가 일어섰다. 뺏겼던 기선을 다시 찾아온 것만 같았다. 그렇게 또 일주일이 지나갔다.

출근하고 채 자리에 앉기가 무섭게 전화벨이 울렸다. 민원인의 대리인, 그 사내였다. 목소리가 밝은 걸 보니 뭔가 좋은 일이 생긴 것 같았다. "호민관님, 어제저녁 시에서 최종 통보가 왔습니다. 허가해줄 테니 서류를 다시 접수하라네요. 정말이지 감사합니다." 지난밤 통음 탓에 지끈거리던 머리가 씻은 듯 나아질 정도로 기분이 급 좋아지려는데 그가 말을 잇는다. "근데요, 규모는 400평으로 줄이라네요. 시작이 중요할 것 같아 받아들이기로 했습니다." 이 무슨 × 같은 얘기란 말인가. 3000평(1만 제곱미터)까지 가능하도록 돼 있는데, 어떤 근거로 1000평은 안 되고 400평은 된다는 거지. 근데, 그 정도도 괜찮으니 고맙다는 말은 또 뭔 소린가. 그럼 민원은 해결이 된 거야? 한번 뒤틀린 심사는 시간이 갈수록 더 꼬여만 갔다. 누군가에게 실컷 욕이라도 내뱉고 싶은 심정이었다. 난개발을 우려하는 공무원의 진정성은 존중돼야 마땅하다. 그러나 법률이 정한 요건을 모두 갖췄는데도 허가를 내주지 않는다면 이는 권한 남용에 다름 아니다. 이번 경우가 바로 그렇다. 시민의 적법한 요구를 '훈계'로 받았기 때문이다. 그런데 인제 와서 타협안이라? 난개발을 방지했다는 명분도 취하고 '허가는 내줬다'는 실리도 챙기겠다는 속셈인 것 같은데, 그 어떤 포장을 하든 꼼수라는 비난은 피할 수 없을 것 같다.

개발제한법은 개발행위를 허가(승인)함에 있어 일정한 기준을 규정하고 있는데 그 기준이라는 것이 너무나 포괄적이다. 여기서 공무원의 판단이 개입할 여지가 생긴다. 예컨대 이렇다. "개발제한구역의 훼손을 최소화할 수 있도록 필요한 최소 규모로 설치하여야 한다"라거나 "환경오염, 생태계 파괴, 위해 발생 등이 예상되지 아니하여야 한다" 또는 "임야 또는 경지 정리된 농지는 건축물의 건축 또는 공작물의 설치를 위한 부지에서 가능하면 제외하여야 한다" 등이다. 정작 법률은 2000제곱미터니 1만 제곱미터니 하는 구체적 숫자를 제시하는데 하위 법령인 시행령에서는 '최소화', '예상', '가능하면'과 같은 추상적 표현을 써놨으니 비록 공무원이 과도하게 해석한들 그 누가 시비하겠는가 말이다. 재량권이 너무 큰 것도 문제지만 법을 쌈 싸 먹게 만든 시행령과 하위 법령의 횡포 또한 문제다.

나중에 들은 얘기지만 민원인은 땅 부자로 좀체 얼굴을 드러내지 않는 사람이었다. 그래서 항상 대리인을 통해 사무를 본다고 했다. 시민 단체 활동을 통해 공무원 사회에서 제법 탄탄한 인맥을 구축하고 있는 '사내'가 필요했을 테고. 아무튼 어정쩡하게 '논쟁'이 끝나버려 기분은 영 아니지만, 민원인이 만족한다니 잘된 일이라 생각하기로 했다. 그런데 갈수록 가관이다. 대리인임을 입증할 서류를 보완해달라고 부탁을 했건만 한 달째 깜깜무소식이다. 이젠 아예 전화도 받지 않는다. 호민관을 이용해서 답을 얻었으니 더는 상종할 필요가 없다는 뜻인가? 사익과 공익 사이에서 어떤 스탠스를 취할 것인가가 항상 고민거리였는데, 내가 사익의 앞잡이(?) 노릇을 한 건 아닌가 하는 참으로 맥 빠지는 느낌을 지울 수가 없었다.

- 개발제한구역 내에서는 '실외체육시설 중 승마장과 2000제곱미터 이하의 마사' 설치가 가능하다. (개발제한법 제12조 1항 1호, 동법 시행령 제13조 1항 및 별표1)
- 1만 제곱미터 이상(같은 목적으로 여러 번에 걸쳐 부분적으로 형질변경을 하거나 연접하여 형질변경을 하는 경우 그 전체면적을 가리킨다) 토지의 형질변경은 개발제한구역 관리계획 수립 대상이다. (개발제한법 제11조 1항 5호, 동법 시행령 제10조 1항 2호).

축사에 가축이 없다

/

골목길을 사이에 두고 마주 보고 있는 두 개의 축사가 있다. 개발제한구역인 것도 같고 주거지역에서 100미터도 채 떨어지지 않은 곳에 위치한 것도 같다. 그런데 한 곳만 농산물창고로 용도변경이 허가됐다. "가축사육제한구역에 속한 축사는 농산물창고로 용도변경할 수 있다"라는 법 규정을 시가 전향적으로 해석해 땅의 일부가 가축사육제한구역에 포함되어 있는 축사까지 허가를 내준 때문이다. 아깝게(?) 허가의 담벼락을 넘지 못한 농민이 "왜 나만"의 깃발을 높이 들었다.

남산에서 돌을 던지면 김 씨, 이 씨, 박 씨 집 중 하나에 떨어진다는 말이 있다. 그만큼 김, 이, 박, 이 세 성씨의 비중이 높다는 뜻이다. 그럼 이곳 시흥에서 돌을 던지면? 열 중 일곱은 개발제한구역에 떨어진다. 그나마 풀고 또 풀고 해서 이만큼이지, 10년 전에는 열 중 여덟이었다. 실로 엄청난 규모다. 개발제한구역 위반 종류도 규모 못지않다. 성씨만큼이나 많다. 축사는 그중 김, 이, 박이다.

소 키워 돈 버는 시절은 간 것 같다. 그런 시절이 있기는 했느냐 묻는다 해도 달리 할 말은 없지만, 적어도 이곳에서만큼은 축산업이 레드오션이다. 축산 농가 전체의 견해인 것까지는 모르겠으나, 축사에서 소를 본 적 없는 나의 경험으로 볼 때 이것은 진실에 가까우리라. 축사를 창고로 바꾸지 못해 안달인 사람은 부지기수지만 죽어도 소만 키우겠다는 사람은 본 적이 없으니 하는 말이다. 김 씨도 이러한 '부지기수' 중 한 명이다. 그는 시간만 나면 축사를 창고로 바꿀 생각에 골몰한다. 그런데 최근 김 씨 가슴에 돌덩이가 하나 얹혀졌다. 얼마 전 축사를 창고로 용도 변경하기 위해 시청에 들렀다가 불가 판정을 받았기 때문이다. 그 생각만 하면 가슴에 천불이 일어 자다가도 벌떡벌떡 일어난다는 김 씨, 그가 참고 참았던 억울한 사연을 털어놓았다.

골목길을 사이에 두고 자신의 축사와 마주해 있는 옆집 이 씨네 축사가 창고로 용도변경이 됐다는 소식이 들려왔다. 내 일처럼 기뻤다. 우리 축사도 창고로 바꿀 수 있겠구나 싶어서다. 사실 인근 축산 농가들은 모두가 오래전부터 축산을 포기한 상태였다. 소 몇 마리 갖고는 더는 수지 타산을 맞출 수 없었기 때문이다. 자연스레 축사를 창고로 빌려주는 사람들이 생겨났다. 뛰어난 입지 탓에 창고의 수요가 많아 소를 키울 때보다 벌이가 훨씬 좋았다. 너나 할 것 없이 축사를 없애고 창고를 만들었다. 과장하면 축사의 씨가 마를 정도였다. 그러나 이 같은 호황에도 그림자는 있었다. 단속의 공포가 그것이다. 이곳 축사는 대부분이 개발제한 구역에 속해 있어 합법적으로는 용도변경이 어려웠다. 그래서 대부분의 농민은 언제 단속반원이 들이닥칠까 두려워하면서도 그냥 두 눈 딱 감고 불법인 채로 창고 영업을 계속했다. 이런 판국에 농산물창고로 용도변경을 허가받았으니 얼마나 다행인가 말이다. 물론 농산물창고로 허가를 받았다 하더라도 불법이 완전히 해소되는 건 아니다. 이문이 짭짤한 일반 창고업을 포기하고 이곳에다가 농수산물을 보관하려는 사람은 없을 것이기 때문이다. 그러나 창고로 허가받은 것과 축사로 남아 있는 것은 하늘과 땅 차이다. 같은 불법이라 하더라도 농산물창고는 유사(단속)시 눈속임이라도 가능한 데 반해 축사는 아예 임시방편도 불가능하기 때문이다. 불법 창고 사용으로 적발됐다고 해도 이를 해결한답시고 축사에 소를 집어넣을 수는 없는 노릇이지만 농산물을 갖다 놓는 일은 가능하지 않겠느냐는 것이 저들의 생각인 것이다.

옆집 이 씨네 축사는 땅의 일부(열 평 남짓)가 주거지역과 함께 '가축사육제한구역'(이하 '제한구역')으로도 지정되어 있었는데 시에서 축사 '전체'가 '제한구역'에 위치한다고 넓게 해석해주는 덕에 용도변경이 가능했다. 개발제한법에 따르면 '제한구역' 내에 있는 축사는 농산물창고로 용도변경이 가능한데, 이것은 '가축을 사육할 수 없는 곳이니 축사 대신 농산물창고로 변경해도 좋다'는 논리인 셈이다. 김 씨는, 바로 이 지점에 '자신의 축사가 용도변경되어야 하는' 당위성이 있다고 주장한다. 마을(주거지역)과 채 50미터도 떨어져 있지 않은 곳에 이 씨 축사와 자신의 축사가 나란히 있기 때문에 만약 이 씨 축사를 '제한지역'에 위치한 축사로 인정한다면 자신의 축사도 같은 대우를 해줘야 한다는 논리다. 그러나 시의 너그러움은 김 씨 축사 앞에서 멈추고 말았다.

김 씨의 주장에 일리가 있어 보였다. 단순히 기계적 형평성 때문만은 아니다. 합리성에 기반을 둔 형평성이 더 중요한데, 주거지역이라는 인위적 선에 따라 '제한지역'을 설정하는 현행 방식이야말로 오히려 합리성을 결여한 것이라고 생각됐기 때문이다. 실제가 같은데 대우(처분)가 다를 수 없고, 합리성에 따른 형평성의 복원이 필요해 보였다. 우리나라에서 제일 무서운 법이라는 개발제한법에서조차 용도변경이 가능하도록 돼 있다면 이는 그만큼 농민의 어려운 현실을 인정했다는 얘긴데, '제한구역'으로 한 번 해석해(?)주는 것이 뭐 그리 큰일일까 하는 생각도 들었다. 더구나 '제한구역'을 규정한 법률(「가축분뇨의 관리 및 이용에 관한 법률」)에서도 '제한구역'은 '주거 밀집지역'으로서 조례로써 정한다고 했으니, 조례만 바꾸면 될 일이라 판단했다. 그리고 '개발제한구역 행위허가 기준조례'(이하 '개발제한조례')에서도 축사의 입지 조건으로 주거지역에서의 일정한 이격 거리(100미터)를 규정하고 있는 점으로 볼 때 조례 개정의 당위성 또한 충분한 것이었다. '개발제한조례'에서 정하고 있는 축사의 신축 입지 기준과 동일하게 '가축분뇨조례'의 '제한구역' 지정 기준을 변경하면 만사 오케이 아닌가 말이다. 나의 주장은 축사를 신축할 수 있는 조건이나 가축의 사육을 제한하는 기준이나 같아야 한다는 시민적 상식에 기초한 것이었기에 조금의 망설임도 없었다. 가축분뇨조례의 개정을 요구했다. 이른바 제도 개선인 셈인데, 시가 받아들이지 않을 이유가 없다고 생각했다.

그러나 주무 부서는 '가축분뇨조례'를 개정할 생각이 없다고 알려왔다. '제한지역'에 이격 거리 규정을 신설할 경우 새로이 '제한지역'에 편입되는 축산 농가들이 증·개축이 곤란하다며 불만(민원)을 제기할 수 있기 때문이라고 했다. 그러나 이는 기존 축사를 운영하고 있는 농민들은 경과 규정 등을 통해 구제받을 수 있다는 점에서 설득력이 떨어지는 논거였다. 또한, '개발제한조례'는 신축하는 축사에 대해만 적용하는 규제로서 그동안 문제가 된 적도 없고 따라서 딱히 기준의 불일치라 생각하지 않는다는 것이 두 번째 이유였다. 그러나 이 또한 축사와 같은 동식물 사육시설이 주거지역 인근에 위치할 경우 환경오염 등에 따른 민원이 예상된다는 점에서 거부의 사유로는 적절치 않아 보였다. 오염을 방지하기 위한 차원에서라도 일정한 이격은 반드시 필요하고 '개발제한'이든 '가축사육제한'이든 그 입지 기준이 동일해야 함은 너무도 당연한데 이를 거부하겠다는 것은 현상 유지만을 바라는 소극 행정의 전형으로밖에 보이지 않았다. 조례 개정이 상위법에 저촉된다거나 법적 안정성을 해친다거나 혹은 새로운 문제가 야기될 것이라든가 하는 논거조차 제시되지 않았고 논거를 뒷받침하는 구체적 내용(수치, 범위 등)도 없었다. 재검토 요구는 당연했다. 만약 또 거부한다면 언론에 호소라도 할 참이었다. 그러나 혹시나는 역시나로 끝나고 말았다. 마이동풍.

아무리 생각해도 관련 법령을 고치지 않고 민원을 해결하는 방법은 '가축분뇨조례'에서 정하고 있는 '제한구역' 기준을 변경하는 길뿐이었다. 반대 민원도 생길 것 같지 않았다. 게다가 시대적 조류인 환경적 요구와도 맞아떨어지는 주장이었다. 주장이 정당하니 조만간 긍정의 신호가 도착하리라, 그리 믿고 기다렸는데……. 환경 정책을 다루는 부서에서 현행 축산 농가의 입장을 대변하며(그런데 실체가 없다!) 좀 더 강화된 축사 입지조건에 반대하다니, 이런 아이러니가 어디 있는가.

난, 사실상 축사로 쓰지 않는 건물을 한사코 축사로 써야 한다고 강제하는 황당한(철 지난) 규정에 반항할 뿐이고, 단속을 하더라도 최소한 길은 터주고 해야 한다고 주장할 뿐이다. 그러나 창고로 허용하더라도 어차피 불법 건물(공장)로 전용될 텐데 왜 창고를 허용해야 하느냐는 물음에는 자신이 없다. 여전히 나의 일은 경계선을 헤매고 있다. 사익과 공익, 환경과 개발, 이기심과 정의 사이에서.

> **▌ 개발제한법 제12조 제1항 8호 및 동법 시행령 제18조 제1항 7호**
> - 「가축분뇨의 관리 및 이용에 관한 법률」(이하, '가축분뇨법') 제8조에 따라 가축의 사육이 제한된 지역에 있는 기존 축사를 기존 시설의 연면적의 범위에서 그 지역에서 생산되는 농수산물보관용 창고로 용도변경하는 행위는 가능하다.
>
> **▌ 가축사육제한구역**
> - 주거 밀집지역으로 생활환경의 보호가 필요한 지역에 대해 지방자치단체의 조례가 정하는 바에 따라 일정한 구역을 지정하여 가축의 사육을 제한할 수 있다. (가축분뇨법 제8조 제1항 1호)
> - 「국토의 계획 및 이용에 관한 법률」 제36조 제1항에 따른 주거지역, 상업지역, 공업지역 그리고 동법 제36조 제1항에 따른 녹지지역 중 축산폐수가 저수지로 유입되는 경우 경계로부터 1킬로미터 이내의 지역을 '가축사육제한지역'으로 지정한다. (가축분뇨조례 제3조)
>
> **▌ 개발제한구역 행위허가 기준조례 제4조**
> - 축사를 신축하려 할 경우 주거지역 및 집단취락지구 경계와 직선거리 100미터 이내, 공동주택 및 학교로부터 직선거리 300미터 이상 이격할 것

해제를 기다리며

/

그녀는 주민들의 담합과 공무원의 부정 때문에 자신의 '땅만' 개발제한구역에서 해제되지 못했다고 주장한다. 녹지공간을 훼손한 자신의 과오(?)를 지적당해도, 법률 규정에 따른 적법한 결정이었음이 밝혀져도 마이동풍이다. 기본적으로 행정에 대한 불신이 팽배한 탓에 그 어떤 설명이 주어진다 해도 그 순간 음모로 변한다. 그녀의 이 근거 없는 '의심'을 어찌할 것인가?

           부천에서 시흥으로 진입하다 보면 외곽순환고속도로 시흥 IC를 지나게 된다. 옛 '신천리' 지역이 시흥의 구도심이기도 하거니와 시화공단(요즈음은 '시화스마트허브'라고 부르는)을 가기 위해서는 반드시 거쳐야 하는 길목이니만큼 늘 교통이 혼잡하다. 왕복 4차선인 서해안로를 따라 공단 방향으로 1킬로미터나 달렸을까, 목적지 근처에 다 왔다며 동행한 공무원이 우측으로 방향을 틀었다. 같은 도시인가 싶게 주위 풍경이 갑자기 낮고 우울하게 바뀌었다. 오래전 금강산 관광을 가는 길목에서 느꼈던 아득함(녹색과 잿빛의 분절, 아, 얼마나 기막혔던가!)에 비할 바는 아니었지만, 차량으로 뒤덮은 도심의 위용이 비닐하우스의 한적한 시골 거리로 돌연 추락(?)하는 모습이 왠지 처량하게 느껴졌다. 개발제한구역에서 해제된 지 벌써 8년이 지났는데 왜 아직까지 저런 모습일까. 하기야 40여 년의 세월 동안 조금씩 훼손된 것이니 어떤 계획인들 금세 그럴싸한 모습으로 변화시킬 수 있었겠는가. 더구나 길 건너편은 아직도 개발제한구역이라지 않는가. 차에서 내려 이런저런 생각에 빠져 걷고 있는데 언덕 위 저만치서 누군가 반갑게 손짓을 했다. 민원인이었다. 오래 기다렸다는 듯 그녀는 어색한 수인사가 끝나기 무섭게 내 손을 끌고 다짜고짜 옆 고물상으로 향했다. "저거 보세요. 우리 땅하고 붙어 있잖아요. 난 농사를 짓고 저 집은 고물상을 하는데 왜 내 땅만 개발제한구역에서 해제되지 않는 건데요. 뭔가 야로(?)가 있는 게 분명해요." 억울함의 단계는 이미 지난 듯, 이제는 결탁과 부정까지 확신한다. 본인 말마따나, 남편 병시중 10년이 길러준 내공 탓인지 말이 거침없다. 자녀 둘을 대학 공부까지 시키고 있다는 50대 후반의 민원인, 그녀의 얘기를 듣자니 드라마가 따로 없다.

대기업 중간 간부였던 남편이 느닷없이 화훼 농사를 짓겠다며 사표를 던진 해가 1986년이었다. 퇴직금과 저축을 합쳐 1000평이 넘는 지금의 밭을 구입했다. 비닐하우스를 짓고 난을 구입하는 데만 1억의 돈이 들었으니 땅값을 합쳐 줄잡아도 3억 정도를 투자한 셈이다. 그때 돈 3억이면 진짜 큰돈이다. 처음에는 생활비도 제대로 벌지 못했는데 농사를 시작한 지 10년쯤 지나자 제법 돈이 되더란다. 비닐하우스도 두 개 동을 더 짓고 본격적인 난 재배에 나섰는데, 10년 전쯤 갑자기 남편이 쓰러졌다. 그로부터 민원인의 삶은 나락으로 떨어졌다. 난 재배도 서툴렀지만 영업은 더 젬병이어서 남편 쓰러지고 채 3년도 지나지 않아 사업은 사실상 망했다. 그즈음 병원비라도 보탤 생각에 비닐하우스를 개조해 음식

장사를 시작했는데 이마저도 누군가의 신고로 벌금(이행강제금을 착각한 것이리라!)만 엄청 물고 작년에 문을 달았다. 개발제한구역에서는 아무리 자신 소유 건축물(비닐하우스)이라도 농사 외에 다른 짓을 했다가는 어마어마한 벌금 폭탄을 맞는다는 사실을 그제야 깨달았다고 한다. 집이며 살림살이 모두 다 처분하고 이곳 비닐하우스로 이사를 그래서 오게 됐단다. 밤이면 멀리서 들리는 인기척에 가끔 놀랄 뿐 지금은 살 만하다는 민원인, 마음이 좀 풀렸는지 기나긴 가족사를 끝내기가 무섭게 그녀의 속내를 드러낸다.

"올가을에 개발제한구역이 또 풀린다는 소문이 있던데, 지금까지는 그랬다손 치고 이번에는 내 땅도 해제되겠지요?" 물음인지 자문인지 자기최면인지, 이미 해제 청원서를 냈으니 주무 부서에서 분명 검토를 하고 있을 거라면서 민원인은 진행 상황 확인을 은밀히(?) 부탁하는 것이었다. 사실 개발제한구역 해제야말로 그녀가 이 구질구질한 삶에서 탈출할 수 있는 마지막 비상구가 아니겠는가. 옆집의 땅값이 얼마나 뛰었는지 아느냐는 말 속에서 그녀의 간절한 꿈을 읽을 수 있었다. "우리 동네가 집성촌이에요. 스무 채 남짓한 가옥들 때문에 취락지구로 지정도 됐었습니다. 그런데 2006년쯤이던가요. 우리 집하고 옆집 고물상만 빼고 전부 개발제한구역에서 해제되는 겁니다. 기가 막혔죠. 외지인이라고 우리 두 집만 제외한 것이 틀림없다고 생각했어요. 30년 정도 살면 보통은 외지 사람이라고 하지 않잖아요. 그런데 이곳은 텃새가 보통이 아닙니다. 한 번 외지인이면 영원한 남이에요. 그러니 우리 땅까지 해제되는 것에 찬성했겠습니까." 그녀의 불신은 거의 확신에 가까웠다. 마을 사람들로부터 이른바 왕따를 당했는지 여부는 알 길이 없지만 남편 없이 견디어 했을 세월이 얼마나 기막혔을지 짐작은 가고도 남았다. 이런 자리에서, "개발제한구역 해제의 결정권은 장관이 갖고 있고 시장은 입안 권한만 갖고 있다"라고 입바른 소리 해봤자 마음만 상한다는 것을 이미 체득한 상태인지라 조용히 듣기만 했다. "아 글쎄, 작년에는 옆집까지 개발제한구역에서 해제되는 게 아닙니까. 아까도 보셨지만 그 집은 고물상이잖아요. 소음이며 먼지가 얼마나 심한지 아십니까. 시청에서 벌금도 엄청 받았어요. 근데 해제라고요? 우리 땅만 쏙 빼고?" 정말 한마디 보탰다간 한 대 맞을 정도로 분위기가 험악해져 갔다. 알겠노라, 알아봐 주겠노라, 조사하겠노라 얘기하며 자리에서 일어났다. 그게 상책이었다. 이제는 팔 수도 없을 것 같은 이름 모를 화분들만 가득한 비닐하우스와 다 찢어진 비닐만 나부끼고 있는 폐허로 변한 또 다른 비닐하우스, 그리고 가재도구들로 안이 들여다보이지 않는 주거용 비닐하우스, 이렇게 총 세 동의 비닐하우스를 힐끗 훔치는 것으로 그날의 현장 방문은 끝이 났다.

산더미 같은 개발제한구역 해제 관련 서류를 검토하는 데만 꼬박 하루가 걸렸지만, 그 어디에서도 불법이나 위법을 찾을 수 없었다. 규정과 기준 그리고 지도와 숫자 속에는 결단코 외지인을 배제하려는 '음모'(?) 따윈 없었다. 게다가 민원인의 주장은 기본적인 팩트조차 결여하고 있었다. 인근 지역은 취락지구로 지정되지 않은 상태에서 곧바로 해제된 것이고, 옆집은 개발제한구역선이 관통함에 따라 하나의 필지인데도 개발지역인 곳과 아닌 곳으로 나뉘는 상황이 발생해 불가피하게(법률로 기준을 정해놨다!) 추가로 해제된 것이었다. 더구나 민원인의 땅 절반 이상은 인근 산자락과 인접해 있어 한눈으로 봐도 훼손의 흔적이 역력해 해제를 주장하기에는 다소 무리가 있어 보였다. 물론 도로에 접한 부분은 위치나 인접 토지와의 형태적 유사성 등을 따져 볼 때 왜 해제에서 배제됐는지 의아해하기에 충분한 땅이었지만 말이다. "그 어떤 외압도 받지 않고 비밀스럽게 조사하고 있다"라는 개발제한구역 해제 방안에 민원인 땅이 포함되는지 공무원에게 물었다가 창피만 당했다. "특정인에게 이익 또는 불이익을 줄 우려가 있어 자료를 제출할 수 없다"라는 것이 담당 부서의 확고한 입장이었다. 난감했다. 최소한 추가 해제 대상 포함 여부 정도는 확인해줄 수 있을 줄 알았는데……. 하는 수 없이, "더는 도와줄 수 없게 됐다"라고 다음과 같은 통보서를 민원인에게 보내는 것으로 조사를 마무리했다.

"민원인 소유 토지가 개발제한구역에서 해제된 지역과 바로 인접해 있고 이른바 기피 시설인 고물상까지도 개발제한구역 해제의 혜택을 누리고 있는 상황에서 '왜 내 땅만 해제에서 제외됐는지 이유를 밝히라'고 요구하는 것은 너무도 당연한 주장이라 할 것입니다. 더구나 해제 근거를 명확히 밝히지 않은 일방적 행정행위로 말미암아 민원인의 고통은 더 커졌을 것으로 생각합니다. 안타까운 대목입니다. 그러나 시의 일련의 행정처분에 어떠한 위법도 발견하지 못한 상황에서 무작정 시정을 권고할 수는 없는 일입니다. 이러한 호민관의 입장을 이해해주시길 거듭 부탁드립니다."

　　나의 긴 편지를 짧게 읽었는지, '조사 제외'를 선언한 지 며칠도 되지 않아 민원인이 '호민관실'을 다시 찾았다. 그녀는 앉기가 무섭게 다짜고짜 분노의 언사를 쏟아냈다. 그 자리에서 다 토해내지 않으면 당장 무슨 일이라도 생길 것처럼 말이다. 비난이 나를 향한 것은 아니었으니 불쾌할 것은 없었지만 그렇다고 그의 억울함에 함께 치를 떨 만큼 공분이 생기지도 않았다. 다만 절망감 비스름한 것이 엄습해 올 뿐이었다. 또한 그녀의 하소연은 나를 무기력의 심연으로 몰아넣었다. 얘기를 들으면 들을수록 어떤 해결책이 보이는 게 아니라 그저 막막해졌다. 아무리 생각해도 '개발제한법'이라는 비밀의 문을 미리 열어본 것이 실수라는 생각이 들었다. 차라리 몰랐다면 그 자리에서라도 고개를 끄덕여주고 "이런 ××" 하며 욕이라도 같이 뱉어줬을 텐데, 나의 하릴없는 선행 학습 탓으로 자꾸만 '대책 없음'이라는 단어만 고개를 쳐들어 대고 있었다.

▌개발제한구역 해제

- "국토교통부장관은…… 개발제한구역의 해제를 도시 관리계획으로 결정할 수 있으며……." (개발제한법 제3조) "개발제한구역 해제에 관한 도시 관리계획은 해당 지역을 관할하는 시장이 입안한다." (개발제한법 제4조)
- 개발제한구역에 대한 환경평가 결과 보존가치가 낮게 나타나는 곳으로서 도시용지의 적절한 공급을 위하여 필요한 지역이나 주민이 집단적으로 거주하는 취락으로서 주거환경 개선 및 취락 정비가 필요한 지역 그리고 개발

제한구역 경계선이 관통하는 대지 등은 국토교통부장관이 정하는 바에 따라 개발제한구역을 조정하거나 해제할 수 있다. (개발제한법 시행령 제2조 3항)

개발제한법보다 더 무서운 농지법

/

"서슬이 퍼렇다는 개발제한법을 피할 요량으로 갖은 잔꾀를 다 부려 요행히도 단속의 칼날
은 피했는데, 생각지도 않던 「농지법」이란 놈이 나타나 '잘못했으니 무조건 땅을 팔라'고
합니다. 말을 안 들으면 매년 땅값의 20퍼센트를 이행강제금으로 물리겠다면서 말이죠. 무
시무시한 개발제한법도 이행강제금이 고작이고 그것도 매년 부과하는 경우는 없는데, 잘못
좀 저질렀다고 개인 땅을 나라가 팔라 마라 할 수 있는 겁니까?"

우리 속담에 "노루 피하려다 호랑이 만난다[피
장봉호(避獐逢虎)]"라는 말이 있다. 작은 해를 피하려다 도리어 더 큰 화를
입는다는 뜻이다. 좀 귀찮다고 기본을 무시했다간 목숨까지 잃을 수도
있으니 살면서 늘 새겨야 할 말이다. 그런데 요사이 시청에 피장봉호를
떠올리게 하는 얘기들이 회자되고 있다. 한 줄로 정리하자면 '개발제한
법(노루) 피하려다 「농지법」(호랑이)에 된통 당했다'인데, 피해자인 농민
들은 여기에 분노를 덧붙인다.

사례 1
A 씨는 개발제한구역에 500평 남짓한 논을 갖
고 있다. 개발제한구역이 금방 풀릴 거라는 말만 믿고 지난 2000년에 구

입한 땅이다. 살 당시에는 논이었는데 주위 논들이 자꾸만 성토(흙을 쌓아 올리는 행위)를 하는 바람에 덩달아 흙을 쌓다 보니 밭으로 바뀌었다. A 씨도 처음 몇 년간은 농사를 지었다. 그런데 주위에 하나둘 창고가 들어서기 시작하면서부터 마음이 흔들렸다. 임대료 수입이 더 짭짤했기 때문이다. 까짓거 단속당해봤자 이행강제금 조금 내면 그만이라는 말에 용기를 냈다. 그러니까 지금으로부터 꼭 5년 전, 인근에서 공장을 하는 박 사장에게 월 200만 원을 받는 조건으로 자신의 비닐하우스와 농지를 빌려줬고 그는 이곳을 창고와 야적장으로 사용했다. 운이 좋았는지 단속은 그사이 한 번도 받지 않았다. 사실 불법 건축물이 있는 것도 아니고 컨테이너 두 개와 비닐하우스가 전부인지라 단속을 당한들 금방 원상회복이 가능하기 때문에 다른 사람들보다는 단속에 대한 두려움이 크지 않았다고 한다. 참 순진한 생각이었다. 세상에는 개발제한법보다 무서운 법이 있다는 걸 그때는 몰랐던 것이다.

농지 현황을 조사한다는 공무원이 다녀갈 때만 해도 호구조사 비슷한 것인 줄로만 알았다. 얼마나 지났을까, 시청에서 "농지로 사용하고 있지 않으니 원상회복을 하라"라는 내용의 편지가 도착했다. 그런데 벌금을 내라는 통지도 아니고 개발제한법을 위반했다는 내용도 아니고 해서 대수롭지 않게 넘겼다고 한다. 청문(聽聞, hearing)을 할 테니 참석하라는 통보가 와도 심각하게 생각하지 않았다. 어찌어찌 참석한 청문장에서 "위반했다", "인정한다", "원상회복하겠다"라고 했으면서도 금세 잊었으니 말해 뭣하겠는가. '별일 없겠지'라는 생각이 화근이었다. '처분 의무 기간'인가 뭔가 하는 통지가 왔을 때 문제의 심각성을 깨달았다면 그래도 이 정도는 아니었을 텐데, 한다는 소리라는 것이 고작 "세놓는 일을 그만둬야겠다고 통보했지만 '다른 곳을 알아볼 때까지만 기다려달라'는 박 사장의 청을 모른 척할 수 없었다"라는 변명이 전부였다. 솔직히 모른 척하고 싶었을 테지만 '설마 무슨 일이 있겠어' 하는 똥배짱이 그를 '의도적 무신경'으로 몰아갔는지도 모를 일이다. 아무튼 지금 생각해도 참 한심한 얘긴데, A 씨는 이런 식으로 무려 1년하고도 반년을 '나 몰라라' 식으로 살았다. 마침내 일이 터진 것은 처분 의무 기간(1년)이 거의 8개월이나 더 지난 올 1월이었다. 색깔만 빨간색(?)이 아니지 살생부와 다를 것 없는 처분명령서가 도착한 것이다. 그때야 뭔가 일이 잘못돼가고 있다는 것을 알아챘다는 A 씨, 시로부터 "논을 파는 것 말고는 다른 방법이 없다"라는 얘기를 듣고 나서야 비로소 「농지법」의 위력을 실감할 수 있었다.

"야적된 물건들을 전부 치우고 그 자리에 고추를 심었습니다. 비닐하우스에 토마토도 심었고요. 컨테이너도 모두 없앴으니 이제 문제가 없는 것 아닙니까?" 원상회복을 다 했는데 농지 처분명령을 왜 취소해주지 않느냐는 게 주장의 요체였지만, 아무리 법전을 뒤지고 사례를 찾고 유권해석을 의뢰해본들 구제할 방법을 찾을 수가 없었다. 배는 이미 떠난 뒤였다. "처분 의무 기간을 1년이나 줬는데, 진작 좀 그렇게 하시지 그랬어요." 하나 마나 한 얘기만을 주절거릴 뿐이었다. 나중에 들은 얘기지만, A 씨는 아내에게 땅을 증여함으로써 처분명령을 이행했다고 한다. 워낙 땅값이 헐하니 증여세는 물지 않았으나 공시지가의 5퍼센트에 육박하는 취득세는 피할 수가 없었다. 호랑이가 남긴 상처는 깊고도 넓었다.

B 씨의 경우는 이른바 정상참작의 여지가 있었다. 하라는 농사는 짓지 않고 하지 말라는 행위를 한 것은 매한가지였으나, 단속 이후 원상회복을 위해 나름대로 최선을 다했다는 점에서 A 씨와 달랐다. 발 빠르게 세입자에게 계약 해지를 통보하고 법적으로 강제 철거가 곤란한 컨테이너 한 동을 제외하고 다른 부분은 바로 농지로 전환했다. 대략 80퍼센트에 이르는 면적이 원상회복됐다. 그런데 100퍼센트까지는 시간이 더 필요해서 조금만 더 기다려달라고 해봤지만 시는 이를 받아들이지 않았다. 다른 경우와 마찬가지로 처분명령이 내려졌다. "백번 양보한다고 해도 농지로 쓰지 않은 20퍼센트에 대해서만 처분명령을 내려야 하는 것 아닙니까? 제가 원상회복을 하지 않겠다는 것도 아니고 남의 재산을 강제로 철거하지 못해 생긴 일인데, 전체 농지를 처분하라고 명령하는 것은 부당합니다." 일리가 있었다. 하나의 필지로서 부분 처분이 불가능하기 때문에 불가피한 조치였다는 반론이 있었지만, 20퍼센트에 불과한 '불가피한' 휴경에 대해서까지 '경자유전' 원칙을 들이대는 것은 「농지법」 제정 취지에 맞지 않고 사회 통념과도 부합하지 않아 보였다. 농림축산식품부의 유권해석을 받아본 후 그 결과를 갖고 다시 처분명령 여부를 결정하라고 요구했다.

그런데 주무 부서로부터 악 소리도 못할 논리가 제시됐다. "농지 처분명령을 받은 농민 수가 수백입니다. B 씨와 유사한 사례도 수십 건에 이릅니다. 그런데 B 씨를 제외한 농민 대부분이 이미 농지를 처분해버렸습니다. 명백히 불법적 행정처분이라는 판결이 나오지 않는 한 설사 농림축산식품부의 유권해석이 B 씨에 유리하게 나온다 해도 저희는 처분을 번복할 수가 없습니다. 행정의 안정성도 중요한 가치이기 때문입니다." 협박하는 것 같아 거슬렸지만, 그렇다고 달리 토 달 명분도 없었다. 게다가 수백이라잖는가. 아무리 생각해도 취소는 불가능해 보였다. 앞으로나 이를 반영하라 할 수밖에.

사례 3

C 씨는 B 씨의 경우와도 또 달랐다. 시의 잘못이 분명해 보였다. '법적 안정성' 운운하는 시의 논거까지 일시에 깰 수 있겠다 싶었다. A 씨나 B 씨의 경우처럼 C 씨도 농사를 짓지 않은 것은 마찬가지였지만, 여느 농민들의 경우와는 다르게 처분 의무 기간 동안 원상회복을 할 수 없는 이유가 분명히 존재했다.

"저 도로가 제 땅입니다. 이번에 처분명령을 받은 제 농지의 일부분이죠. 사실 그 옆이 시의 땅인데 그걸 도로로 만들지 않고 애먼 제 땅을 포장해서 이제껏 도로로 사용했답니다. 그런데 이번에는 제 건물이 도로와(제 땅 말입니다!) 인접했다며 처음 건물 지을 때 약속과 달리 증축을 허가하지 않는 겁니다. 엄청난 돈을 들여 땅을 사고 건물을 지었는데 이제는 창고조차 더 지을 수가 없게 된 거지요. 변명 같지만, 이런 상황에서 부득이하게 건물에 인접한 제 농지를 창고로 쓰게 된 겁니다. 더구나 제 농지를 도로로 포장하면서 건설업자가 폐아스콘을 제 농지에다 파묻었습니다. 그러니 그곳에다가는 농사를 짓고 싶어도 지을 수가 없는 노릇 아닙니까. 한쪽은 폐아스콘 때문에 안 되고 다른 쪽은 도로로 쓰고 있으니 불가능하다는 말입니다. 그런데도(비닐하우스는 단속 후 바로 농업용 창고로 전환했다!) 원상회복을 하지 않았다고 처분명령을 내렸으니, 이를 받아들일 수 없는 겁니다."

C 씨는 시를 상대로 '도로 철거 및 토지 인도 청구소송'을 제기한 상태였다. 그리고 비록 시가 정한 처분 의무 기간을 준수하지는 못했지만 행정처분의 목적(불법 해소)이 달성된 것만은 분명해 보였다. C 씨의 불법 행위와 시의 부작위(마땅히 해야 할 것으로 기대되는 조치를 취하지 않는 것) 간 인과관계가 인정된다는 점과 농지의 상당 부분이 이미 도로로 사용되고 있어 처분 명령의 이행(토지의 매도)이 현실적으로 불가능하다는 점을 참작했다. "'농지 처분명령'을 소송이 마무리되는 시점까지 한시적으로 유예할 것과 소송의 결과 시의 '무단 점유'가 인정된다면 민원인에게 부과된 농지 처분명령을 취소할 것"을 주문했다.

차마 '형평성'이라는 전가의 보도를 빼 들기가 거시기(?)했는지 이번만큼은 시가 나의 주문을 수용했다. 당장 처분해야 하는 상황만은 피했으니 그나마 다행이지만, 재판 결과에 따라 언제고 처분의 상황이 재연될 수 있다는 점에서 해결과는 한참이나 거리가 먼 사례였다.

사례 4

D 씨는 '억울해서 까무러칠' 지경이다. 사례로 든 다른 세 명의 민원인이야 이유를 불문하고 농사 말고는 다른 행위를 '할 수 없는' 땅에서 '했기' 때문에 막말로 '처분명령'을 받아도 삿대질을 하면서까지는 대들지 못하겠지만, D 씨는 농사 말고도 할 수 있는 일이

부지기순데도 법의 허점으로 인해 농지를 처분하지 않으면 안 되는 상황으로 몰리게 된 것이니 정말이지 기가 막히고 코가 막힐 게 분명했다.

"제 땅은 10여 년 전에 개발제한구역에서 해제됐습니다. 더구나 주거지역으로 지정되어 있기 때문에 농지전용부담금만 내면 지금이라도 집이나 건물을 지을 수 있습니다. 그래서 제 땅과 나란히 있는 부친 집을 헐어 아예 제대로 된 건물을 지으려고 계획했는데 돈이 좀 많이 들어야지요. 차일피일 미룰 수밖에요. 그런데 난데없이 농사를 짓지 않는다고 청문장에 나오라고 하지 뭡니까. 하도 황당해 청문장에 나가 다 말씀드렸습니다. 이곳 농민들은 농사를 짓지 않아도 되는 걸로 알고 있었는데 그렇지 않으냐고 말이죠. 변호사님이랑 담당 공무원도 고개를 끄덕였습니다. 알아보고 연락한다고 해서 무작정 기다리고만 있었는데 느닷없이 '농사를 짓든지 팔든지' 양단간에 결정하라고 하니 환장하지 않고 배기겠습니까."

우선 농사를 지을 땅이 아니었다. 상가와 도로 사이에 길게 놓인 땅인지라 만약 이곳에 농사를 지으면 갓 쓰고 자전거 타는 일처럼 어색하기 이를 데 없는 '짓'이 될 게 분명해 보였다. 게다가 일부 땅은 지금도 현황도로로 쓰이고 있어서 만약 D 씨가 농사를 짓겠다고 한다면 그것이 오히려 더 큰 일(통행 제한)로 비화될 그런 땅이었다. 더구나 시흥시의 무관심과 무신경 탓에 D 씨가 농지를 전용할(이미 이 지역에 대해 농지전용 협의가 끝난 상태라 그냥 신고만 하면 되는 일이다!) 타이밍을 놓친 것으로도 볼 여지가 충분했다. "처분하라"라는 말 전에 "전용하세요"라고 한마디만 했더라도 이처럼 황당한 일은 발생하지 않았을 것이기에 더욱 안타까웠다. 그러나 이런저런 논리를 떠나 농지 처분의 결과 농지를 산 사람이 농사는 짓지 않고 건물을 짓겠다고 신고하면 아무런 제한 없이 당장에라도 건물을 지을 수 있다는 사실이 나를 절망시켰다. 이런 상황이라면 기존의 농지 소유자에게 도대체 왜 "처분하라"라는 처분을 내려야 하는지 도무지 이해가 가지 않았기 때문이다.

참으로 길고 긴 의견 표명서를 작성했건만, 이번에도 여지없이 나의 의견은 묵살당했다. 농림수산식품부의 해석이 따라붙었고 법무법인의 의견도 첨부됐다. 법을 모르는 호민관에게 이만 한 무기가 없다고 생각했는지 그들은 온통 법과 규정으로 무장한 채 나를 옥죄려 들었다. 그럼에도 불구하고, "저 땅은 D 씨에게서 부친으로 이전된 후 대지로 전용될 것이고 그다음 다시 D 씨에게로 돌아갈 텐데 그사이 들어갈 세금(취득세 등) 1억은 누가 책임지는가? 그럴 거면 차라리 1억을 달라 해라"라는 나의 빈정거림에 대해서는 그 누구도 답을 내놓지 못했다.

농사짓지 않는 농지는 모조리 다 팔지어다!

「농지법」은 "농지를 효율적으로 이용하고 관리하여 농업인의 경영 안정과 농업 생산성 향상을 바탕으로 농업 경쟁력 강화와 국민경제의 균형 있는 발전 및 국토 환경 보전에 이바지하는 것을 목적으로" 농지의 소유·이용 및 보전 등에 필요한 사항을 정하고 있다. '자경'(자기의 농업경영에 이용하거나 이용할 자가 아니면 소유하지 못한다), '농지 소유 상한'(1만 제곱미터 이상 소유 금지) 등을 규정하고 있으며, '임대'를 원칙적으로 금지한다거나 '농업진흥지역'을 지정해 개발행위를 제한한다거나 또는 '농지전용'을 허가하는 제도 등을 두고 있다.

처음에는 '뭐 이런 법이 다 있어' 했는데, 찬찬히 들여다보니 꼭 그런 것만은 아니었다. 초법적 조치로만 이해됐던 자치단체장의 농지 처분 명령권이 나름 합목적성과 정당성을 갖고 있으며 이를 뒷받침하는 안전장치도 마련돼 있다는 사실을 발견한 것이다. 처분 의무 기간을 1년이나 주고 처분을 유예할 수 있는 경우를 폭넓게 인정할 뿐 아니라 농지전용도 가능하게 했다는 점 등이 모두 안전장치에 해당했다. 다시 말해, 농지를 처분해야 할 정도까지 가려면 법에서 정하고 있는 이중 삼중의 '대안'을 모조리 거부해야만 가능하다는 점에서 처분명령은 초법이 아닌 적법의 '구석'이 있었다. 언젠가 오르겠지 하는 생각으로 자연녹지지역에 있는 밭 200평을 산 사람이 하나 있는데, 농사는 아예 관심 대상이 아니어서 빈 땅으로 놀리고 있다가 농지 일제 조사에서 걸렸다고 한번 상상해보자. 우선 그에게는, 적발되자마자 '밭 갈고 씨만 뿌리면' 없던 일도 되는 길(1차 '대안')이 주어지고, 그만 약속한 날짜를 어겨 '처분 의무 기간'이라는 통보서를 받았다 하더라도 '1년 안에 농사만 다시 지으면' 또 벌을 면하는 방법(2차 '대안')도 주어진다. 이처럼 몇 번의 기회를 줬는데도 농사짓기를 거부해야만 비로소 처분명령에 처해지니 처분하라 했다고 무조건 억울함만 강변할 수 없다는 것이 나의 판단이다. 그런데 농사를 짓는 대신 농지보전부담금만 내고 집을 지을 수(3차 '대안') 있는 개발제한구역 해제 지역(특히 주거·상업·공업지역)과 달리 개발제한구역에서는 '농사 아니면 처분'밖에 없으니 적어도 이곳에서만큼은 「농지법」이 호랑이보다 더 무서운 법인 것은 분명하다. 개발제한구역이 아닌 도시지역에서는 막말로 농지에 농사를 짓지 않아도 '대안'이 많지만 개발이 제한되어 있는 곳에서는 설사 「농지법」이 허가했다손 치더라도 집을 짓거나 하는 개발행위를 아예 할 수 없으니 사실 이 모든 원죄는 개발제한구역으로 지정됐기 때문이지만 여하튼 처분명령을 내리는 것은 「농지법」이니 이놈의 법이 사람 잡는다 할 수밖에. 그래서 하는 말인데, 「농지법」에 '개발제한구역 내 위치한 농지에 대해서는 처분명령을 내릴 수 없게 하는' 조항을 넣으면 어떨까 싶다. 농지가 아닌 다른 용도로 사용했다가는 금방이라도 동급 최강 개발제한법의 단속망에 걸릴 테니 굳이 「농지법」을 어겼다고 처분하라고까지 할 필요가 있겠는가 해서다. 물론 농사를 아예 짓지 않은 경우에는 개발제한법으로도 단속이 어렵지만 솔직히 절대농지(지금은 농업진흥지역이라 불린다)가 아닌 바에야 농사를 짓지 않는 행위까지는 단속하지 말아야 한다고 생각한다. 하지 말라는 개발행위를 한 것도 아니고 품삯도 나오지 않는 농사일인데 말이다. 아무튼, 대안이 막힌 사람에게까지 농지라는 이유 하나만으로 땅을 팔라 명령하는 것은 아무리 생각해도 지나치다. 중복 규제의 창살은 당장에라도 걷어내야 하지 않겠는가.

▌「농지법」, '농지 처분명령' 관련
- 농지는 자기의 농업경영에 이용하거나 이용할 자가 아니면 소유하지 못한다. (제6조)
- 농지를 자연재해·농지개량·질병 등 대통령령으로 정하는 정당한 사유 없이 자기의 농업경영에 이용하지 아니하거나 이용하지 아니하게 되었다고

시장이 인정한 경우에는 그 사유가 발생한 날부터 1년 이내에 해당 농지를 처분하여야 한다. (제10조)

- 시장은 제10조에 따른 처분의무 기간에 처분 대상 농지를 처분하지 아니한 농지 소유자에게 6개월 이내에 그 농지를 처분할 것을 명할 수 있다." (제11조)

- 시장은 제10조에 따른 처분의무 기간에 처분 대상 농지를 처분하지 아니한 농지 소유자가 '해당 농지를 자기의 농업경영에 이용하는 경우'에는 처분의무 기간이 지난 날부터 3년간 제11조에 따른 처분명령을 직권으로 유예할 수 있다. (제12조)

- 시장은 제10조에 따른 '농업경영에 이용하지 아니하는 농지 등의 처분의무 발생의 통지'를 하려면 청문을 하여야 한다. (제55조)

- 시장은 제11조에 따라 처분명령을 받은 후 대통령령으로 정하는 정당한 사유 없이 지정기간까지 그 처분명령을 이행하지 아니한 자에게 해당 농지의 토지가액의 100분의 20에 해당하는 이행강제금을 부과하며, 최초로 처분명령을 한 날을 기준으로 하여 그 처분명령이 이행될 때까지 이행강제금을 매년 1회 부과·징수할 수 있다. (제62조)

- 1996년 1월 1일 당시 농지를 소유하고 있는 자에 대하여는 당해 농지 소유에 관하여 제6조·제10조·제11조·제23조 및 제62조를 적용하지 아니한다. (부칙 제4조)

벌금과 과태료 그리고 이행강제금

/

　　'벌금', '범칙금', '과징금', '이행강제금', '과태료', 솔직히 난 지금도 이들 사이의 차이를 잘 모른다. 그게 그것 같고 알겠다가도 금세 잊어버리기 일쑤다. 이 나이에 법을 꼭 그렇게 많이(?) 알 필요도 없으니 이들이 서로 비슷하든 말든 상관할 바도 아니지만, 자꾸 걸려 불편하다. 어떨 때는 꿈자리에 나타나기도 한다. 인생 말년(?)에 터진 자리(호민관) 복 탓에 평생 읽었던 법보다 더 많은 법을 보고 또 읽었기 때문이다. 이제는 답답해서라도 더는 안 되겠다. 그 차이를 좀 알아야겠다.

　　호민관이 돼서 가장 많이(자주) 읽은 법률을 하나 꼽으라면 단연코 개발제한법이다. 「개발제한구역의 지정 및 관리에 관한 특별조치법」, 스무 자에 이르는 이 슈퍼 울트라 초강력 법률만 보더라도 이행강제금(제30조의2), 징역 또는 벌금(제31조 및 제32조) 그리고 과태료(제34조)와 같은 온갖 벌칙 조항이 총망라되어 있다. 「건축법」도 예외는 아니어서 '이행강제금(제80조), 징역·금고·벌금(제106조~제111조), 과태료(제113조)' 순서로 벌칙을 규정하고 있다. 그리고 「농지법」(제57조)은 조금 독특한 방법으로 벌금을 규정하고 있는데, 일정 금액(1000만 원, 3000만 원 등) 대신 "해당 토지의 개별공시지가에 따른 토지가액에 해당하는 금액"처럼 토지가격 변화에 벌금 액수를 연동시키고 있다.

통상 법률은, 마지막 부분에 '벌칙'이라는 장을 별도로 두고 이른바 '톱다운(top-down)' 방식으로 강한 벌칙(징역 또는 벌금)에서 약한 벌칙 순으로 규정하고 있는데 벌칙 부분이 끝나면 '과태료'가 등장해 대미를 장식하는 경우가 많다. 내 보기에 그렇다는 말이다. 어디 통계가 있는 게 아니니 그러려니 하시라. 그런데 이해가 안 되는 게 하나 있다. 과태료든 벌금이든 그리고 이행강제금이든 법에서 '하지 말라'는 것을 했을 때 통상 부과되는 '제재'의 종류들일 텐데 벌금과 과태료는 한 묶음으로 규정하면서 어째 이행강제금은 항상 따로 노느냐 하는 것이다. 벌금은 형벌이지만 과태료나 이행강제금은 행정벌 성격이니까 묶으려면 과태료와 이행강제금을 함께 규정해야 할 텐데 말이다. 그래서 드는 생각이다. 벌칙들 사이에 정말 차이가 있기라도 한 거야?

너는 누구냐: 벌금의 모든 것

우리나라 법에서 정하고 있는 형벌(형)은 총 아홉 가지다. 그중 생명형인 사형과 자유형인 징역·금고·구류 그리고 자격형인 자격상실·자격정지 등 여섯 가지를 제하면 '일정 금액을 국가에 납부하게 하는 형벌'이라고 정의할 수 있는 재산형만 남는데, 벌금과 과료 그리고 몰수 등이 바로 그들이다. 그렇다면 이 아홉 가지 형벌 중에 시민들에게 가장 친숙한(?) 것은 무엇일까? 누가 묻는다면, 난 단연코 '벌금'이라 답할 것이다. 왠지 모르게 '벌'같이 느껴지지도 않고 꼭 잘못하지 않아도 재수 없으면 받을 수 있는 '무엇'으로 생각되기도 해서다. 아무튼 벌금이 제일 만만한 '벌'이라는 얘기인데, 사실은 이 '친숙한' 벌금도 과료보다는 더 '센' 형벌이다. 최소한 금액이 5만 원은 넘어야 벌금의 자리를 넘볼 수 있지, 그도 아니면 과료로 만족해야 한다. 그런데도 벌금에 대한 애정(?)을 거둘 수 없다면? 그건, 할 수 없는 일이다.

뭔 말인지……. 하지만 이것은 기억하자. '재산형에는 벌금·과료·몰수가 있으며 이 중 벌금이 가장 무거운 형벌이다'라고 말이다. 재산형인 벌금은 자유형과 비교했을 때 금고보다는 가볍고 구류보다는 무거운 형벌이다. 형법 규정에 의하면 그 금액은 원칙적으로 5만 원 이상으로 되어 있으며(형법 제45조), 벌금을 완납할 수 없는 자는 1일 이상 3년 이하의 기간 노역장에 유치된다(제69조 2항). 그런데 여기서 주목할 점은, 가난한 자들은 벌금형을 받아봤자 납부할 돈이 없어 결국 자유형을 택하게 된다는 사실이다. 오죽했으면 "몸으로 때운다"라는 말이 나왔겠는가. 물론 황제 노역은 여기서 제외다. 이것은 법 규정을 악용한 사례가 아닌가. 그리고 민원인을 만나다 보면, "시가 고발해서 벌금을 받아 빨간 줄이 처졌다"라는 얘기를 심심찮게 듣게 된다. 전과자가 됐다는 말인데, 이제껏 나는 그 말을 액면 그대로 믿었다. 전과자가 되면 호적에 빨간 줄이 그어진다는 말을 믿을 정도로 순진한(?) 사람은 아니지만, 벌금도 형벌인지라 '전과자가 되는 건 맞다'고 생각했던 것이다. 이 글을 쓰기 전까지도 말이다.

죄를 짓고 벌을 받아도 호적에는 빨간 줄이 그어지지는 않지만, 대신 수형인명부나 수형인명표 그리고 수사자료표 같은 서류에는 기록이 남는다고 한다. 이 중 수형인명부는 검찰청 등에서 관리하고 수형인명표는 수형인의 본적지 시청 등에서 관리하는데, '명부'나 '명표' 공히 자격정지 이상의 형(사형이나 징역, 금고, 자격상실, 자격정지)에만 적용되기 때문에 벌금형이나 구류, 과료, 몰수 등은 수형인명부와 수형인명표에 기재되지 않는다고 한다. 이렇게만 보면 벌금형은 명백히 전과 기록이 아닌 것이다. 그런데 경찰청에서 관리하는 수사자료표에는 벌금형을 받은 사실이 기재된다고 한다. 이러니 벌금을 내면 '빨간 줄이 쳐진다'고 보는 것도 100퍼센트 틀린 말은 아니다. 호적과 검찰 기록에는 남지 않지만 경찰 기록에는 남는 상황, 이래저래 벌금의 운명은 지랄이다.

한편 형을 받았다 하더라도 이후 일정 기간 죄를 저지르지 않으면 전과를 말소할 수 있는 방법이 법(「형의 실효 등에 관한 법률」 제7조 제1항)에 규정돼 있는데, 벌금의 경우는 2년이 경과한 때에 그 형이 자동으로 실효된다.

그래도 빨간 줄은 아니네: 범칙금, 경계에 서다

쓰레기 방치나 자연 훼손 그리고 도로 무단 횡단, 노상 방뇨, 담배꽁초 버리기 등과 같은 경미한 범죄를 행한 사람들에게 사형·징역·금고·자격정지 등과 같은 중벌을 부과하는 것은 누가 뭐라 해도 과하다. 그래서 현행 형법은 경범죄에 대한 제재 수단으로 앞에

나온 중벌의 적용을 배제하고 있다. 이럴 때 주로 쓰이는 벌칙이 바로 범칙금이다.

범칙금은 경찰서장이 법규 위반자에게 발부한다. 「도로교통법」은 별도 장을 마련(제14장, 범칙행위의 처리에 관한 특례)하면서까지 범칙금을 규정하고 있다. 만약 부과된 범칙금을 내지 않을 경우 경찰서는 사건 처리를 법원에 넘기고 이때는 즉결심판이 열리는데 판사가 사건의 내용을 파악해서 '범칙금'이 아닌 '벌금'을 부과하는 경우도 왕왕 있다. 전과라는 담장의 안쪽이 궁금해서 혹은 도무지 억울해 참을 수 없을 때 범칙금을 받은 사람들이 청구하는 것이 정식재판이다. 그러나 혹 떼려다 혹 붙인 경우처럼 재수가 없으면 담장 안쪽으로 추락해서 전과자(벌금형) 대열에 합류할 수도 있으니 득실을 찬찬히 따져보고 결행할 일이다. 정식재판 청구가 만병통치약은 아니라는 말이다.

부당이익 환수만이 목적이 아니다: 과징금의 진화

사전은 과징금을, "주로 경제법상의 의무를 위반한 자가 위반행위를 함으로 경제적 이익을 얻을 것이 예정되어 있을 경우에 위반행위로 인한 불법적인 경제적 이익을 박탈하고 오히려 경제적 불이익이 생기게 할 목적으로 부과하는 행정 제재금"이라 적고 있다. 통상 누군가가 법을 위반해서 부당이득을 얻었는데도 법률에서 정한 형벌이나 과태료만으로는 부당이득을 환수하기 어려울 경우 부과되는 행정상의 제재 수단으로 이해하면 될 듯싶다. 예를 하나 들어보자. 만약 법에서 금지하는 행위를 하면 이득은 10억 원인데 벌칙은 벌금 1000만 원에 불과하다면 사람들은 어떤 결정을 내릴까. 다는 아니겠지만 많은 사람이 범법의 유혹을 느끼지 않을까 싶다. 이처럼 부당이득과 형벌의 불균형이라는 문제를 해결하기 위해 고안된(?) 제재 수단이 바로 과징금인 것이다. 그런데 과징금은 벌금이나 과태료와 달리 특정 법률에만 존재한다. '공정거래법(「독점규제 및 공정거래에 관한 법률」)'이 대표적이다. 공정거래법에는 시장독점 등을 사전에 방지하는 조항이 들어 있는데, 만약 과징금 규정이 없다면 굴지의 대기업들이 담합 등을 통해 수백억 수천억 원대의 부당이득을 갖더라도 이를 제재할 방법이 없을 것이다. 이처럼 과징금은 행정법상 의무 이행 확보 수단으로서의 '행정 제재적 요소'와 '부당이득 환수적 요소'를 동시에 지니고 있어 형벌과는 본질적으로 다른 성질을 갖고 있다 하겠다.

그러나 최근 들어와서 과징금 부과 형태가 바뀌고 있다. 부당이득금 환수라는 전통적 목적에서 점차 행정처분(영업정지 등)을 대체하는 금전적 수단으로 변하고 있다는 얘기다. 「식품위생법」(제82조 및 제83조)과 「부동산 실권리자명의 등기에 관한 법률」(부동산실명법, 제5조) 등이 대표적 예다. 영업정지와 같은 행정처분은 자칫 사업자에게 치명상을 남길 수 있다는 점에서 과징금의 적극적 도입(부과)은 평가할 만한(법을 제정한 자들이 그런 생각을 가졌는지까지는 잘 모르겠고, 순전히 내 생각으로!) 일이다. 과징금 부과야말로 죄와 벌의 균형 그리고 계도 목적 달성이라는 두 마리 토끼를 잡을 수 있는 최선책이 아닌가 싶다.

차라리 벌금을 물려라: 억 소리 나는 이행강제금

이행강제금은 행정상 강제집행의 수단으로서 집행벌의 성격을 갖고 있다. 사전에는 이행강제금을 "비대체적 작위의무('해야 할 의무', 예방접종 의무와 같이 타인이 대체할 수 없는 의무) 또는 부작위의무('하지 말아야 할 의무', '허가 없이는 건축을 해서는 아니 된다'와 같은 일정한 행위를 하지 아니할 의무)를 이행치 아니하는 경우에 그 의무자에게 심리적 압박을 가하여 의무의 이행을 간접적으로 강제하기 위하여 과하는 금전적 부담 또는 강제금"이라 적고 있다.

이행강제금 하면 뭐니 뭐니 해도 「건축법」이다. 부과 대상도 광범위할 뿐 아니라 부과 금액 또한 만만치 않아서다. 「건축법」에 따르면 신고나 허가 없이 건폐율 등을 위반할 경우 위반 면적 시가표준액의 50퍼센트가 부과된다. 시가표준액을 평당 500만 원으로 가정할 경우 열 평만 위반해도 이행강제금은 금세 2500만 원이 된다. 그것도 1년에 2회까지 부과할 수 있으니 이론적으로는 원상회복되는 순간까지 매년 5000만 원을 낼 수도 있다. 정말이지 억 소리 나는 이행강제금이라 하지 않을 수 없다.

「농지법」은 한술 더 뜬다. 부과 횟수는 「건축법」과 달리 1년 1회에 불과하지만 제재의 강도는 상상을 초월한다. 농사를 지을 목적으로 농지를 산 사람이 정당한 이유 없이 농사를 짓지 않거나 남에게 빌려준 경우가 이에 해당하는데, 처분명령을 이행하지 않을 경우 당해 농지 공시지가의 20퍼센트에 해당하는 이행강제금이 매년 반복 부과된다. 결국 5년만 지나면 농지 가격의 전부를 이행강제금으로 토해내는 꼴이니 실로 엄청난 벌칙이 아닌가 말이다.

또한 이행강제금 하면 빼놓을 수 없는 법이 개발제한법이다. '최고 1억, 연 2회'라는 부과 조건도 조건이지만, 개발제한구역이 많은 지역의 특성으로 인해 오히려 이곳에서는 「건축법」보다 이행강제금 부과 사례가 더 많다. 그리고 개발제한법 위반으로 단속을 당했다며 고충을 하소연하는 대부분의 민원인은 하나같이 과도한(?) 이행강제금 규모를 지적한다. 1000만 원을 넘기는 경우는 예사고 5000만 원이라는 거금을 이행강제금으로 부과받았다는 사람들도 심심치 않게 볼 수 있다. 사실 이행강제금은 과징금과 비슷한 성격이 있어 불법으로 인한 부당이득을 환수하는 장치라고도 볼 수 있는데, 이런 관점에서 본다면 불법으로 얻는 이익보다 이행강제금이 여전히 작기 때문에 불법이 계속되는 게 아닌가 하는 생각도 든다. 아니고서야 공장 임대해서 얼마나 번다고 수천만 원씩 이행강제금을 내고도 불법을 계속할 생각을 하느냐 말이다. 그러나 말이 그렇다는 것이지 무작정 이행강제금을 더 올리자는 주장은 아니다. 그러려면 더 따져야 할 게 많다.

이행강제금은 부과 전 지켜야 할 몇 가지 조건이 있는데, ① 시정명령의 이행에 필요한 상당한 이행 기한을 정하여 그 기한까지 시정명령을 이행하지 아니할 것과 ② 부과·징수한다는 뜻을 미리 '문서로써 계고'하여야 할 것 그리고 ③ 금액, 부과 사유, 납부기한, 수납기관, 이의제기 방법 및 이의제기 기관 등을 구체적으로 문서로 밝힐 것 등이 그것이다. 한편, 통상 시정명령을 받은 자가 이를 이행하면 새로운 이행강제금의 부과를 즉시 중지하되 이미 부과된 이행강제금은 징수하도록 하는 것도 중요한 기준들이다.

제일 약한 벌?: 과태료

과태료는 법령위반에 대하여 부과되는 금전적 벌칙임이 분명하지만 벌금이나 과료와 다르게 형벌의 성질은 갖고 있지 않기 때문에 행정처분 정도로 이해하는 것이 편할 듯하다. 그러나 법률 교과서는 과태료를 각각의 성질에 따라 질서벌로서의 과태료와 징계벌로서의 과태료 그리고 집행벌로서의 과태료 등으로 나누는데, 질서벌은 '형식적인 의무위반자에 대한 제재로서 부과되는 것'이고, 징계벌은 '일정한 직업을 가진 사람(변호사 등)이 직무상의 의무에 위반하였을 경우에 부과되는 것'으로서 그 직업을 감독하는 관청이 부과하는 것이 통례다. 또한 집행벌은 '행정상의 의무이행을 게을리한 사람에게 그 의무의 이행을 강제하기 위하여 과하는 것'이나 현행법상 그 예는 거의 없다고 한다. 이 경우는 이행강제금과 같은 성격이라 할 수 있는데 그런 예가 없다니, 다행(?)이다. 과태료와 이행강제금을 혼동하지는 않을 것 같아서다. 한편 과태료는 형벌이 아니므로 그 부과 절차는 「형사소송법」에 의하지 않고 각 법률에 특별한 규정이 없는 한 「비송사건절차법」의 규정에 따르고, 「지방자치법」은 조례에 의한 과태료의 경우 당해 지방자치단체의 장이 부과하고 체납처분의 예에 따라서 징수하도록 하고 있다.

그런데 말이다. 질서벌도 좋고 징계벌도 좋은데, 과태료와 이행강제금의 차이는 솔직히 잘 모르겠다. 형벌이 아니라고 했으니 벌금과의 차이는 분명히 알겠는데, 어떨 때 과태료를 부과하고 또 어떤 경우에 이행강제금이 부과되는지 아리송하다는 말이다. 그래서 이렇게 이해하기로 했다. 과태료는 형벌이 아닌 것 중에 '제일 약한(부과 금액이 제일 작은) 벌이다'라고.

제5부

시민 vs. 시민

고물상을 단속하라

/

"주택가 한가운데서 고물상이 영업 중이다. 악취와 소음 그리고 분진 때문에 살 수가 없다. 고물상과 담을 두고 있는 집 중에는 세가 나가지 않아 비어 있는 곳도 있다. 법에는 고물상은 주거지역에 위치할 수 없도록 되어 있다. 민원을 내도 달라지는 게 없다. 더는 참을 수 없으니 시가 책임지고 해결하라."

주택가에 웬 고물상?

6월 하순의 한낮은 인내심을 시험하기에 부족함이 없었다. '잠깐인데 뭘' 하며 차에서 내렸던 좀 전의 결단(?)이 금세 후회로 바뀔 정도로 무더위가 대단했다. 주위의 시선만 아니면 당장에라도 에어컨 빵빵한 자동차 속으로 다시 들어가고 싶을 정도였다. 연신 땀을 훔쳐내고 있는데 어디선가 고린내 비슷한 악취가 났다. 썩은 냄새 같기도 하고, 아무튼 불쾌한 냄새의 진원지를 찾아 한참을 두리번거린 끝에 30여 미터쯤 떨어진 곳에서 고물상 하나를 발견했다. 교행으로 지나갈 정도의 좁은 골목길을 사이에 두고 연립주택들이 즐비하고, 그 사이사이로 구멍가게와 떡집 그리고 분식집이 자리하고 있는 전형적인 주택가에 미운 오리 새끼처럼 고물상이 떡하니 자리 잡고 있었다. 고물상 입구에 들어섰지만 찌푸려진 눈살은 좀체 펴지지 않았다.

주인은 보이지 않았다. 방문을 통보했는데도 자리에 없는 걸 보니 부러 피했나 보다 싶었다. 다행히도 동행한 주민센터(동사무소?) 공무원이 저간의 상황을 자세하게 설명해주었다. 전말은 이랬다.

"이 집 주인은 여기서 1킬로미터쯤 떨어진 곳에서 과거에도 고물상을 했던 사람입니다. 그때도 온갖 민원을 유발해서 거의 1년을 씨름한 끝에 고물상을 폐쇄했는데, 얼마 전 이곳에 다시 고물상을 열었습니다. 저 사람은 거의 '배 째라' 수준이라 앞으로 또 얼마나 애를 먹일지 솔직히 걱정입니다." 공무원도 불법이라는 사실을 잘 알고 있는 듯해, "그냥 단속하면 되는 거 아니에요?"라고 물었다. "글쎄 말입니다. 저도 같은 생각인데요, 담당 부서 말로는 단속 규정이 좀 애매하다고 합니다. 청소과는 오염 기준만 맞추면 단속할 수 없다고 하고, 건축과는 위법 사항이 있으면 이행강제금이나 벌금을 물릴 뿐이지 이전하라고까지는 못한다고 그러더라고요." 듣던 대로였다. 이미 핑퐁이 시작된 것처럼 보였다. 하기야 단속 권한은 본청 주무 과(課)에 있으니 민원인에게 욕을 들어도 주민센터가 달리 어떻게 하겠는가. 결국, 청소과 아니면 건축과가 책임져야 할 문제로 보였다.

정말로 방법이 없는 겨?

고물상은 1961년에 만들어져 1993년에 폐지된 「고물영업법」에서 나온 말이다. 이 법에 따르면 '고물'은 오래된 물건이고, '고물상'은 이를 사고파는 사람이다. 그리고 고물상을 하려면 경찰서장의 허가도 받아야 한다. 그러나 이처럼 '오래된 물건을 사고파는 사람'

의 의미로 불리던 고물상은 잠시 '쓰레기 따위를 수집하는 사람'으로의 추락(?)을 경험한 끝에 지금은 '폐기물 수집 업체'라는 그럴싸한(?) 이름으로 신분 상승을 이뤘다. 고물상을 규정하고 있는 「건축법」(시행령 별표 1)이 '분뇨 및 쓰레기 시설'에서 '자원순환 관련 시설'로 용어를 변경한 것만 보더라도 이러한 변화를 짐작할 수 있다. 고물상이라는 실체는 과거나 지금이나 똑같은데도 그 이름만이 시대에 따라 다르게 불리는 형국이라고나 할까. 아무튼 자신을 규정했던 법(「고물영업법」)은 사라졌는데 새로운 법(「폐기물관리법」)은 더는 고물상을 고물상이라 부르지 않는다. 그나마 「건축법」에 명맥을 유지하고 있으니 이를 다행이라고 해야 하는지는 모르겠지만 말이다.

여하튼, 이제부터 고물상의 모법은 「폐기물관리법」이다. 고물상을 하려거든 「폐기물관리법」을 따라야 한다. 그런데 「폐기물관리법」이 고물상에게 면죄부(?)를 부여했다. 물론 모든 고물상에게 이런 은전을 베푼 것은 아니지만 상대적으로 작은 규모의 고물상은 더는 허가나 신고 따위를 받지 않아도 사업을 할 수 있는 '혜택'을 얻게 됐다. 「폐기물관리법」 제46조에 따르면, '2000제곱미터 미만 규모'의 영업장은 신고 없이도 폐지, 고철, 폐포장재 등과 같은 폐기물을 처리할 수 있게 된 것이다. 따라서 앞의 영세한 고물상(폐기물 수집 업체)은 "보관 장소에서 악취가 나거나, 쥐·모기·파리 등 해충이 생겨" 시장으로부터 시정명령 등을 받았다 하더라도 필요한 조치를 취하지 않을 경우 "폐기물 처리 방법 변경, 폐기물의 처리 또는 반입 정지 등"과 같은 조치를 받거나 "2년 이하의 징역이나 2000만 원 이하의 벌금"을 받으면 그뿐이지 그 누구도 고물상을 옮기라 마라까지는 명령할 수 없게 됐다. 물론 이것은 어디까지나 「폐기물관리법」이 그렇다는 얘기지 다른 법률도 고물상에게 '이전'을 명령할 수 없다는 뜻은 아니다. 그런데 현실은, 다들 난감하다는 표정만 짓고 있을 뿐이다.

그럼, 「건축법」도 아니고 「폐기물관리법」은 더더욱 아니라면 도대체 어디서 규제(이전)의 근거를 찾는단 말인가. 답답할 노릇이었다. 그런데 그 공무원은 무슨 근거로 주택가에 고물상을 설치할 수 없다고 한 거지? 갈수록 미궁으로 빠져들었다. 급기야는 그 공무원조차 법률 규정은 잘 모르겠다고 하는 상황이 벌어졌다. 진짜로 진로가 막혀버렸다.

모르면 돌아가라는 말이 있듯이, 건축이나 도시계획 관련된 문제가 생길 때면 항상 「국토의 계획 및 이용에 관한 법률」을 들여다보는 습관이 있다. 도시 정책의 기본법처럼 도시와 관련된 기본 내용들이 잘 정리되어 있어 간혹 예상치 않은 선물을 안겨주기 때문이다. 바로 그 법(국토법이라 부르자!)이 비밀을 숨기고 있었다. 국토법 제36조는 시장으로 하여금 "도시지역에서 거주의 안녕과 건전한 생활환경의 보호를 위하여" 필요한 지역을 '주거지역'으로 지정할 수 있도록 했는데(주거지역은 다시 전용주거지역, 일반주거지역, 준주거지역 등으로 세분화되고, 일반주거지역 중 "저층주택을 중심으로 편리한 주거환경을 조성하기 위하여 필요한 지역"을 다시 제1종 일반주거지역으로 분류한다), 이러한 분류 기준에 의할 경우 민원인들이 거주하고 있는(고물상 위치) 지역은 '제1종 일반주거지역'에 해당했다. 바로 여기에 비밀이 숨겨져 있던 것이다. 제1종 일반주거지역 말이다. 국토법 제76조와 시행령 제71조는 "제1종 일반주거지역 안에서는 고물상을 설치할 수 없도록" 규정하고 있다. 따라서 고물상을 제1종 일반주거지역 내에 설치하는 것은 국토법 제76조 위반이 되기 때문에 같은 법 제133조에 의거 시는 하시라도 "공작물 등의 이전, 그 밖의 필요한 처분을 하거나 조치를 명할 수 있으며" 이를 어길 경우 "2년 이하의 징역 또는 2000만 원 이하의 벌금"에 처할 수 있는 것이다. 그러나 이와 같은 명약관화한 단속의 근거를 찾아냈음에도 해결의 전망은 불투명해 보였다. 누구에게 방울을 달 것인가가 여전히 숙제였기 때문이다.

고양이 목에 방울 달기

모두 발을 빼려는 눈치가 역력했다. 특히 청소과는 「폐기물관리법」만 연신 부르짖으며 신고 대상이 아닌데 옮기라 마라 할 수는 없지 않으냐는 말만 되풀이했다. 게다가 환경오염을 지속적으로 모니터링하겠다는 데야 달리 반박할 논거가 부족했다. 일단 권고 대상에서 제외했다. 난색을 표하기는 건축과도 마찬가지였다. 「건축법」상 불법 행위가 없다는 설명과 함께 무게를 재는 계근대 설치도 가능하고 물건의 적치도 문제가 없다는데, 이 또한 도리가 없었다. 여기도 대상에서 제외할 수밖에. 차 떼고 포 떼니 도시정책과만 남았다. 국토법이라는 든든한 우군도 확보했으니 방울 달기에는 최적으로 보였다. 그러나 이곳의 저항도 만만하지 않았다. 예의 그 '고물상' 논리를 펼치면서 말이다. "고물상이라는 용어는 「고물영업법」과 함께 사라졌습니다. 그런데도 「건축법」 시행령은 자원순환시설의 하나로서 여전히 고물상을 기록하고 있습니다. 따라서 국토법에 따라 고물상이 제1종 일반주거지역에 위치할 수 없다는 사실은 분명히 맞지만, 폐지 등을 수집하는 시설이 곧 고물상이라는 규정이 없는 한 지금의 시설을 이전하라 요구하기에는 문제가 있습니다."

'고물상이 고물상이라는' 규정이 없어 국토법 적용을 할 수 없다는 얘기였다. 환장할 일이었다. "아무리 민원을 넣어도 소용이 없다"라는 시민들의 불만이 이해가 됐다. 호민관한테도 저러니 시민들이야 오죽하겠는가도 싶었다. 그러나 기분이 나쁜 것은 나쁜 것이고 논리는 논리로 맞서야 하지 않겠는가. 다시금 전열을 가다듬었다. 그렇다고 물러날 내가 아니었다. "주거지역 내 고물상 설치는 명백히 법률 위반입니다. 국토법에 따르면 제1종 일반주거지역에는 고물상을 설치할 수 없습니다. 그러나 시는 다수인 민원에 대한 지난 회신에서, '계근대 설치 및 물건 적치가 가능하다'고만 답변할 뿐 '고물상의 주거지역 내 설치 가능 여부'에 대해서는 의견을 제시하지 않았습니다. 또한, 최근 인터넷 민원 답변을 통해서는 '고물상이라는 용어가 폐지됐기 때문에 고물상을 특정할 수 없어(법령체계 미비) 국토법에 따른 처분 규정 적용에 무리가 있다'고 주장하기도 했습니다. 그러나 이는, 동일한 민원에 대해 '행정처분이 가능하다'고 한 국토부의 유권해석과 '고발 조치 및 이행강제금 부과 등 강력한 행정처분에 나서겠다'고 한 타 지자체 사례 등과 배치됩니다. 그뿐만 아니라 「폐기물관리법」 위반(보관 의무 위반)에 따른 단속도 가능하다는 것이 호민관의 판단입니다. '악취와 해충으로 인한 주거 환경의 악화'가 분명해 보이기 때문입니다. 이는 민원 해소의 출발점으로서뿐 아니라 민원의 확장을 차단한다는 차원에서도 매우 중요합니다. 그러나 고물상을 둘러싼 현실적 여건을 무시할 수는 없습니다. 주거지역에 위치한 고물상의 수도 엄청나고 고물상이 없어질 경우 다수의 노인 수집상의 생계가 위협받는 등 여러 부작용도 예상되기 때문에 고물상 이전은 만만한 문제가 아닙니다. 따라서 주거지역에 위치한 모든 고물상을 대상으로 그 이전을 추진하는 것보다는, 지속적인 계도를 통해 우선 환경오염을 줄여 이전 요구를 차단하는 데에 행정 역량을 집중하되 계도를 따르지 않는 고물상에 대해서는 물리적 강제력(이행강제금 부과 및 고발 조치)을 동원하는 이른바 '선별적 대응 전략'이 필요해 보입니다. 그럼에도 불구하고, '주거권 보호'는 최우선적 과제여야 합니다. 호민관은 시민의 권익을 보호합니다. 다수 시민의 '쾌적한 곳에서 살 권리'와 고물상의 '영업권' 모두 보호의 대상입니다. 그러나 시민들의 '주거권'을 희생해가면서까지 '영업권'을 보호할 수는 없습니다. '주거권을 최우선적으로 보호하되 부작용은 다른 정책으로 줄인다'는 원칙 아래 정책의 내용과 시점을 미시 조정할 필요가 있어 보입니다. 본 민원 대상인 ○○동 소재 고물상은 국토법에서 금지하고 있는 '입지' 때문만이 아니라 주변 환경을 오염(악취 및 해충 발생)시키기 때문에라도 적법한 장소로 이전돼야 할 것입니다. 더구나 동 고물상 주인은 인근에서 오랜 시간 불법적으로 고물상을 영위하면서 이를 단속하는 과정에서 시의 행정력 낭비를 초래했던 장본인이기도 합니다. 아직까지도 (전)고물상과 관련한 불법이 해소되지 않았다는 것이 ○○동 담당 공무원의 전언입니다. 본 건 '주거지역 내 고물상 설치'의 고의성을 의심할 수밖에 없게 만드는 대목입니다. 이른바 '정상참작'을 적용할 수 없는 이유이기도 합니다. 따라서 국토법 관련 조항에 의거하여 ① 고물상에게 적법한 곳으로의 이전을 명령하고, ② 정해진 기간 내에 이전하지 않을 경우 '고발 조치 및 이행강제금 부과'와 같은 행정처분을 조치할 것을 주문합니다. 아울러 도시정책과를 중심으로 청소행정과, 건축과, 환경 정책과 등이 참여하는 가칭 '고물상 통합 단속반'을 만들고 단속과 관련한 법 규정을 동시에 적용하는 등 민원 해소의 실효성을 높이는 방안도 함께 마련할 것을 주문합니다."

사실 나의 고민은 딴 데 있었다. 권고문에서도 밝혔지만 폐지 줍는 노인들의 피해를 어떻게 줄일 것인가가 오히려 더 큰 문제였다. 고민이 깊어질수록 해법은 더 보이지 않았다. 아무리 뭐라 해도 고물상이 노인들의 생계를 책임지고(부분이든 전부든) 있는 것만은 분명했으니, 고물상의 폐쇄가 가져올 노인들의 빈곤을 해결할 방도가 없는 한 고물상 이전을 그냥 밀어붙일 수는 없었다. 그렇다고 매일 악취와 분진 속에 살고 있는 시민들의 현실적 고통을 모른 척할 수도 없는 노릇이었다. 진퇴양난의 상황이 바로 이런 것이리라. 그러나 나는 결국 원칙을 선택했다. 폐지 노인의 문제는 시가 풀어야 할 숙제로 남기고 당장의 고충을 해결하는 데에 집중하기로 한 것이다. 그런 고민들을 담아 작성한 것이 앞의 권고문이다. 권고문 작성에 들인 나의 노고를 인정한 것인지 아니면 나의 고민을 이해해서인지는 모르겠지만 결코 바뀔 것 같지 않던 주무 부서의 입장이 극적으로 선회했다. "민원 대상지에 대한 구체적인 사실관계 등을 확인하여 시정명령 등 관련 법령에 따라 행정처분을 진행할 것이며, 앞으로도 고물상에 대해서는 관련 부서와 협력하여 적극적으로 민원 해소에 나서겠다"라는 취지의 답변이 전달된 것이다. 민원인들의 말을 빌리자면, 실로 6개월 만에 이루어진 쾌거(?)였다. 비로소 오랜 싸움의 끝이 보이기 시작했다.

▌ 고물상 관련

- 제1종 일반주거지역 안에서는 '「건축법」 시행령' 별표1 제22호 나목에서 규정하고 있는 고물상은 위치할 수 없다. (국토법 제76조 제1항 및 동법시행령 제71조 제3호 및 별표4)
- '2000제곱미터 미만 규모의 영업장에서 폐기물(폐지, 고철, 폐포장재 등)을 처리하는 자'는 신고 없이도 사업이 가능하다. (「폐기물관리법」 제46조 및 동법 시행규칙 제66조)
- "폐기물을 처리하려는 자는 보관 장소에서 악취가 나거나, 쥐·모기·파리 등 해충이 생기지 아니하도록 필요한 조치를 취해야 하며", 만약 위 기준과 방법대로 처리되지 않을 경우 당해 지자체장은 '폐기물을 처리한 자'를 상대로 '기간을 정하여' '폐기물 처리방법 변경, 폐기물의 처리 또는 반입 정지 등'과 같은 필요한 조치를 명할 수 있다. (동법 제13조 및 시행령 제7조, 시행규칙 제14조와 별표 5)
- 위와 같은 시장의 명령을 이행하지 않았을 경우 2년 이하의 징역이나 2000만 원 이하의 벌금에 처하거나 1000만 원 이하의 과태료를 부과할 수 있다. (동법 제66조 및 68조)

고충의 충돌, 누구 말이 진실인가

/

"공인중개사의 속임수에 넘어가 문제가 있는 집을 샀다. 공인중개사에 대한 감독권을 갖고 있는 시가 나서서 불량한 공인중개사를 처벌해달라 요구했지만 시는 묵묵부답이다. 이를 해결해달라." "공인중개사가 측량까지 할 수는 없는 일 아닌가. 그런데도 시는 공인중개사의 업무 위반으로 판단해 영업정지 처분을 내렸다. 부당하니 구제해달라." 극명하게 갈린 두 주장 속에서 호민관의 고민은 깊어만 간다.

　　　　　　　　　　중절모가 멋진 노신사가 부인을 대동하고 호민관을 찾았다. 시종일관 차분한 어조로 설명하는 폼이 여느 시골 노인들과는 노는(?) 물이 달라 보였다. 게다가 그가 말하는 억울함이라는 것도 일반 시민들의 그것과 달랐다. 허가를 받지 못했거나 부당한 처분을 당한 게 아니라 시의 소극적 처분에 대한 불만이었는데, 그것도 "누군가를 징계하라"라는 다소 이례적(?)인 요구였다. 그의 주장은 이랬다. "4층짜리 건물을 하나 샀는데, 알고 보니 불법 건물이었습니다. 용적률을 위반해 단속을 받을 경우 자칫 큰 손해를 입을 수도 있겠다 싶어 매매계약을 해제했는데 건물 주인이 계약금을 돌려줄 수 없다며 계약 파기의 잘못을 저에게 돌리지 뭡니까. 하는 수 없어 민사소송을 제기했습니다. 아직 재판 중입니다. 그런데 집주인보다 더 나쁜 사람이 집을 중개한 공인중개사입니다. 불법을 알고도 중개를 한 그 행태가 너무 괘씸해 시에 공인중개사를 처벌해달라는 진정민원을 냈는데, 한 달이 지나도록 아무런 답변이 없습니다. 행정이 이래도 되는 겁니까." 그가 스스로 밝힌 호민관을 찾은 이유였다.

공인중개사의 불법을 특정하기에는 법률(「공인중개사법」) 규정이 애매했고 누구를 징계하라는 얘기니만큼 전후 맥락을 세심하게 살펴야 억울한 피해자를 만들지 않을 것 같기도 해서 최대한 조심에 조심을 다해 사건을 조사하기 시작했는데, 예기치 않은 일이 벌어졌다. 이번에는 공인중개사들(매수인과 매도인 양측 중개인)이 호민관 문을 두드린 것이다. 그들의 주장은 정반대였다. "우리는 법에서 정한 대로 성실, 정확하게 중개 업무에 임한 죄밖에 없습니다. 그런데 자신의 손해(계약금을 떼이는)를 만회하기 위한 목적으로 특정 민원인이 일방적으로 제기한 거짓 주장을 받아들여 시가 업무정지 3개월이라는 중징계를 내렸습니다. 저희로서는 행정처분의 사유를 인정할 수가 없습니다."

솔로몬의 지혜

한쪽을 편들면 다른 한쪽이 그 결과에 영향을 받는 상황이 연출됐다. 노신사 말대로 공인중개사들을 징계하라고 시에 요구한다면(이미 예고장이 나갔다!) 공인중개사들은 당장 생계를 잃는다. 그러나 반대로 공인중개사들이 억울한 것 같다고 얘기하면 노신사의 분노는 그야말로 하늘을 찌를 것이다. 그렇게 되면 나를 한통속으로 몰지도 모를 일이다. 직진 아니면 후진, 우회로는 없어 보였다. 솔로몬의 지혜가 필요한 시점에 묘책이 떠올랐다. 양쪽 모두의 주장을 모두 인용하지 않고 조사를 종결하는 방안이었다. 더구나 분쟁의 뿌리랄 수 있는 매매계약 파기의 정당성에 대해 이미 재판이 진행 중에 있고 쟁점이 된 「공인중개사법」 조항 역시 해석의 여지가 많아 굳이 내가 나서서 논쟁거리를 보탤 이유도 없어 보였기 때문이다. 다음은 내가 밝힌 조사 제외의 사유다. 지금 읽어도 절묘하다.

"민원인은 매매계약 해제와 관련하여 현재 매도인과 법정 소송 중에 있습니다. 따라서 공인중개사의 불법행위가 동 해제를 야기했다고 주장하는 민원인 입장에서는 공인중개사 관할 관청인 시의 행정처분 결과가 매우 중요하다 할 것입니다. 이런 관점에서 볼 때 행정처분의 적법성을 떠나 시의 소극적 처분으로 피해를 입었다는 민원인의 주장 자체는 일리가 있어 보입니다. 그러나 민원인의 고충민원 신청 이후, 위 공인중개사들도 시의 행정처분이 잘못됐다며 호민관에게 고충민원을 신청해 왔습니다. 이 또한 조례에서 정하고 있는 고충민원 신청 요건을 모두 갖추고 있어 이를 반려할 수도 없는 상황입니다. 동일한 행정처분에 대해 상반된 주장이 제기된 것입니다. 호민관의 의견에 따라서는 일방의 권익이 침해될 수도 있는 상황이 발생했습니다. 더구나 행정처분을 결정함에 있어 시가 적용한 이른바 「공인중개사법」의 규정은 그 해석에 있어 다툼의 여지도 있어 보입니다. 따라서 민원인께서 제출하신 고충민원은 '시민호민관 운영에 관한 조례' 제14조 2항 5호에 의거 '조사 제외' 할 수밖에 없다는 판단에 도달했습니다. 행정심판과 같은 다른 법적 구제 절차를 이용하시기를 권합니다. 이 점 넓은 이해를 부탁드립니다."

민원은 계속된다

노신사가 시청을 거의 매일 방문한다는 사실을 안 것은 그와의 첫 만남 이후 제법 시간이 흐른 뒤였다. 우연히 민원실 공무원과 논쟁을 하고 있는 노신사를 발견했던 것인데, 무슨 얘기를 그렇게 심각하게 나누는지 끼어들기가 겁이 날 정도였다. 그렇잖아도 나에 대한 감정이 좋지 않을 텐데 하는 생각이 들어 먼발치서 그냥 지켜보기로 했다. 김 주사 얼굴이 붉으락푸르락 해지는가 싶더니 이내 또 평온한 얼굴로 바뀌고 뭔가 격렬하게 논쟁을 하는 것처럼 보이다가 또 언제 그랬느냐는 듯이 한동안 침묵이 이어지기도 했다. 사무실로 돌아가 일을 보고 다시 왔는데도 두 사람의 대화는 계속되고 있었다. "족히 두어 시간은 지났을 텐데 아직까지 저러고 있다니, 김 주사 오늘 일 다 했네." 혼잣말이 절로 나왔다.

시쳇말로 끝난 게 끝난 것이 아니었다. 노신사는 집요했다. 철천지원수가 이보다 더할까. 그는 끊임없이 공인중개사를 공격했다. 민원의 단초가 됐던 '중개 대상물에 대한 확인, 설명 의무 위반' 시비가 무위로(시의 고발 그리고 검찰의 무혐의 결정, 시의 행정심판 패소) 그치자 그는 다시 공인중개사들의 불법 영업 행태를 고발하기 시작했다. 어디서 구했는지 자신의 경우와 비슷한 사례를 수집하여 이를 제보하기도 하고 불법 중개보조원을 두고 있으니 현장 조사를 나가라고 요구하기도 했다. 그런 와중에 선의의(?) 피해자가 속출했는데 그 공인중개사와 거래했던 건물주들이 대거 불법 건축물 소유자라는 죄명으로 수백만 원에 이르는 과태료와 이행강제금 등을 부과받는 일이 벌어졌다. 신고했는데 왜 현장에 나

가보지 않느냐, 조사 결과는 언제 나오느냐, 처벌 수위가 왜 그렇게 약하냐 등등 노신사가 시를 상대로 제기한 민원은 그 수를 헤아리기 힘들 정도였다. 아무리 생각해도 노신사의 행동은 나로 인해 기인한 것만 같아 그런 얘기를 들을 때마다 미안하고 또 후회되고 그랬던 것인데, 도대체 얼마나 분했으면 '너 죽어봐라' 식의 대응을 지속하는 것일까 솔직히 궁금하기도 했다. 내가 모르는 숨겨진 얘기가 있는 게 아닐까? 공인중개사들이 나쁜 사람이고 노신사가 정말로 억울한 일을 당한 것이라면? 갑자기 지난 결정이 걱정되기 시작했다.

그런 일이 있고 또 몇 달이 지났을까, 노신사를 대리했던 공인중개사가 나를 다시 찾았다. 이미 인용하지 않겠다고 한 사안을 다시 가져온 줄 알고 좀 짜증 섞인 목소리로 그를 맞이했다. "또 그 문제입니까? 제가 맡을 수 없다고 이미 밝힌 것 같은데요." 조기에 논쟁을 끝낼 요량으로 말문을 막으셨던 것인데, 잠시 눈시울을 붉히는가 싶더니 그가 이내 저간의 얘기를 풀어놓는다. "영업정지 3개월 처분을 받고 행정심판을 청구했던 얘기는 들으셨을 겁니다. 다행히도 얼마 전에 '시는 행정처분을 취소하라'는 결정을 받아냈습니다. 같은 사안으로 사법 당국에 고발까지 당했었는데요, 그것도 무혐의 처분을 받았습니다." 이미 알고 있는 내용인지라 축하한다는 인사만 간단하게 건넸던 것인데, 나의 인사가 계면쩍을 정도로 참으로 무심하게 그는 하던 얘기를 이어갈 뿐이었다. 지쳐 보였다. "그런데 갑자기 시 공무원들이 제 사무실에 들이닥쳤습니다. 이런저런 과거 중개 서류들을 가져갔는데 나중에 알고 보니 제 고객 상당수가 과태료나 이행강제금을 받았다는 겁니다. 불법적으로 건물을 증축했다는 이유로 말입니다." 이것도 들어서 알고 있던 내용이었다. 듣고는 있었지만 시선이 다른 곳을 향하는 것만은 어쩔 수 없었다. 그냥 넋두리로만 보였기 때문에 들어줄 뿐 달리 할 일이 없다고 이미 판단을 내린 상태였다. 그랬던 것인데…….

"최근에는 중개보조원을 신고하지 않았다는 이유로 영업정지 1개월 처분을 다시 받았습니다. 또 싸울까 하다 법을 어긴 거는 맞으니 그냥 접었습니다. 그래도 감형 기준에 해당된다고 해서(싸워서) 15일 정지로 처분이 낮아졌습니다. 그래도 여기까지는 양반입니다." 그의 목소리 톤이 점점 높아지기 시작했다. "저는 중개보조원을 신고하지 않은 죄밖에 없는데, 이제는 그 중개보조원에게 제가 명의를 빌려줬다는 겁니다. 이번에는 중개업 등록취소라네요." 등록취소, 이 정도면 죽으라는 얘기나 진배없었다. 얼핏 들어도 이중 처벌의 느낌이 강하게 들었다. 그를 밉본 사람은 노신사일 텐데 중립을 지켜야 할 시가 왜 이토록 가혹한 처분을 내렸을까 이해가 가지 않았다. 혹 집요한 민원 탓에 나중에 꼬투리라도 잡힐까 봐 '걸 수 있는 건 일단 다 걸고 보는 건 아닌지' 하는 의심이 들었다. 조사가 필요해 보였다. 더구나 이번 사안은 노신사가 이해 당사자가 아니니 굳이 돌려보낼(인용하지 않을) 이유가 없었다.

마침 청문이 예고돼 있었다. 이미 시는 「공인중개사법」 위반으로[제7조(자격증 대여 등의 금지) 및 제19조(중개사무소등록증 대여 등의 금지)] 민원인을 경찰에 고발까지 한 상태였다. 이중 처벌이 아니냐고 물었지만, 담당 공무원은 이런저런 서류를 보여주며 전혀 다른 사안이라고만 답할 뿐이었다. 그러나 아무리 생각해도 등록취소 결정은 성급해 보였다. 하다못해 사법 당국의 판단이 내려질 때까지만이라도 기다려줘야 한다고 생각했다. 더구나 공인중개사가 이긴 행정심판(3개월 영업정지)에서 상급 관청인 경기도조차 그 결정을 사법 당국의 결정이 날 때까지 미룬 전례가 있으니 이를 인용해도 될 듯싶었다. 이미 등록취소 예고 처분이 내려졌고 수사기관에 고발까지 이루어진 상황이어서 시와 처분의 적법성을 다투는 것은 구제의 실익도 없었다. 우회로를 선택했다. "사법 당국의 최종 판단이 내려지기까지 위 처분을 유예할 것"을 청문 담당 변호사에게 요청하는 선에서 타협하기로 했다. 다행스럽게도, 청문 담당 변호사가 호민관의 의견을 받아들여 "수사기관 조사 결과가 나올 때까지 처분을 유예할 것"을 주문했고 시는 변호사의 의견을 받아들였다.

이제나저제나 하고 기다리기까지(?) 했는데 아나나 다를까 노신사가 다시 나를 찾았다. 무례하다 싶을 정도로 공격적이었다. "호민관한테 부당한 일을 당하면 누구한테 구제를 받습니까." 나의 대답 따윈 필요 없다는 듯 겁박을 이어갔다. "복무에 있어 공무원의 그것을 따르게 되어 있고 직무와 관련하여 벌칙을 적용함에 있어 공무원으로 의제되는 점 등을 감안하면 호민관은 넓은 의미의 공무원 신분이라고 볼 수 있는 거지요? 그래서 저는 시에 호민관을 조사해달라 요구할 생각입니다." 살다 보니 별일을 다 겪는다 싶었다. 그냥 듣고 넘기기에 나의 수양은 한참이나 부족했다. "이번 일과 어떤 관계가 있으신 거죠? 아무리 봐도 이해 당사자가 아닌 것 같은데, 무슨 권한으로 제3자에 대한 고충민원 처리 결과까지 시비하는 겁니까. 그리고 제가 공무원인지 아닌지를 선생님께 답변드릴 이유는 없지만, 참고로 말씀드리자면 저는 명백히 민간인 신분입니다. 그리고 호민관 본연의 직무와 관련해서는 그 누구의 간섭이나 통제를 받지 않습니다. 더는 할 말이 없으니 자리를 좀 비켜주시지요."

싸늘한 반응을 전혀 예상하지 못했다는 듯 그의 얼굴은 놀란 표정이 역력했다. 그가 자리를 뜨고 나서도 한참 동안을 나는 그 자리를 일어설 수가 없었다. 어디서부터 잘못된 것인지 복기가 필요해서였다. 공인중개사의 고충을 인용하지 말았어야 했는가에 관해서만 판단하면 되는 것인데 갈피가 좀체 잡히지 않았다. 그러나 답은 언제나 '인용'(민원인의 주장을 받아들이는 결정)을 향했고, 적어도 양심에 거리낌은 없었다.

노신사가 나를 조사하라는 진정민원을 시에 제기했다는 소리가 멀리서 들려왔다. 가끔 스치는 감사실 공무원들 얼굴에서 곤혹스러운 표정을 읽는다. 그저 씩 웃을 뿐이다. 저들 편하게 해주려면 아무래도 조사라는 걸 받아야 할지도 모르겠다.

▌「공인중개사법」

- 「공인중개사의 업무 및 부동산 거래신고에 관한 법률」에서 분리 제정 (2014. 7. 29)된 법이다.
- '중개 대상물의 확인·설명(제25조)' 및 '금지행위(제33조)'를 규정하고 있다. 개업공인중개사에 대한 처벌(자격취소, 자격정지, 등록취소, 업무정지, 과태료, 벌금 등)도 위 규정 위반에 주로 맞춰져 있다. 그런데 33조에 대한 해석이 늘 골칫거리다. 애매하기 때문이다.
- 특히 '중개대상물의 거래상의 중요사항에 관하여 거짓된 언행 그 밖의 방법으로 중개의뢰인의 판단을 그르치게 하는 행위'를 규정하고 있는 제4호는 분쟁의 단골 메뉴다. '거짓된 언행'의 범위가 어디까지냐가 쟁점인 셈이다.

오십보백보

/

비만 오면 밭이 진흙탕이 된다는 김 씨, 자신의 밭과 이웃하고 있는 땅의 주인을 범인으로 지목한다. 자신을 괴롭히려고 성미가 고약한 옆집 노인네가 큼직한 물웅덩이를 하나 팠는데 그곳에 고인 물이 자기 밭으로 스며들었다는 얘기다. 그런데 자초지종을 아무리 설명해 줘도 시는 팔짱만 끼고 있다고 분통을 터뜨린다.

문제의 밭은, 도로변 쪽을 제외하고는 전체적으로 비탈진 곳에 위치해 있었다. 과거 목장이 있던 자리가 아닌가 하고 의심될 정도로 경사가 제법 돼 보였다. 언덕배기에 밭이 자리하고 있는 모습이랄까, 아무튼 위에 물이 고이면 아래는 죽음(?)일 듯. 그 언덕의 허리쯤 되는 곳에 서서 민원인이 손짓을 하고 있었다. 금방이라도 무슨 일이 생길 것처럼 다급하게 나를 찾았던지라 한걸음에 현장을 찾았던 것인데…….

"여기 한번 보십시오. 저놈의 영감탱이가 이 웅덩이를 팠습니다." 보이지도 않는 영감탱이(?)를 가리키며 진짜(?) 영감이 열을 내고 있었다. "이곳이 제 땅과 옆집 노인네 땅의 경계선입니다. 그런데 몇 달 전에 저 ××놈이 굴착기를 동원해서 땅을 팠습니다. 농사용 배수로를 만든다면서 말이죠. 처음에는 심각성을 몰랐는데 최근에 큰비가 내린 후로 웅덩이에 물이 가득 고이는 걸 보고 아차 싶었습니다. 우려했던 대로 우리 밭이 온통 진흙탕으로 변해버렸습니다." 물에 흥건히 젖어 있다는 말이 맞을 정도로 비가 온 지 사나흘은 족히 지났는데도 밭은 여전히 질퍽했다. "그럼 이곳 땅 주인은 도대체 왜 이런 짓을 했다고 생각하십니까." 도착해서부터 줄곧 물어야겠다고 생각했던 핵심을 바로 치고 들어갔다. "제 땅 거저먹으려고 그러는 거지요." 이건 또 뭔 소리? 내 질문이 단도직입이었듯 노인의 답 역시 앞뒤 다 자른 날것 그대로였다. 시작부터 얘기는 결말을 향하고 있었다. "자기 땅으로 들어가는 입구가 없다고 저한테 땅을 좀 팔라고 하기에 거절했더니 이런 일을 꾸민 겁니다. 내 밭이 망가지면 그때 가서 싸게 사겠다는 속셈 아니겠습니까."

분명 겉모습은 물웅덩이를 둘러싼 갈등인데, 속내를 들여다보니 도로 분쟁과 다를 바 없었다. 신문 사회면 끝자락을 심심하면 장식하곤 하는, 트랙터를 앞세워 차량 통행을 막는다는 '도로 전쟁' 말이다. 도로 분쟁에서는 통상 현황도로로 이용되고 있는 사유지 주인이 트랙터 등을 동원해 길을 막아서면서(통행료를 내든지 아니면 다른 길을 이용하든지!) 갈등이 시작되는 반면 이번 경우는 도로 이용을 사실상 봉쇄당한 맹지(진입도로가 없는 토지를 일컫는 말) 주인이 반격에 나섰다는 점이 다를 뿐, 누군가를 힘으로 '해코지'해서 목적을 달성하려는 시도 자체는 매한가지였다. '을(?)의 반란'이랄까. 아무튼, 트랙터 대신 물웅덩이가 동원됨으로써 갈등의 본질이 잠시 가려졌던 것이다.

"선생님 밭이나 옆 땅이나 모두 개발제한구역에 묶여 있는 것 아닙니까. 제 생각으로는, 물웅덩이를 허가 없이 파는 행위는 '개발제한구역

내 행위제한 규정'을 위반한 걸로 보이는데요. 시에 신고하면 원상복구
시킬 수 있을 겁니다." 나도 모르게 좀 과하다 싶은 조언을 하고 말았다.
자칫 주민들 간 분쟁에 휘말릴 수도 있는 일을 이토록 태연하게 저지르
다니, 후회가 밀려들었다. 하지만 어찌할 것인가. 이미 엎질러진 물이고
그렇다고 내 말이 현저하게 균형을 상실한 것도 아닌데 말이다. 그리 믿
기로 했다.

    노인이 시청을 다시 찾은 것은 그로부터 일주일도 지나지 않아서였
다. 내 조언(?)으로 고충이 해소된 걸로 믿었던 터라 그의 출연은 다소 당
황스러웠다. "시에서 나오지 않던가요?" 자칫 비난이 나에게 쏟아질 것
같은 예감에 서둘러 '선방'을 날렸는데, 노인은 특유의 볼멘 목소리로 여
전히 불만을 토로할 뿐이었다. "나오긴 나왔는데요, 불법으로 판정하기에
는 부적합하답니다. 그리고 한다는 소리가, 경찰서에 업무방해 행위(농
사 방해)로 고발하라는 겁니다." 담당 공무원이 발을 뺀 게 분명해 보였지
만, 그렇다고 그의 처방이 잘못됐다고 할 수는 없었다. 나름 절묘한 선책
일 수도 있다는 생각까지 들었다. 아무도 얘기하지 않았지만, 심지어 호
민관인 나조차 피해버린 해법이지만, 사실은 양보가 최선이었다. 맹지
주인은 물웅덩이를 메우고 노인은 통행을 허용해주면 되는 일이었다. 그
러나 노인의 분노만 더 키울 뿐 아무런 도움도 주지 않을 것이라는 판단
때문에 그 평범한 진리를 입 밖으로 내뱉을 수는 없었다. '거긴 네 영역
이 아니야' 하는 자기 검열의 속삭임이 들려서기도 했다. 조례는 "호민관
은 어떤 일이 있어도 '사인 간의 분쟁'에 개입해서는 안 된다"라며 신성불
가침(?) 영역을 선언하고 있었는데, 이번 사안은 누가 뭐래도 '주민 간의

다툼'이 분명했기 때문이다.

　결국 노인은 공무원의 조언(?)을 받아들여 고발을 감행했고, 공은 경찰로 넘어갔다. 공무원이 못 미더워 호민관에게 온 사건을 다시금 공무원에게 되돌려 보낸 셈인데, 어찌 된 영문인지 경찰의 손을 빌려야 하는 상황이 돼버렸다. 그렇다고 이곳저곳에서 무너져 내리고 있는 공동체의 둑을 달리 어찌해볼 수도 없는 노릇이고, 철저히 무기력해질 수밖에 없었다. 그놈의 돈이 또 웬수였다.

신고는 의무인가

/

총 네 명의 공무원이 40만이 넘게 사는 도시의 건축신고와 불법 건축물 단속을 담당하고 있다. 교통, 위생 등 다른 분야도 마찬가지다. 따라서 누군가가 신고를 하지 않는 한 불법을 적발해 단속하기란 원천적으로 불가능하다. 그런데도 단속 수는 결코 줄지 않고 있다. 지칠 줄 모르는 신고의 행렬 탓이다. 그런데 단속을 아무리 해도 불법이 해소되지 않으면 무슨 소용인가. 신고는 또 다른 신고와 "왜 나만"이라는 불평불만만 낳을 뿐 불법의 원인을 해결할 현실적 방도는 어디에도 보이지 않는데 말이다. 그사이 무너지는 공동체는 또 어떡하란 말인가.

왜 단속하지 않는 건데

A 씨는 임신 중인 듯 제법 배가 불러 있었다. 꼭 1년 만에 호민관 사무실을 다시 찾았다고 했다. 자세히 보니 낯이 익다. 반가운 마음에 무슨 일이냐 물었지만 앉기가 무섭게 모진 말들을 쏟아낸다. "그사이 결혼을 하고 아이까지 가졌는데, 아직까지도 시정되지 않고 있어요." 가슴이 쿵 하고 내려앉았다.

얘기인즉, 마을 초입에 위치한 불법 식당(비닐하우스를 불법 개조한 음식점)에서 배출하고 있는 악취와 오·폐수 때문에 고통을 겪고 있으니 이를 단속해달라는 민원을 수차례 냈는데 2년째 감감무소식이란다. 얼마 전에는 단속반원으로 보이는 공무원들이 그 음식점에서 밥을 먹는 것도 봤다며 뭔가 모르는 비리가 있을 것이라는 말까지 덧붙였다. 그런데 얘기를 끝마치고 일어나며 하는 말이 의미심장하다. "제 이름은 절대 알려지면 안 됩니다."

제법 차량 통행이 빈번한 2차선 도로변인데도 그럴듯한 건물들은 눈에 띄지 않았다. 개발제한구역이 풀리지 않은 탓이리라. 조금 더 달리자, 이런저런 음식점과 정체불명의 비닐하우스들이 무질서하게 뒤엉켜 있는 난개발(?) 현장이 비로소 눈에 들어왔다. 그 비정형의 건물들 사이로 검은색 장막이 둘러쳐진 비닐하우스 한 채가 보였다. 자가용 두 대가 주차해 있는 걸로 봐서 이른 점심을 하고 있는 손님이 있는 모양이었다. '불법' 음식점 입구는 담배꽁초들과 간이의자 몇 개만이 볼썽사납게 나뒹굴고 있었다. 널빤지에 대충 휘갈겨 쓴 '닭백숙' 세 글자가 오히려 심란해 보였다. 네댓 테이블 정도만 갖춘 허름한 식당! 글쎄, 뇌물 같은 것을 주고 사업을 할 만큼 소위 '잘 나가는 집'으로는 보이지 않았다. 그래도, 불법은 불법이지만…….

이 대목부턴 '카더라 통신'이다. 민원인은 비닐하우스 식당과 경쟁 관계에 있는 음식점 주인(딸)이란다. 한정된 곳에서 여러 업체가 경쟁하다 보니 매출이 줄었을 테고, 세금 한 푼 내지 않고 얌체 영업을 하고 있는 비닐하우스 식당이 눈엣가시처럼 보였을 것이다. 그런데 어찌 된 영문인지 아무리 민원을 넣어도 눈 하나 깜짝 않고 버젓이 영업을 하고 있는 것이 아닌가. 민원인은 이 지점에서 '유착'의 냄새를 맡은 것으로 보인다. 화날 수밖에……. 나라도 그랬을 것이다.

담당 공무원은 정색을 하며 저간의 사정을 설명한다. 개발제한법 위반에 따른 처분과 위생법에 의한 처분이 가능하단다. 위생법에 따른 벌금은 이미 부과했고, 개발제한법에 따른 이행강제금 부과도 이미 한차 례 했다고 한다. 이론적으로는 1년에 두 차례씩 매년 부과할 수 있고 원 상회복 조치가 이루어지지 않을 경우에는 행정대집행을 통해 철거도 가 능하지만 어느 지자체가 그런 강수를 둘 수 있겠느냐며 오히려 내게 반 문한다. 더구나 용산 참사가 선명하게 남은 상태에서 행정대집행은 "법 전에서나 가능한 처벌"일 뿐이라는 설명도 덧붙인다.

"손바닥만 한 음식점에 얼마나 더 가혹하게 벌을 내리란 말입니까" 담당 공무원의 항변이 한동안 귓전을 떠나지 않았다. 뭐가 정답인지 정 말이지 모·르·겠·다.

왜 나만 단속하는데

목사라고 신분을 밝힌 50대로 보이는 말쑥한 차림의 신사 한 분이 나를 찾았다. 청춘남녀들이 미팅하는 것도 아닌데 다짜고짜 호구조사부터 시작하는 모습이 못마땅했다. 누구누구를 아 느냐로 한참을 시간을 보내고 나서야 비로소 그가 말문을 열었다.

"지금의 교회로 부임한 지 아직 반년이 지나지 않았는데요, 처음 부 임해서 교회 이곳저곳을 살피는데 교회가 들어선 건물이 오래된 아파트 상가여서 그런지 안전에 문제가 있어 보이는 시설들이 눈에 많이 띄었습 니다. 그중에서도 불법 간판들과 복잡하게 뒤엉켜 있는 전깃줄은 심각해 보였습니다." 뭔 얘기를 하려고 그러나 싶을 정도로 그의 얘기는 장황했 다. "근데 무슨 일로 저를……." 급한 성미가 그의 장광설을 가로막아 섰지만 목사는 조금도 흔들림이 없었다. 마치 설교라도 하려는 듯 시종일관 안전과 정의 그리고 시민의식에 대해 일갈하는 것이었다. 환경 미화와 안전을 위해 간판을 정비하자는 말이 뭐가 문제냐며 목소리를 높이더니만, 대로변에 접한 상가 출입구 옆으로 흉물스럽게 설치된 대형 가스통을 치우자고 한 것이 결정적이었다고 묻지도 않은 '사태'의 배경까지 설명하는 것이었다.

전깃줄과 가스통에 얽힌 역사(?)를 설명하고 나서야 비로소 그는 진짜(?) 고충을 얘기하기 시작했다. "교회 계단에서 불이 난 적이 있습니다. 제가 부임하기 전에 말이죠. 불량 청소년들이 밤중에 교회로 올라가는 계단에 모여 담배를 피우다 불을 낸 모양입니다. 상가 상인들이 대책회의를 열었는데 거기서 계단에 출입문을 하나 더 만들자고 결의했다고 해요. 이것이 지금의 출입문이 만들어진 배경입니다."

옳거니, 누군가 그 출입문이 불법이라고 신고를 한 것이렷다. 목사는 약속(?)을 깨고 신고를 감행한 상인들이 원망스러웠을 테고. "일부 상인이 신고를 했다고 칩시다. 그렇다고 전후 맥락도 들어보지 않고 아무런 현실적 고려도 없이 화재 예방용 시설물에까지 현행법의 기준을 들이대 단속을 해야 하는 겁니까. 전 시의 태도가 더 문제라고 봅니다."

현장을 찾았다. 계단 출입문은 철제 구조물이어서 화재에 영향을 줄 것 같지 않아 보였고 대피 시에도 큰 방해가 되지 않을 것 같았다. 관건은 개폐 문제인데, 교회에 신도들이 모이는 시간대에만 출입문을 열어둔다면 이 또한 문제 될 게 없어 보였다. 더구나 신고한 상인들까지도 인제 와서는 철거를 원하지 않는다지 않는가. 나는 시정명령 철회를 주문했고, 시는 긍정으로 화답했다. 별다른 논쟁 없이 고충이 해결되는 듯싶었다. 그러나 무난하게 중재될 것만 같았던 고충이 마지막에 제동이 걸렸다. 두 번째 출입문 때문이었다. 2층 교회로 올라가는 계단이 둘 있는데 사실 이 두 번째 비상 출입문은 문외한인 내가 봐도 화재에 취약해 보였다. 그래서 철제문은 그대로 놔두더라도 비상계단의 전체를 덮고 있는 목재 구조물(두 번째 출입문)만은 철거해야 한다는 시의 최종 입장에 내가 동조하고 나섰던 것인데, 이것이 목사의 화를 돋았던 것이다.

"계단에 출입문을 만든 곳이 어디 우리뿐입니까. 소방서도 가만히 있는데 왜 시가 나서서 감 놔라 배 놔라 하는 겁니까. 더구나 신고한 상인들도 신고 취소를 원한다지 않습니까. 그만큼 설명했으면 중단해주셔야지 종교시설에 대해 이렇게까지 심하게 하는 것은 아무리 생각해도 종교탄압입니다. 시장을 만나 정식으로 항의하겠습니다."

허, 말문이 막혔다. 한때나마 고충 해결을 위해 뛰어다녔다는 사실이 창피하게 느껴졌다. 그 누군가에게 미안한 생각이 들 정도였다. 아무리 생각해도 제법 균형감을 갖춘 중재안인데, 이마저 거부하고 나선 목사의 판단은 실망스러움 그 자체였다. 과하다, 과하다, 과하다 할 수밖에. 게다가 종교탄압이라? 종교 공동체라는 것이 원래 세속의 기준과는 다른 잣대를 갖고 있으니 그럴 수도 있겠다고 생각해보려 했지만 도무지 그의 현실 인식을 받아들일 수가 없었다. 더구나 그때는 '세월호 참사'가 벌어진 지 채 서너 달도 지나지 않아 안전에 대한 시민적 요구가 봇물이 터지듯 하던 시기였는데, 다른 것도 아니고 안전에 문제가 있다는 지적에 대해서까지 탄압으로 몰아가는 데는 할 말을 잃었다. 이렇게 되면 자신의 이익만을 좇는 일반인들과 무슨 차이가 있으며 어떻게 사회의 소금 역할을 한다고 자부할 수 있겠는가 하는 생각도 들었다. 더 배우고 더 많이 가진 자들의 민낯이랄까, 아무튼 그 모습을 지켜보는 내내 씁쓸하고 또 씁쓸했다.

제6부

세금 이야기

국세 따로 지방세 따로

/

땅 사서 미등기 상태로 있다가 2년 후 이를 되팔았다. 그런데 발각(?)이 됐다. 몰랐다고 하소연도 해봤지만 소용이 없었다. 엄청난 규모의 양도소득세와 미신고 가산세를 내는 것으로 막을 내렸다. 그런데 3년이 지난 최근, 시로부터 취득세와 납부불성실가산세를 내라는 통보를 받았다. 취득세는 그러려니 하지만 가산세는 정말이지 억울하다. 세무서가 세금을 추징할 때 시에 통보만 해줬어도 이런 일은 발생하지 않았을 것 아닌가.

민원인은 2008년도에 ○○동에 위치한 토지를 사서 2년을 보유하다 다른 사람에게 되팔아 매매 차익을 남겼다. 그런데 세금은 한 푼도 내지 않았다. 절세(이 경우는 '탈세'가 맞다!)를 목적으로 부동산 투기에 흔히 사용되는 이른바 '미등기 전매'를 한 것이니 형식적으로는 양도세나 취득세를 낼 이유가 없었다. 더구나 자신에게 땅을 팔았던 주인이 자신에게 땅을 산 사람에게 직접 판 것으로 하겠다고 '동조'한 경우니 누군가 정보를 주지 않는 한 민원인의 소행(?)이 드러날 리도 없었다. 물론 그는 다른 주장을 편다. 말 못 할 사정이 있어 등기를 하지 못했던 것이지 세금을 안 낼 목적으로 그런 것은 아니라고 말이다. 그렇다면 그런 것이지, 굳이 내가 '진실'을 규명할 이유는 없는 것 아닌가, 그리 생각했다. 도덕적 잣대는 나 말고도 들이밀 사람이 많기도 해서였다. 그러나 불법을 저지르면 벌은 받아야 한다. 이 경우 법에서 정한 세금을 내는 것이 벌이다. 내지 않은 양도소득세를 납부하는 것이 기본이라면 미신고 가산세는 덤이다. 여기까지는 설사 민원인이 모르고 그랬더라도 피해 갈 수 없는 부분이다. 민원인도 그 점만은 인정했다. 그런데 진짜는 그다음부터였다. 민원인이 씩씩거리며 나를 찾은 이유기도 하다.

"그렇게 세무서로부터 양도소득세와 미신고 가산세를 부과받고 이를 납부한 게 3년 전입니다. 그런데 얼마 전에 시청에서 취득세와 납부불성실가산세를 납부하라는 통보를 받았습니다. 사실상 취득 행위를 한 것이니 취득세를 내라는 말은 알겠습니다. 낼 걸 안 냈으니 당연히 내야죠. 그런데 가산세는 억울합니다. 자그마치 취득세 납부가 2047일이나 지연됐다니 이게 말이 됩니까. 제가 양도소득세를 낸 시점부터 지금까지 기간은 제 과실이 아닙니다. 세무서든 시청이든 모두 국가기관인데 자기들끼리 커뮤니케이션이 잘못돼서 생긴 일을 왜 제가 책임져야 합니까."

300만 원 남짓 가산세가 나온 모양이었다. 민원인 말대로 양도소득세를 낸 시점까지만 취득세 가산세를 부과한다면 대략 200만 원 정도를 줄일 수 있다. 돈도 돈이지만 자신이 세금이나 떼먹는 '파렴치범'으로 비치는 것이 제일 분하다는 그의 말도 일리가 있어 보였다. 더군다나 민원인 말마따나 세무서든 시청이든 다 같은 국가기관인데 양도소득세를 추징하면서 시청에 알렸으면 되는 일을 3년이나 지나 통보하는 바람에 애먼 가산세만 3년 치를 더 물게 됐으니 '방귀는 뀌었어도 성은 낼 만해' 보였다.

억울한 것 같지 않으냐는 물음에 담당 공무원은 일고의 가치도 없다는 듯 단호한 어조로 불수용 의사를 밝혔다. 조세행정이라는 것이 원래 보수적이기 때문에 법에 규정되어 있지 않은 사항을 적극적으로 해석하는 것은 위험하다는 논리를 폈다. 그의 입장은 완강했다. 수용이 물 건너간 상황에서 주장을 접는 것 말고 할 수 있는 게 없었다. 그나마 소송할 시간이라도 벌어주는 게 도리였다. 다음은 당시 호민관이 민원인에게 보낸 '차가운' 편지(불인용 통보서)의 한 토막이다. 호민관 얘기라고는 믿기지 않을 정도로 시의 입장에 완전히 동화된 것을 엿볼 수 있다. 솔직히 왜 그렇게 강경하게 표현했는지 잘 모르겠다. 나의 글이지만 지금 읽어도 여전히 불편하고, '재수 없기'까지 하다.

"「지방세법」 제20조에 따르면, 취득세는 부동산 등을 취득한 날로부터 60일 이내에 신고하고 납부하여야 합니다. 또한 취득세의 경우 납부 방식으로 신고주의를 채택하고 있기 때문에 납세자가 신고를 하기 전에는 행정청에서 그 여부를 알 수가 없습니다. 따라서 'ㅇㅇ세무서로부터 최근(2013년 ㅇㅇ월 ㅇㅇ일) 통보된 문서를 통해 미등기 전매 여부를 인지하게 되었을 뿐 그전에는 사실 자체를 인지할 수 없었으므로 납부불성실가산세 부과는 적법한 조치'라는 시의 입장은 옳습니다. 따라서 본 고충민원은 인용하지 않고 조사를 제외하고자 합니다. 양해를 구합니다. 다만 ㅇㅇ세무서와의 다툼의 여지는 있어 보이는바, 소송 등과 같은 다른 구제 수단을 이용하실 것을 권합니다."

▌국세

- 행정 서비스 등 국가 업무를 수행하는 경비에 충당하기 위하여 국가가 국민에게 부과·징수하는 조세를 말한다.

- 국세의 종류는 내국세와 관세, 그리고 목적세로 대별되지만 「국세기본법」상 국세는 내국세만을 의미한다. 내국세는 다시 직접세와 간접세로 나뉘는데, 소득세·법인세·상속세·증여세 등은 직접세이며 부가가치세·특별소비세·주세·인지세·증권거래세 등은 간접세다.

- 관세는 통관절차를 거치는 물품에 부과되는 조세로서 재정 수입의 증가를 목적으로 하는 재정 관세와 국내 산업의 보호·육성을 목적으로 하는 보호 관세로 나뉜다.

- 「국세기본법」·「국세징수법」 등과 같은 일반법이 있으며, 각각의 세목마다 개별 법률(「소득세법」·「법인세법」·「부가가치세법」 등)이 제정되어 납세의무자·과세물건·과세표준·세율 등을 규정하고 있다.

- 「국세기본법」은 여러 과세 원칙을 규정하고 있는데 실질과세의 원칙(제14조), 신의성실의 원칙(제15조), 근거과세의 원칙(제16조) 등이 그것이다.

- 한편, 국세징수권은 5년간 행사하지 않으면 소멸시효가 완성되며(제27조), 국세는 다른 공과금 기타의 채권에 우선하여 징수하고(제35조) 납세담보물을 매각한 때에는 국세는 지방세에 우선하여 징수한다(제37조).

- 또한 국세에 관하여 위법 또는 부당한 처분 등으로 권리 또는 이익의 침해를 당한 자는 이의신청이나 심사청구 또는 심판청구를 할 수 있으며(제55조 및 제66조), 위법한 처분에 대한 행정소송은 심사청구 또는 심판청구와 그에 대한 결정을 거쳐야 제기할 수 있다(제56조).

▌지방세

- 지방세는 지방자치단체가 당해 지방자치단체의 재정수요에 충당하기 위하여 주민에게 부과·징수하는 조세를 말한다.

- 어떠한 조세를 국세 또는 지방세로 할 것인가에 대하여는 명확한 기준이 없으며, 세원의 규모와 분포, 재정의 여건, 행정의 편의 등을 고려하여 결정된다.
- 「지방세법」에 따르면, 지방자치단체는 「지방세법」에 정하는 바에 의하여 지방세를 부과·징수할 수 있으며(제2조), 세목은 특별시세와 광역시세 그리고 도세·구세·시(군)세로 대별되며(제6조), 다시 취득세·주민세·자동차세 등과 같은 보통세와 지역자원 시설세·지방교육세 등과 같은 목적세로 나뉜다.
- 지방자치단체는 세제 자주권에 근거하여 지방세의 세목·과세객체·과세표준·세율 기타 부과·징수에 관하여 필요한 사항을 「지방세법」이 정하는 범위 안에서 조례로써 정할 수 있으며, 지방자치단체의 장은 조례의 시행에 필요한 사항을 규칙으로 정할 수 있다(제3조).
- 한편, 지방자치단체는 행정자치부장관의 허가를 얻어 조례에서 정하는 바에 따라 과세면제 및 불균일과세 그리고 일부과세 등을 할 수 있으며(제7조 및 제8조), 지방자치단체의 장은 천재지변 기타 특수한 사유가 있을 때에는 지방의회의 의결을 얻어 지방세를 감면할 수 있다(제9조의 2).
- 지방세는 원칙적으로 다른 공과금과 기타의 채권에 우선하여 징수하며(제31조), 도세는 시(군)세에 우선하고(제34조), 기타 지방세의 부과·징수에 관하여 지방세법령 및 다른 법령에서 규정한 것을 제외하고는 「국세기본법」과 「국세징수법」을 준용하며(제82조), 지방세에 관한 범칙행위에 대하여는 조세범 처벌법령을 준용한다(제84조).

7년간의 소송

/

양도소득세가 중과돼 억울한 사람이 있다. 국가를 상대로 재판 중이다. 매도 당시 보유 토지가 업무용 부동산이었는가가 쟁점인데, 국가는 비업무용이라 판단하는 반면 민원인은 업무용이었다고 주장한다. 결국 이는 당시 토지가 개발 제한 상태였는가에 따라 판가름 날 수밖에 없는데, 민원인은 매도 당시 토지이용확인원을 근거로(개발이 제한되는 토지구획정리사업 시행지구로 지정되어 있음) 자신의 부동산이 업무용이었다고 주장한다. 그러나 시는 이해할 수 없는 이유를 대며 7년째 개발 제한이 풀린 상태였다고만 한다고…….

땅 사는 사람치고 땅값 오르는 걸 싫어할 사람은 없을 것이다. 한 걸음 더 나간다면, 당장이냐 미래냐 하는 시점의 차이만 있을 뿐이지 경제적 이득을 목적으로 하지 않는 토지 구입은 없다는 것이 나의 지론이다. 그런데 희한한 일은 당장의 이익을 추구하면 투기로 매도되고 장기간에 걸친 이익을 좇으면 투자라 칭송(?)받는다는 점이다. 그럼, 투기꾼과 투자자를 가르는 '당장'과 '미래'의 기준은 무엇일까? 한 달? 1년? 한 달을 목표로 땅을 샀는데 팔 타이밍을 놓쳐 1년 후에 팔면 투기꾼 리스트에서 빼주는 것인가? 몇 년을 내다보고 투자 목적으로 땅을 샀는데 갑자기 땅값이 올라 한 달 만에 팔았다면 다시 투기꾼으로 강등되고? 모를 일이다. 땅 팔아 번 돈의 규모는 또 어떤가. 갑절을 남겼으면 투기인가, 투자인가? 10퍼센트밖에 벌지 못했으면? 살 때는 분명 투기였는데 어찌 된 영문인지 돈을 한 푼도 벌지 못했다면? 기준이 애매하긴 마찬가지다. 이 또한 모를 일이다.

얘기하다 보니 투기가 뭐 어때 하는 꼴이 됐다. 이제껏 살면서 투기로 돈 벌었다는 사람을 부러워는 했어도 옹호하거나 미화한 적은 없는데 말이다. 그렇지만, 모두 다 투기꾼인 세상에서 누군가를 단죄할 때는 신중에 신중을 기해야 한다는 입장만은 분명하다. 더구나, 힘 있는 자들이 부동산으로 돈 벌 때는 한없이 관대하다가도 촌부들의 그것에는 추상같은 법적·도덕적 잣대를 들이대는 정부의 태도를 볼라치면 정말이지 구역질이 날 지경이다. 난 기본적으로 공익을 위한 사익의 부분적 제한에 찬성하는 편이다. 그러나 아무리 좋은 명분도 구체적 실천을 담보하지 않는 한 한낮 공염불에 지나지 않는 법이다. 그래서 난, 사익을 제한하기 위해서는 최소한 형평성만은 지켜져야 한다고 믿는다. 개발제한이든 부동산 과세든(양도세, 재산세 등) 형평성을 잃는다면 그 정책은 실패한다는 확신도 갖고 있다. 그런데 우리나라는 이제껏 그 형평성 하나 제대로 살피지 못해 늘 불복과 저항을 불렀다. 강 씨의 경우도 그랬다.

민원인은 한사코 아니라지만, 당시를 기억하는 촌로들은 하나같이 그가 투기로 땅을 산 것이 틀림없다고 했다. 1990년이 시작되자마자 대규모 개발 사업이 진행될 것이라는 소문과 함께 투기 열풍이 그곳을 쓸고 지나갔는데 바로 그 시점에 그가 땅을 샀기 때문이란다. 그는 오비이락이라며 억울해했지만 좀체 투기꾼의 낙인은 지우기가 쉽지 않아 보였다. "돈이라도 벌었으면 이처럼 억울해하지 않을 겁니다. 무슨 놈의 투기가 이렇습니까." 듣고 보니 그의 푸념은 정당했다.

민원인　지난 1990년에 평당 100만 원을 주고 ○○동 땅 100평을 샀습니다. 솔직히 곧 아파트가 들어선다는 소문이 돌았기 때문에 땅값 상승을 기대하지 않았다면 거짓말일 겁니다. 하지만 누가 뭐래도 은퇴 후 지낼 집터 장만이 목적이었습니다.

　　투기면 또 어떻다고 그는 시종일관 변명 같지 않은 변명을 늘어놓고 있었다. 7년간이나 송사를 계속하다 보니 자연스럽게 자기방어기제 같은 게 몸에 배지 않았나 싶다. 내가 세무서 직원도 아닌데 말이다. 그가 얘기를 이어갔다.

민원인　땅을 사고 3년이 지난 1993년에 예상대로 토지구획정리사업 시행지구로 고시됐습니다. 당연히 개발행위가 금지됐습니다. 뭐라도 지어 세를 놓을 작정이었지만 벌금을 문다고 해서 그냥 빈 공터로 놀렸습니다. 그런데 순조롭게만 진행되는 줄 알았던 아파트 개발이 좌초되고 말았습니다. 인근에 아파트가 들어선 것이 최근이니까 그때부터 환산하면 무려 20년이 걸린 셈이죠.

호민관　지금은 땅값이 꽤 올랐겠습니다.

민원인　글쎄요, 2008년도쯤엔가 개발사업 인가가 났으니까 그 이후에 판 사람들은 돈 좀 벌었겠죠. 그런데 저는 2007년에 팔아버렸으니 해당 사항이 없습니다.

호민관   사업 인가도 나기 전에 팔았고 돈도 벌지 못했다고 하셨는데 그
럼 도대체 무슨 일로 저를 찾으신 거죠?

민원인   세금 때문입니다. 4000만 원 들여 산 땅 마흔 평을 17년을 갖고
있다 7000만 원 받고 팔아 양도 차익을 3000만 원가량 남겼는데 양도
세를 2000만 원이나 내라는 게 아닙니까.

호민관   아, 예. 억울하실 만하네요. 그런데 양도세는 국세기 때문에 국
가사무에 해당돼 현 호민관 조례에 따르면 저 호민관이 다룰 수 없는
사항입니다. 어떡하죠.

민원인   저도 알고 있습니다. 제가 여기에 온 것은 세금이 억울해서가
아닙니다. 그 문제는 지금 소송 중이니까 그 결과를 따르면 그뿐이죠.
진짜 억울한 것은 소송에 도움이 될까 해서 "당시(1997년)에는 개발행
위가 제한되어 있었다는 사실을 확인해달라"라고 했는데도 시가 들어
주지 않는 데 있습니다.

세무서와 민원인 간 다툼의 핵심은 민원인이 매각한 토지가 '비업무
용 부동산'인가 아닌가였다. 세무서는, 개발행위 제한이 풀렸는데도 빈
땅으로 놀렸으니 비업무용 부동산이라 판단하고 고율(66퍼센트, 하필이면
1997년에만 적용된 후 사라졌다고 한다!)의 세율을 적용해 양도세를 부과한
것이고, 민원인은, 당시가 여전히 개발행위 제한 상태였으니 업무용 부
동산으로 봐야 한다는 것이었다. 재판 과정에서 시의 판단이 필요했을
터, 강 씨는 개발행위 제한 상태였음을 확인해달라 했던 것인데……

공무원　허 참, 난감합니다. 1993년에 결정된 토지구획정리사업은 1998년에 폐지된 게 맞습니다. 따라서 그때부터 개발행위 제한은 풀린 겁니다. 시의회 의결과 시 도시계획위원회의 자문을 모두 얻은 결정이었으니 법적 하자는 없습니다. 그런데 문제는 그다음에 생겼습니다. 1999년 1월경 경기도에서 재검토를 지시한 것입니다. 사실 그 시점에 뭔가 대책이 나왔어야 하는데, 저도 잘 모르는 이유로(그때 책임자는 퇴직해버렸으니 그런 말을 할 만도 하다!!) 차일피일하다 2008년까지 그냥 내버려둔 겁니다. 대체 구역이나 지구 지정 없이 말입니다.

호민관　그럼 간단하네요. 경기도에 재의 권한이 있으니 주택건설사업이 승인된 2008년까지는 형식적으로 토지구획정리사업 시행지구로 남아 있었다고 보는 것이 합리적이고, 따라서 개발행위 제한이 존속됐다고 보는 게 맞는 것이 아닙니까. 더구나 시가 발급한 2007년 당시 토지이용계획확인원에 여전히 토지구획정리사업 시행지구로 지정되어 있는 걸 보면 시의 확인 의무는 분명한 것 같습니다.

　　강 씨의 말을 빌리자면, "무려 6개월을 드나들었건만 시의 답변은 한결같았다"라고 한다. "개발을 제한한 적이 없었다"였다. 실낱같은 희망을 품고 호민관을 들렀노라 그는 하소연했었다. 그런데 싱겁게 끝이 났다. 그렇게 하겠단다. "모든 과정을 있는 그대로 기술하라"라는 나의 요구를 시가 수용한 것이다. 시의 공문 하나가 재판 결과를 어떻게 이끌지는 알 수 없지만 그가 만족해했으니 됐다. 재판 결과야 그의 몫 아닌가 말이다. 다만, 그렇게 완강했던 공무원의 태도가 도대체 왜 바뀐 것인지 그것만은 지금도 궁금하다.

　그건 그렇고, 강 씨는 투기를 한 것인가, 아니면 투자를 한 것인가? 66퍼센트라면 투기로 본다는 얘긴데 말이다. 17년이란 세월 동안 땅값이 갑절도 오르지 않았는데, 그것도 부동산 불패의 나라 대한민국에서, 투기라?

리스와 취득세

/

고가의 수입 자동차를 빌려 타던 K 씨, 운용리스 계약이 끝나자 당초 약속된 대금을 지불하고 리스회사로부터 소유권을 넘겨받았다. 취득세를 납부하기 위해 시청을 들렀는데, 리스회사 말과 달리 담당 공무원은 차량 구입 가격(실거래가액)을 과세표준으로 인정하지 못하겠다고 한다. 시가표준액에 비해 구입 가격이 터무니없이 낮아서란다. 근거와 규정을 요구해도 막무가내라며 호민관의 개입을 요구했다.

자문위원들과의 오찬 모임을 끝내고 사무실로 돌아오는데 중년의 신사 한 분이 호민관 사무실 앞을 서성이고 있었다. 들어갈까 말까 망설이고 있는 모습이 역력했다. 이럴 땐 과장된 응대가 특효다. 좀 심하다 싶을 정도로 너스레를 떨면서 사무실 안으로 밀다시피(?) 그를 안내했는데, 엉거주춤 서서는 명함을 나에게 건넨다. 명함과 정장이라, 아무튼 이곳에서는 드문 광경이다. ○○주식회사 대표이사라 씌어 있다. 어쩐지 있어(?) 보인다 했다.

"리스를 이용해 자동차를 타고 다닙니다. 차 가격이 1억이 좀 넘습니다. 고가지요. 그런데 이번에 리스 계약이 만료가 돼서 차량 소유권을 이전하려고 하는데 취득세를 생각보다 훨씬 많이 내라는 겁니다. 리스회사가 말한 것과 너무 달라 당황스럽습니다. 어떻게 해야 하나요?" 정중

했다. 명함도 그렇고 입성도 그렇고 아무튼 그는 달랐다. 더구나 '리스'를 말하다니. 리스라는 말이 그의 입 밖으로 나온 후로는 줄곧 약간의 흥분이 나를 감쌌던 것인데, 전혀 예기치 않은 곳에서 나의 전공 분야(?)와 맞닥뜨렸기 때문이다. 사실 금융과 행정은 어색한 조합이다. 그 어색함에 민원까지 더해졌으니 생경하다고 해야 맞는 상황이었다. 그러나 난, 뭐가 그리 신나는지 물 만난 뭐처럼 연신 묻고 또 물었다. "운용리스를 하셨나 보죠?" 순전히 나만의 생각이었는지 모르겠지만, 나의 갑작스러운 잘난 체(?)에 그가 놀라고 있었다. '아니, 이 자가?' 뭐 이런 식의 반응 말이다. 내가 말귀를 알아듣는 것처럼 보였는지 그의 말이 빨라졌다. 좀 전 사무실 앞에서의 망설임이 '말해봤자 알아나 듣겠어?' 하는 불신 내지 무시에서 비롯된 것임을 웅변이라도 하듯 말이다. "잘 아시겠지만, 운용리스의 경우는 리스 계약이 끝나면 리스를 이용하는 사람이 리스회사로부터 일정 금액을 내고 차량 소유권을 가져오기도(양수) 하고 리스회사에 반납하기도 합니다. 쉽게 말해 중고 시세보다 사는(양수) 가격이 유리하면 소유권을 가져오고 그렇지 않으면 반납하는데 이와 같은 선택권을 리스 이용자가 갖는 계약이 운용리스입니다. 그뿐만 아니라 리스회사는 「여신전문금융업법」상 '금융기관'입니다. 따라서 금융회사의 금융거래 내역을 법인장부로 인정하는 현행 「지방세법」에 따라 운용리스의 경우에도 취득세는 시가표준액이 아닌 실거래가액을 과세표준으로 삼아 계산돼야 합니다. 그리고 이제껏 수년 동안 다들 이런 방식으로 취득세를 내왔습니다. 그런데 유독 이곳 담당자만 시가표준액으로 신고해야 한다고 주장하고 있습니다. 이미 취득세를 낸 사람들을 대상으로 미납된 취득세를 내라고 하고 있습니다. 저의 경우도 마찬가지입니다. 리스회사에서 변호사와 회계사까지 대동해서 설명해도 막무가내입니다."

한걸음에 세정과로 달려갔다. 우스갯소리지만, '니들이 리스를 알아?' 하는 심정이었던 것 같다. 고집불통이라는 문제의 담당 공무원이 없어 애먼 그의 상관과 논쟁에 들어갔다. "「지방세법」도 명시적으로 밝히고 있고 여러 판례도 '취득가격이 증명되는' 경우에는 실거래가액을 과세표준으로 한다고 했는데, 리스회사에 의해 증명된(계산서 발행) 리스 차량인데도 실거래가액 대신 시가표준액을 과세표준으로 삼아 취득세를 내야 한다고 주장한 이유가 뭡니까?" 원칙을 밝히는 것으로 포문을 열었던 셈인데 상대가 예상보다 빨리 '아픈 곳'을 치고 들어왔다. 상당한 공부가 이미 돼 있었던 모양이다. "정당한 운용리스라면 실거래가액과 시가표준액 간에 차이가 나지 않는 게 정상이겠지요. 정부에서도 이 경우에는 당연히 실거래가액을 인정하도록 지도하고 있고 저희도 그렇게 처리하고 있습니다. 다만 이번 경우는 실거래가액이 시가표준액보다 형편없이 낮기 때문에 문제가 된 것입니다. 리스 계약이 종료되고 나서 모든 리스 계약자들이 반납 대신 '양수'(인수)만을 택한다면(합리적 추론을 포함하여) 이러한 계약을 운용리스라고 할 수 있겠습니까. 이처럼 변형된 혹은 불법적(?)인 운용리스의 경우에만 실거래가액 대신 시가표준액을 과세표준으로 삼으라고 한 겁니다." 반박할 게 별로 없는 논리였다. 중고 시세는 1000만 원인데 500만 원에 샀다면서 취득세는 500만 원을 기준으로 내겠다고 하는 꼴이니 설사 세정 당국이 아니라도 이에 동조할 사람은 많지 않을 것이다. 그러나 궁색할 뿐 반박 논리가 아예 없는 건 아니었다. 묘수 아닌 묘수를 찾아냈다. 궁하면 늘 기대는 방법이다. "운용리스 처리 기준까지 언급하는 것은 너무 나간 것 같습니다. 그렇게 되면 결국 리스에 대한 오랜 논쟁과 마주해야 합니다. 예컨대, 리스가 갖는 금융적 성격을 어떻게 이해할 것인가의 문제에 봉착할 것이고 취득세 이중 부과 주장에 대해서도 어떻게든 답을 해야 할 겁니다. 어떻게 보면 이번 사태는 리스회사들이 현행 리스회계기준을 최대한 이용하면서 벌어진 측면이 있는데요, 있는 그대로의 법조문만을 엄격하게 적용하면 될 지자체가 '해석'의 영역까지 나간 건 문제가 있어 보입니다. 정부의 유권해석이나 행정심판의 결과가 나올 때까지 미납 취득세 추징을 중단하시기 바랍니다." 너무 어려운 얘기이고, 솔직히 소싯적에 배운 지식이기도 했기 때문에 말을 하면 할수록 미궁에 빠져들 게 뻔하고 더구나 이 문제는 지자체 차원에서 결정될 문제도 아니었다. 더구나 수천수만에 이르는 리스 이용자와 리스회사 그리고 지자체가 모두 관련된 대형 이슈로 이미 발전해버렸으니 공을 정부와 전문가에게 넘기자고 제안한 것인데, 그 대쪽 같은(?) 공무원이 나의 제안을 받아들였다. 이미 미납 취득세를 내라는 통보를 받았던 일단의 그룹이 이에 불복해 심판을 청구한 상태였으니 그 결과에 따르자는 나의 요구를 수용하지 않을 이유도 없었으리라. 세원 발굴의 영웅으로 우뚝 설 것인지 아니면 대책도 없이 벌집만 쑤신 무대포로 기록될 것인지, 그의 운명도 이제 얼마 남지 않았다.

결말, 두 번의 반전

최근까지 두 번의 반전이 있었다. 시의 처분(취

득세 부족세액 징수)에 불복한 시민들이 경기도지사에게 제기한 '심사청구'에서 시가 이긴 것이 그 첫 번째인데 처음부터 시가 무리하게 처분을 강행했다고 믿었던 나로서는 '충격' 그 자체였다. 그런데 도지사 결정에 불복한 리스 이용자들이 조세심판원장을 상대로 이제는 '심판청구'를 했고, 그곳에서 결과가 뒤집혔다. 두 번째 반전인 셈이다. "법인장부 등을 통해 취득가격이 증명되는 한 실거래가액을 과세표준으로 삼아 취득세를 계산한 것은 적법하다"라는 청구인(리스 이용자) 주장이 받아들여진 것이다.

돌고 돌았지만 결국은 제자리를 찾았다. 아무리 그럴싸한 명분이라도 법으로 규율되지 않은 것을 강제하면 시민들만 힘들어지는 법이다. 권력을 가진 자는 "그래요?" 한마디 내뱉는 것으로 기나긴 싸움을 '잊으면' 그뿐이지만 말이다. 아무튼, 내 친정(?)인 리스회사들이 곤경에 처하지 않았고 시민들도 세금을 돌려받을 수 있었다니 정말이지 다행이다.

▌ 취득세 과세표준

- 취득세의 과세표준은 취득자가 신고한 가액으로 한다. 다만, 신고 또는 신고가액의 표시가 없거나 그 신고가액이 시가표준액보다 적을 때에는 그 시가표준액으로 한다. 그러나 판결문·법인장부 중 대통령령으로 정하는 것에 따라 취득가격이 증명되는 취득에 대하여는 사실상의 취득가격 또는 연부금액을 과세표준으로 한다. (「지방세법」 제10조)
- 법 제10조에서 "대통령령으로 정하는 것"이란 다음 각 호에서 정하는 것을 말한다.
  2. 법인장부: 금융회사의 금융거래 내역 (동법 시행령 제18조)

받을 때와 돌려줄 때

/

셋째가 태어나자 큰맘 먹고 그간 타던 경차를 팔고 H사의 소형 자동차를 구입했다는 박 씨,
우연히 '취득세 다자녀 양육자 감면 혜택'이 있다는 얘기를 듣고 이미 납부한 취득세를 돌려
받을 심산으로 시청을 찾았는데 담당 공무원은 "법에서 정한 감면 신청 기한(60일)이 지났
다"라며 취득세를 돌려주지 않았다.

그러지 않아도 화가 나 아무런 소리도 들리지
않는데 담당 공무원이라는 작자(?)가 설명은 해주지 않고 염장만 질러댔
단다. "권리 위에서 잠자는 자는 보호하지 않는다"라는 시답잖은 법언까
지 들먹이면서 말이다. 공무원의 좋게 말해 '원칙주의'에 마음이 제대로
상한 그가 분노를 토해냈다.

박 씨   결국 권리를 찾아 먹지 못한 놈이 잘못이라는 말인데……. 솔직
　　　히 그놈의 권리 자체를 모르는데 어떻게 '찾아 먹는' 방법을 알겠습니
　　　까. 취득세를 낼 때는 하루라도 늦으면 가산세가 붙느니 마느니 하며
　　　몰아세우더니만 왜 감면 규정은 그때 알려주지 않은 겁니까?
공무원   감면은 감면받고 싶은 사람이 '신청하는 것'이지(신청주의) 시가
　　　감면받을 사람을 찾아 '통보하는 것'이 아닙니다. 사전 안내(통보)할

의무가 없다는 말씀입니다. 그래도 저희는 안내 책자에 감면 절차 등을 상세히 수록해놓는 등 나름대로 최선을 다하고 있습니다. 따라서 감면 혜택을 받는 일은 오롯이 민원인의 몫이라고 생각합니다. 그리고 하루에도 수십, 수백의 민원인이 방문하는 상황에서 일일이 감면 혜택을 알려드리는 것은 불가능한 일일 뿐 아니라 바람직하지도 않다고 생각합니다.

감면이 안 된다고 하면 그만 포기할 줄 알았을까? 호민관까지 개입하는 '사건'으로 비화할 줄은 꿈에도 몰랐다는 듯 담당 공무원은 당황하는 빛이 역력했다. 그러나 그것도 잠시뿐, 그는 예의 '현실론'에 몸을 숨기며 할 말은 다 하는 것이었다.

호민관   「지방세특례제한법」 제98조 및 동법 시행령 제47조는 "감면 대상을 취득한 날로부터 60일 이내 신청하여야 한다"라고 규정하고 있기 때문에 신청 기한을 넘긴 민원인이 감면 혜택을 보지 못한다는 말은 맞습니다. 그런데 「지방세기본법」 제51조는 '3년 이내'에 경정 청구를 통해 기한을 넘긴 감면 혜택을 청구할 수 있도록 규정하고 있기 때문에 관련법의 일부만을 보고 감면을 거부한 것은 잘못 아닌가요?
공무원   아, 예…….

빼도 박도 못할 논거를 들이대자 공무원은 백기를 들었다. 시종일관 보여주었던 그의 강고한 '전의'가 무색할 정도로 이른바 '취득세 감면 논쟁'은 싱겁게 막을 내리고 말았다. 어색한 침묵이 잠시 이어지는가 싶더니 이내 그가 박 씨를 향해 말문을 열었다. "감면 신청하세요." 담당 공무원은 영혼 없는 멘트 몇 마디를 더 날리고는 여전히 승복을 못 하겠다는 듯(들릴 듯 말 듯한 목소리로) 중얼거리며 자리에서 일어섰다. "억울하면 소송하면 되는 거 아닌가?"

참 대단한 내공의 소유자라는 생각이 들었다. 그 어떤 주장과 논리에도 끄떡 않고 마이 웨이만 외칠 뿐이니. 하기야 '이 아무개' 하면 이곳 공무원치고 모르는 사람이 없을 정도니 더 말해서 무엇하겠는가. 그건 그렇고 '권리 위에 잠자는 자'가 이럴 때 쓰는 말 맞아? 감면 신청 기한이 소멸시효?

▎「지방세특례제한법」제22조의2 제1항
- '18세 미만의 자녀 3명 이상을 양육하는 자가 양육을 목적으로 취득하는 자동차'에 대해서는 취득세를 면제(최대 140만 원 경감)한다.

시가표준액 vs. 실거래가격

/

어시장에서 생선을 팔고 있다는 송 씨, 세 들어 살던 가게를 아예 인수했는데 취득세를 내려고 하니 법무사가 말해준 금액과 너무 차이가 났다. 법무사는 "법인과 거래한 것이니 실거래가가 맞다"라고 하는데 담당 공무원은 자세한 설명도 없이 시가표준액 기준으로 취득세를 내야 한다는 말만 되풀이했다.

○○어시장은 사실상 망한 곳이다. 지금은 모르겠지만 그때는 그랬다. 손님이 있을 법한 초저녁 무렵에 찾아갔는데도 시장은 조용하다 못해 적막할 정도였다. 그렇다고 인근 횟집에 사람들이 없는 것도 아니었는데, 암만해도 노량진시장이나 인근 소래포구처럼 횟감으로 생선을 사 가는 대신 횟집에서 직접 주문해서 먹기 때문인 것 같았다. 수심이 가득한 얼굴을 하고 우두커니 앉아 있는 송 씨 곁으로 발길을 옮겼다.

"말도 마십시오. 이곳은 이미 상권이 무너졌어요. 속 모르는 사람들은 드디어 내 가게를 가졌다고 축하한다고들 하는데, 가게 주인이 보증금을 갖고 야반도주하는 바람에 조금이라도 손해를 줄이려고 할 수 없이 인수한 걸 알면 그런 소리 하지 못할 겁니다." 예상은 했지만 그 정도인 줄은 몰랐다. 그리고 불행은 한꺼번에 닥친다는 말도 틀리지 않아 보였

다. 손해가 이만저만한 게 아닐 텐데 세금까지 속을 썩이다니, 답답할 노
릇이었다. 처지가 처지인지라 이번만큼은 성과를 내야겠다는 욕심이 생
겼다. 그런데 파면 팔수록 해결의 실마리는 보이지 않고 '안 되는' 이유
만 나오는 것이었다. 이번에도 전조가 좋아 보이지 않았다. 그러면 그럴
수록 더 초조했다.

　"「지방세법」에 따르면, 법인으로부터 구입한 부동산의 경우에는 시
가표준액이 아닌 실거래가액을 기준으로 취득세를 납부하는 거 아닌가
요?" 아무것도 모르는 사람처럼 약간 '티미하게' 물었다. 그러나 이미 논
리 무장이 끝난 듯 담당 공무원은 법조문까지 줄줄 외며 대답한다. "맞습
니다. 법인이면 그렇습니다. 그런데 이번 문제가 된 부동산(상가)의 소유
자인 ○○어시장은 법인격이 없는 민법상 조합입니다. 비법인사단의 성
격을 갖고 있기 때문에 금번 부동산 거래는 개인 간 거래로 볼 수밖에 없
어 부득이 시가표준액을 기준으로 취득세를 계산하라고 한 것입니다."
법인 등록을 하지 않았기 때문에 법인이 아니고, 따라서 ○○어시장조합
이 발행한 서류는 '법인장부'로 볼 수 없다는 얘기였다. 「지방세법」(제10
조 제5항 제3호)은 "……법인장부에 의하여 취득가격이 입증되는 취득"은
사실상 취득가격을 과세표준으로 한다고 규정하고 있는데, 법인장부가
부인되는 상황에서는 더는 논쟁을 이어갈 수가 없었다. 비상시에 쓰려고
숨겨놓은 계책을 꺼내 들었다. "부동산 등기부 등본에는 ○○어시장이
소유자로 등재되어 있습니다. 법인이 아닌 '비법인사단'도 등기의 주체
가 될 수 있는 겁니까?" 밑져야 본전이라는 마음으로 툭 던졌던 것인데,
정색을 하고 받는다. "부동산 매도자인 ○○어시장조합은 「부동산등기

법」및 '법인 아닌 사단, 재단 및 외국인의 부동산 등기용 등록번호 부여 절차에 관한 규정'에 따라 시로부터 등록번호를 부여받아 'ㅇㅇ종합어시장' 명의로 보존 등기를 한 것뿐입니다. 이를 이유로 「지방세법」에서 규정하고 있는 '법인'임을 주장할 수는 없습니다."

아무리 해도 그의 논리를 깨기에는 역부족이었다. 게다가 담당자는 마지막 한 방도 가지고 있었다. "ㅇㅇ어시장조합 관련해서 이제껏 실거래가액을 과세표준으로 하여 신고가 된 전체 건에 대해서도 취득세를 추가 징수할 계획입니다." 정말 궁색하면 써먹으리라 생각하고 있던 '형평성' 문제를 단박에 무력화했던 것이다. 두 손 두 발 다 들고 항복하고 말았다.

부과의 적법성을 떠나 행정의 일관성이라는 측면에서 볼 때 아쉬움이 남는 사건이었다.

▎ 취득세
- 취득세의 징수는 신고납부의 방법으로 한다. (동법 제18조)
- 취득세 과세물건을 취득한 자는 그 취득한 날부터 60일 이내에 그 과세표준에 제11조부터 제15조까지의 세율을 적용하여 산출한 세액을 대통령령으로 정하는 바에 따라 신고하고 납부하여야 한다. (동법 제20조)

재산세가 이상해요

/

부친의 땅을 상속받은 최 씨, 서류를 정리하다 자신의 밭이 농지로 분류되지 않고 있다는 사실을 알게 됐다. 따졌더니, 담당자 왈, 과거 고물상 영업을 하다 단속된 적이 있어서 제외됐던 거란다. 다행히 다시 농지로 분류돼 정상적으로 재산세를 내게 됐지만, 여전히 화가 풀리지 않았다. 과거 더 냈던 재산세는 돌려받지 못했기 때문이다.

현행 「지방세법」에 따르면 농지(전·답·과수원·목장용지)와 임야는 분리과세 대상이다. 분리과세인 경우에는 별도합산과세나 종합합산과세보다 세율이 낮다. 대략 세 배(1000분의 2 vs. 1000분의 0.7) 정도 차이이다. 따라서 최 씨의 경우에는 농지냐 아니냐에 따라 재산세가 무려 70만 원 가까이나 차이가 난다. 6년을 더 냈다면 400만 원이 넘는 큰돈이다. 최 씨는, 그 생각만 하면 울화가 치민다. 최근 들어와서는 농사도 시원찮고 벌어놓은 돈만 자꾸만 까먹게 되니 더더욱 그 돈이 아쉽다. 그가 하소연을 늘어놓는다.

"20년도 더 전에 선친이 이 땅을 샀습니다. 처음에는 농사를 짓다가 돈이 된다는 말만 듣고 고물상에게 세를 내준 적이 있습니다. 그것 때문에 애를 먹었죠. 돈 몇 푼 벌려다가 벌금을 얼마나 냈는지 모릅니다. 아무튼 2005년도에는 고물상을 내보냈고 그 후로는 쭉 농사만 짓고 있습니다. 2011년도에는 부친이 돌아가셨는데, 그때 땅을 상속받는 과정 중에 우연찮게 재산세가 너무 높다는 사실을 알게 된 것입니다." 여기까지는 전날 전화로 들었던 얘기였다. 다음이 궁금했다. 왜, 더 낸 재산세를 돌려받지 못했는지 말이다. "그러니까, 재산세는 이제 정상화됐지만 과거 낸 세금은 돌려받지 못했다 이 말 아닙니까." 말머리를 자르고 훅 치고 들어갔다.

"예, 맞습니다. 잘못 부과한 거라면 옛날 것도 돌려줘야 하지 않습니까." 나에게 되묻는 것이었다. 그런 것 같다고 동의를 표하자 급 화색이 돈다. 그런데 여전히 궁금증이 풀리지 않았다. 사실 이 질문을 제일 먼저 던져졌어야 했다. "근데요, 달라고는 해보셨습니까?" 뱉고 나니 좀 이상한 질문이었다. 안 준다고 했으니까 호민관인 나를 찾은 것일 텐데 말이다. 그런데 답이 더 가관이었다. "당시에 재산세만 줄여주고 돈은 돌려주지 않기에 저는 당연히 안 되는 줄만 알았죠. 왜, 달라고 하면 주나요?"

잘하면 손도 안 대고 코 풀 수 있겠다 싶었다. 돌려주지 못한다고는 하지 않았다지 않은가. 담당자를 급히 찾았다. 단도직입적으로 물었다. "당시에 농사를 지었다는 것만 확인되면 더 낸 재산세는 돌려줘야 하지 않습니까?" 잠시 머뭇거리는가 싶더니 그가 자신 있는 어조로 답했다. "증거만 있다면 환급은 어렵지 않습니다. 다만, 환급 규모 등에 대해서는 법률 검토가 필요할 것 같습니다." 안 된다고 할 때를 대비해 이런저런 논거를 준비했던 터라 조금은 허탈했다. 그러나 좋은 일임은 틀림없다. 나 역시 법률 검토를 더 해보겠다고 하고선 그를 돌려보냈다. 이제 '증거와 근거'를 찾는 일만 남았다.

「지방재정법」을 보니, 지방세 환급금에 대한 청구권 소멸시효는 5년이었다. 2008년 이전에 낸 세금은 돌려받을 수 없지만 2009년도분부터는 정당한 요구일 경우 돌려줘야 한다는 얘기였다. 전체(6년) 중 반은 돌려받을 수 있는 근거를 찾은 것이다. 환급 규모도 200만 원이 넘었다. 이제 농사를 지었다는 증거만 찾으면 됐다. 현대 과학기술의 개가라고나 할까, 개발제한구역 단속에나 쓰이던 위성사진이 제 몫을 톡톡히 해냈다. 2009~2010년도에 촬영된 위성사진을 어렵사리 구했는데, 영락없이 최 씨 땅은 농지였다. 더 이상의 설명이 필요 없는 명백한 증거를 찾은 것이다.

"내부 논의를 거쳤는데, 2009~2010년도 위성사진으로 볼 때도 농지가 분명하고 환급금에 대한 청구권 소멸시효도 있고 해서 2009년부터 2010년까지 납부한 재산세 중 과·오납분인 240만 원을 환급하기로 결정했습니다."

▌소멸시효

1. 의의: 진실한 권리상태와 합치하는지 여부는 불문하고 일정한 사실상태가 오랫동안 계속되어왔다면, 그 표시된 사실을 그대로 존중하여 권리관계를 인정하여주는 제도로, '권리 위에 잠자는 자는 보호하지 않는다'는 관념을 바탕으로 한 것이다.
2. 제도의 존재이유: 법질서의 유지와 법적 안정성, 증거소멸의 곤란방지
3. 민법상 소멸시효의 예: 일반적인 민사채권은 10년, 물권은 20년, 상사채권은 5년, 이자·부양료·사용료·급료·의료비 등은 3년, 숙박료·입장료·음

식료 등은 1년

4. 효과: 소멸시효 기간이 끝나면 채권의 경우 소멸한다.

- 납세자의 국세환급금과 국세환급가산금에 관한 권리는 행사할 수 있는 때 부터 5년간 행사하지 아니하면 소멸시효가 완성된다. (「국세기본법」 제54 조 제1항)

- 금전의 지급을 목적으로 하는 지방자치단체에 대한 권리는 시효에 관하여 다른 법률에 특별한 규정이 있는 경우를 제외하고는 5년간 행사하지 아니 하면 소멸시효가 완성한다. (「지방재정법」 제82조 제1항)

혹 떼려다 혹 붙이다

/

"왕래가 끊긴 친척이 불쑥 찾아와서는 자신과 선친이 공동으로 땅을 조금 사놓은 게 있다면서 그곳에 집을 지으려 하니 선친의 지분을 팔라는 것이었다. 웬 횡잰가 싶었다. 그러나 기분 좋은 것도 잠시, 상속세를 내야 할 만큼 큰 재산이 아니어서 세금 걱정은 없겠구나 했는데 취득세와 가산세를 내야 한다는 얘기가 들려왔다."

상속받은 재산이 취득세 과세 대상인 경우 취득세 신고 납부기한은 상속 후 6개월이다. 그런데 이유가 어디에 있든 부친이 돌아가신 지 4년 만에 땅을 상속받게 되었으니 비록 결과적이지만 42개월(3년 6개월) 동안이나 취득세를 납부하지 않은 꼴이 됐다. 억울했지만 미납 세금은 어쩔 수 없다고, 민원인도 처음에는 그렇게 생각했다.

그런데 재산세 얘기를 들은 후부터 그의 생각이 달라졌다. 만약 시에서 재산세를 내라고 통보만 해줬다면 상속 재산이 있는 걸 알고 상속 절차를 밟았을 텐데 아무리 생각해도 시는 부친이 작고하시고 4년여 동안 재산세 부과 통지를 해주지 않았기 때문이다. 시의 과실(통지 누락)로 상속 재산의 존재 자체를 알지 못한 이상 취득세 신고납부기한 초과를 이유로 한 가산세 부과는 받아들일 수 없다고 그는 주장했다.

"생각해보십시오. 부친이 살던 집에서 제가 지금껏 살고 있는데 상속받은 집에 대해서는 매년 재산세를 내라는 통지서가 왔는데 문제의 땅에 대해서는 단 한 차례도 재산세를 내라는 통지가 없었습니다. 그러니 제가 어떻게 땅이 있다는 것을 알 수 있었겠습니까. 알아야 취득세도 낼 것이고, 또 그래야 가산세든 뭐든 낼 것 아닙니까. 이번 경우는 명백하게 시 잘못입니다."

　재산세 부과 통지를 받지 못했다고 해서 자동으로 취득세 납부기한을 어긴 것이 정당화되지는 않겠지만 그것은 나중에 따져야 할 문제고 당장은 재산세 부과 통지가 이루어졌는지 여부를 확인하는 일이 급했다. 관련 서류 조사에 착수했다. 그런데 본격적인 조사에 들어가기도 전에 예기치 못한 일이 벌어졌다. 자신만만하게(민원인이 워낙 자신에 차 있어서!) 조사에 임했던지라 충격이 더 컸다. 알고 보니, 시는 법에서 정한 방법대로 매년 꼬박꼬박 재산세 부과 통지를 했는데 문제(?)의 땅 등기부 등본에 적혀 있는 선친의 주소지가 잘못돼 이제껏 민원인이 통지 여부를 몰랐던 것이다. 당연히 선친의 과거 주소지로 통지된 우편물은 반송됐는데 이후 시는 공시송달 조치를 취하는 등 법에서 정한 절차를 성실히 이행했다고 한다. 굳이 시를 책하자면, 방법이 있었는데도 실거주지를 확인하지 않은 것 정도인데, 사실 반송된 서류를 일일이 실제 주소를 확인해 재발송한다는 것은 쉬운 일도 아닐뿐더러 비용 관점에서도 반드시 바람직한 행정행위라고 할 수는 없는 노릇이어서 공시송달까지 이행한 시에 통지 절차 이행의 불철저를 묻는 것은 무리였다. 더구나 최근 판례에서 "상속된 사실을 인지하지 못해 취득세를 신고 납부하지 못했으니 가산세 부과 처분을 취소해달라"라는 청구조차 기각된 마당이니, 더는 비빌 언덕이 없었다. 인용할 수 없음을 통보하고 민원을 종결할 수밖에.

혹 떼려다 혹 붙인다는 말이 있다. 딱 이 경우가 그렇다. 조사하는 과정에서 재산세 미납 사실이 드러났고 민원인은 취득세에 이어 재산세까지 내야 했다. 게다가, 고충 처리 과정에서 납부불성실가산세가 부과되지 않은 사실이 밝혀지는 불운(?)까지 더해졌으니. 그나마 다행(?)인 것은, 최근 5년 치 재산세 외에는 소멸시효가 완성돼 납부 의무가 사라졌다는 점.

> **▌ 취득세 가산세**
> - 취득세 납세의무자가 신고 또는 납부의무를 다하지 아니하면 산출한 세액 또는 그 부족세액에 「지방세기본법」 제53조의2부터 제53조의4까지의 규정에 따라 산출한 가산세를 합한 금액을 세액으로 하여 보통징수의 방법으로 징수한다. (「지방세법」 제21조)
> - 납세의무자가 법정신고기한까지 「지방세법」에 따라 산출한 세액을 신고하지 아니한 경우에는 산출세액의 100분의 20에 상당하는 금액을 가산세로 부과한다. (「지방세기본법」 제53조의2, 무신고가산세)
> - 납세의무자가 지방세 관계법에 따른 납부기한까지 지방세를 납부하지 아니하거나 납부하여야 할 세액보다 적게 납부한 경우에는 다음의 계산식에 따라 산출한 금액을 가산세로 부과한다. (동법 제53조의4, 납부불성실가산세)

제7부

주차 전쟁

단속 예고는 필수인가

도로교통법 시행규칙 제142조

왜 나만 단속하느냐고요

장애인 차량에도 급이 있다

종이 한 장만 남기자는데

주차장에 차가 없어요

단속 예고는 필수인가

도로 양쪽으로 늘 주차를 해왔다. 막다른 길이기 때문이다. 이제껏 단속도 없었다. 그런데 느닷없이 스티커가 날아들었다. 마을 주민 상당수가 피해를 봤다. 30대로 보이는 열혈 청년이 거의 쌍욕 수준으로 시의 처사를 비난했다. "예고 없이 단속하는 게 말이 되느냐." 이것이 불만의 요지다.

왼쪽에 있는 초등학교 정문을 지나 좌회전을 했는데 채 100미터도 달리지 않아 막다른 곳이 나타났다. 왕복 2차선 도로 양편으로 자동차들이 길게 주차되어 있었다. 평일 오전 시간인데도 이 정도라면 밤 시간대면 차 댈 데를 찾기 힘들 것 같아 보였다. 막다른 골목이어선지 아니면 전형적인 주거지역이라 그런지 차량 통행은 뜸했다. 그나마 어린이 보호구역임을 알리는 노란 팻말이라도 있었으니 "그럴 수도 있겠네" 하는 것이지 그거라도 없었으면 도대체 왜 이런 곳에서 단속이 이루어졌는지 이해하지 못했을 것이다.

"이런 데까지 단속하는 것은 좀 그러네." 혼잣말처럼 뱉은 말에 함께한 직원이 맞장구를 쳤다. "제가 봐도 좀 그러네요. 정 단속하려면 미리 계도라도 했으면 좋았을 텐데 말입니다." 직원의 말처럼 문제의 장소는 누가 봐도 단속에 부적합(?)한 곳이었다. 상가와도 멀리 떨어져 있고 차량 통행이 빈번한 곳도 아니고 그렇다고 학생들의 통학에 영향을 줄 것 같지도 않았다. 보도가 잘 정비되어 있어 교통사고 가능성도 낮아 보였다. 그런데도 단속을 했다면……. 무슨 사정이 있었겠지, 싶었다. 사실관계 확인이 먼저였다.

단속을 담당하는 공무원은 안행부와 경기도에서 보내온 공문 한 장을 보여줬다. '신학기 학교 주변 불법 주정차 단속' 어쩌고저쩌고하는 문구가 들어 있었다. 상급 기관에서 공문을 받은 이상 자신은 어쩔 수 없다고 항변했다. 말은 안 했지만, 명백히 불법 주차인데 이런 것까지 구제하느냐는 듯 불만의 표정이 역력했다. 이미 단속이 된 상태였으니 뭐라도 기댈 법규가 있어야 유예든 감경이든 취소든 요구할 텐데 달리 쌈빡한 논리가 떠오르지 않았다. 고작 한다는 말이, "공문에서도 사전 계도를 주문하고 있지 않습니까. 앞으로는 단속에 앞서 충분한 시간을 갖고 계도에 나섰으면 좋겠습니다" 정도였다. "예", 짧고 굵게 한 마디로, 그는 답변에서조차 충분하게 시간을 쓰지 않았다. '빡' 하고 공격도 하기 전에 '끝' 해버린 꼴이랄까, 아무튼 그걸로 끝이었다. 청년의 8만 원은 해결 난망인 채로 말이다.

어린이 보호구역에서의 주차위반 과태료는 물경 8만 원이다. 절대 주차를 해서는 안 되는 지역이기 때문에 100퍼센트를 가산한 결과다. 이번 민원은 단속에 앞서 예고를 선행해야 하는지가 쟁점이었지만 어린이 보호구역의 현실 적합성도 문제로 보였다. 학교 주변이라고 해서 무조건적으로 어린이 보호구역을 지정하기보단 실제 아동의 통학 패턴을 고려해 보호를 확대할 곳과 줄일 곳을 결정해야 하는 게 아닌가 하는 생각이 들었다.

아무튼, 명백한 불법 주정차까지 사전 예고를 해야 하느냐는 주장도 일리는 있지만, 주차 공간 부족이라는 현실은 도외시한 채 관행적으로 묵인되어오던 지역까지 기습적으로 단속하는 것은 행정권 남용이라는 주장이 더 설득력이 있어 보인다. 물론, 계고만 했더라면 나의 편견(?)이 이 정도로 과격하지는 않았을 테지만 말이다.

▌「도로교통법」시행령 제88조 및 별표7
- 어린이 보호구역 및 노인·장애인 보호구역에서 오전 8시부터 오후 8시까지 법 제32조부터 제34조까지의 규정을 위반하여 정차 또는 주차를 한 경우 ☞ 승합자동차: 9만 원, 승용자동차: 8만 원

도로교통법 시행규칙 제142조

/

딸아이가 갑자기 고열로 쓰러졌다. 신종 플루가 유행하던 때였다. 다급했던 아빠는 아이를 업고 무작정 병원 응급실로 뛰었다. 딸을 입원시키고 난 뒤에야 비로소 자신의 차가 주차 단속에 걸렸다는 사실을 알게 됐다. 억울함을 호소했지만 시는 꿈쩍도 하지 않았다. 불법은 불법이란다.

　　　　　　　C 씨는 주차위반에 따른 '과태료 부과 사전 통지서'를 받고 곧바로 의견을 제출했다. 딸아이의 갑작스러운 고열로 인한 응급 상황에서 이루어진 부득이한 위반임을 설명했다. 그러나 받아들여지지 않았다. 그는 신종 플루와 조류인플루엔자 등이 의심되는 매우 위급한 상황이었다는 점과 타 시의 사례 등을 들어 시의 처분(사전통지에 대한 의견 '불수용')이 부당하다고 주장했다.

　「도로교통법」(제32조 내지 34조, 제160조 및 161조)에 따르면 주정차 금지구역에서 주정차를 한 경우에는 과태료를 내야 한다. 그러나 예외 규정도 있다. 「도로교통법」 제160조 제4항 1호에서 적시하고 있는 '부득이한 사유'가 바로 그것인데, 이 경우에는 비록 주정차 금지를 위반했다 하더라도 과태료 처분을 할 수 없다. "응급 환자의 수송 또는 치료를 위한 경우", "「장애인복지법」에 따른 장애인의 승하차를 돕는 경우", "그밖에 부득이한 사유라고 인정할 만한 상당한 이유가 있는 경우" 등이 '부득이한 사유'에 해당한다. C 씨는 그 첫 번째인 "응급 환자의 수송 또는 치료를 위한 경우"에 속한다. 그런데 '「응급의료에 관한 법률」 시행규칙'에서 규정하고 있는 응급증상에는 '소아경련성 장애' 혹은 '38도 이상의 8세 이하 소아의 고열'은 있어도 C 씨 딸의 병명인 '상기도 감염'은 없었다. 시는 이를 근거로 삼아 '처분 취소 요구'를 거부한 것이다.

상대적으로 면역력이 약한 자녀(아동)의 갑작스러운 고열 증상을 보고 조류인플루엔자 감염과 같은 응급상황을 의심하는 것은 또래 아이를 둔 부모들의 매우 자연스러운(일반적인) 반응이다. 게다가 병원에 도착한 시각이 원장 출근 전이었고 이런저런 검사를 하느라 진료까지 상당한 시간이 소요됐다고 한다면 정황상 잠시 정차해 두었던 본인 차량의 주차위반 사실을 잊어버렸을 가능성이 높다. 더군다나 난 C 씨가 거짓말할 사람으로도 보이지 않았다(그냥 내 느낌이 그랬다는 것이다!). 그러나 '응급'에 대한 판단은 철저하게 의료인의 몫이다. '상기도 감염'이라고 했으면 상기도 감염인 것이고 법에서 응급증상이 아니라고 했으면 아닌 것이다. 따라서 이러한 규정에 따라 민원인의 주장(응급상황에 따른 부득이한 주차위반)을 수용하지 않은 시의 판단은 타당해 보였다. 그러나 같은 법률에 "응급 증상으로 진행될 가능성이 있다고 응급의료종사자가 판단하는 증상"의 경우에도 응급환자로 본다는 규정이 있기 때문에 만약 C 씨의 딸을 진료한 의료인이 '응급'으로 판단한다면 이 또한 시가 존중해야 한다는 것이 나의 판단이었다.

구제의 논거가 약하면 호소라도 해볼 참이었다. 그런데 예외 규정을 찾아냈으니 얼마나 다행인가. "응급이었음을 확인해 올 경우 과태료 부과를 취소하라"라고 주문했고, 담당 공무원은 '수용'으로 화답했다. 열흘쯤 지나, 부과된 과태료가 취소됐다는 연락이 전해졌다.

• • •

지체장애 2급인 K 씨, 다니던 병원에 치료차 들렀다. 그런데 장애인 전용주차구역 모두 정상인(?) 차량이 점령하고 있었다. 노상주차장에는 아예 장애인 전용주차구역이 없었다. 하는 수 없이 병원 입구에 차를 주차하고 치료를 받았다. 당연히 단속에 걸렸을 테고. 시의 장애인 정책 부재를 비판하고 처분 취소를 요구했지만 시는 꿈쩍도 하지 않았다. 이번에도 어지없이 불법은 불법이란다.

　　　　　　　K 씨의 주장은 명료했다. 논리도 튼실했다. 그중에서도 제도 미비에 대한 지적은 공감하는 바가 컸다. 「교통약자의 이동편의 증진법」(이하 '이동편의 증진법') 제7조와 '교통약자의 이동편의 증진에 관한 조례' 제4조에 따르면 시장은 "5년 단위의 교통약자 이동편의 증진계획과 연차별 시행계획을 수립하여야" 함에도 이를 이행하지 않고 있을 뿐 아니라, 「주차장법」 시행령 제6조 제1항 별표 1에 "이동편의 증진법 시행령 제12조에 따라 장애인전용 주차구역을 설치해야 하는 시설물에는 부설주차장 설치기준에 따른 부설주차장 주차 대수의 2퍼센트부터 4퍼센트까지의 범위에서 장애인의 주차수요를 고려하여 지방자치단체의 조례로 정하는 비율 이상을 장애인 전용주차구획으로 구분·설치해야 한다"라고 규정하고 있음에도 관내 노상 공영 주차장에는 장애인

전용주차구역을 전혀 설치하지 않고 있다는 것이 비판의 핵심이었다. 한마디로 장애인 이동권 보장을 위한 정책적 의지가 부족하다는 얘기였다.

현장을 찾았다. 병원이 위치한 건물에는 총 4면(총 100면 중)의 장애인 전용주차구역이 설치되어 있었지만, 일반 차량이 모두 점령해버려 장애인이 주차를 하려면 출입구에서 한참 떨어진 일반 주차구역을 이용해야 하는 상황이었다. 게다가 구역 표시도 지워져 전용 구역인지도 알아보기 힘들었다. 건물 밖에 있는 노상주차장도 상황은 마찬가지였다. 눈 씻고 찾아봐도 장애인 전용주차구역은 보이지 않았다. 이런 상황이라면 중증장애인 누구라도 주차위반을 피할 수 없겠다 싶었다.

담당 공무원의 반응은 예상을 벗어나지 않았다. "중증장애인에 대해서만 이런 식으로 과태료 부과를 면제하다 보면 법적 안정성이 깨진다"라는 '예상된' 논리를 폈다. 장애인을 제외한 다른 교통약자(임산부, 노약자 등)와의 형평성 문제도 들고 나왔다. 이 부분에 이르러서는 반박하기가 좀 그랬는데, 그러나 그것은 어디까지나 '말이 된다'는 얘기일 뿐, 모든 장애인에게 과태료를 면제하라는 주장도 아닌 것을 다른 교통약자와의 형평성을 들어 반대하는 것은 논리의 비약이었다. 더구나 K 씨의 경우는 법적으로도 구제가 가능했다. 해법이 분명한 사안을 공무원은 너무 어렵게 이해하고 있었다. 과태료 처분을 제외하도록 한 「도로교통법」상 '부득이한 사유'에 "「장애인복지법」에 따른 장애인의 승하차를 돕는 경우"가 포함돼 있고 「장애인복지법」(제2조)만 따르더라도 "제1급부터 제3급까지의 장애인"에 해당하는 민원인은 과태료 금액의 50퍼센트를 경감받을 수 있는데, 이를 간과했던 것이다.

그러나 K 씨는 자신에게 부과된 과태료를 취소하기에 앞서 제도 개선에 호민관이 나서주기를 요구했다. 의견 표명의 방향을 달리할 수밖에. "교통약자 이동편의 증진계획을 수립할 것"과 "모든 노상주차장에 대해 법정 장애인 전용주차구역을 설치할 것" 그리고 "중증장애인 전체에 대한 과태료 부과를 증진계획 수립 및 장애인 전용주차구역 설치 전까지 한시적으로 유예할 것"을 주문했다. 민원인에 대한 과태료 부과 취소는 맨 마지막이었다.

시의 반응은 놀라울 정도로 의외였다. 이미 수립되어 있는 '교통약자 이동편의 증진계획'에 '도로에 이동편의 시설을 설치하는 내용'을 반영하겠다고 약속했다. 노상주차장 내 장애인 전용주차구역은 즉시 구획하겠다고 했다. "비록 한시적 조치라 하더라도 모든 중증장애인에 대해 과태료 부과를 유예하는 것은 형평성 등의 문제가 발생할 소지가 다분해 수용하기 곤란하다. 다만, 특수한 상황(병원 이동 등)에 따른 중증장애인의 개별적 주정차 위반에 대해서는 적극적으로 구제 방안을 모색하겠다"라는 의견도 보내왔다. 이 정도면 나로서는 만족스러운 결과다. 오랫동안 장애인 권익 향상에 힘써 온 K 씨 입장에서는, 잘 모르겠지만. 참, 그에게 부과된 과태료 처분은 바로 철회됐다.

▌「도로교통법」 제160조
- 차를 도난당하였거나 그 밖의 부득이한 사유가 있는 경우에는 과태료처분을 할 수 없다.

▌「도로교통법」 시행규칙 제142조

- 법 제160조 제4항 제1호에서 "그 밖의 부득이한 사유"라 함은 당해 위반행위가 다음 각 호의 어느 하나에 해당하는 경우를 말한다.

   1. 범죄의 예방·진압이나 그 밖에 긴급한 사건·사고의 조사를 위한 경우

   2. 도로공사 또는 교통지도단속을 위한 경우

   3. 응급환자의 수송 또는 치료를 위한 경우

   4. 화재·수해·재해 등의 구난작업을 위한 경우

   5. 「장애인복지법」에 따른 장애인의 승·하차를 돕는 경우

   6. 그 밖에 부득이한 사유라고 인정할 만한 상당한 이유가 있는 경우

왜 나만 단속하느냐고요

/

○○동 네거리는 항상 불법 주정차로 골머리를 앓는 곳이다. CCTV를 설치하고 길 양쪽으로 현수막도 걸어놨지만, 불법은 줄지 않는다. 그래서 그런지 하루에도 수십 명이 단속에 희생(?)이 된다. 그 희생양 중 한 명이 형평성 문제를 제기하고 나섰다. 인근에 공영 주차장이 건설되는 바람에 교통이 혼잡하여 최근에는 단속을 하지 않았는데 유독 CCTV 촬영 각도에 들어온 차량만 단속이 됐다고 주장했다. 게다가 스티커를 무려 열 장이나 발부하다니, 열 받을 만했다.

왕복 4차선 도로가 2차선으로 줄어 있었다. 무사히(?) 진입했더라도 이곳을 빠져나가려면 최소한 두 번 정도는 신호를 더 받아야 할 것 같았다. 도로 한편으로는 먹자골목이 길게 형성되어 있고 그 맞은편은 대형 교회가 자리하고 있었다. 불법 주정차가 성행할 조건을 완벽하게 구비하고 있었다. 게다가 공영 주차장을 만든다고 트럭들까지 수시로 드나드니, 6월 한낮의 거리는 가만히 있어도 짜증이 날 정도였다. 어렵사리 불법(?) 주차를 하고, 장 씨의 자동차가 단속된 곳으로 향했다. 어림잡아도, 딱 거기까지가 CCTV 단속 구간으로 보였다. 이제는 인근 상인들 얘기를 들을 차례였다.

"요즘은 단속을 안 하는 것 같아요. 불과 몇 달 전만 해도 하루에도 몇 번씩 단속이 떴는데 공영 주차장 공사가 시작되면서부터는 단속 차량을 본 적이 없으니까요. 그리고 상인들 말이 주차장이 완공될 때까지는 단속하지 않는다고 했다는데요." 카더라 통신이었지만 설명이 워낙 구체적이라 믿지 않을 수가 없었다. 게다가 몇 집을 더 돌아도 한결같이 단속 중단 얘기만 해대니 더더욱 장 씨의 주장에 신뢰가 갔다. 그런데 전혀 생각지도 않던 일이 벌어졌다. 아예 그림자도 볼 수 없다던 단속 차량이 떡하니 모습을 드러낸 것이다. 우리가 현장을 찾은 걸 미리 알았나 싶을 정도로 타이밍이 절묘했다. 단속 요원을 불렀다.

"이곳은 당분간 단속하지 않는다고 했다던데 어떻게 된 겁니까?" 상인의 주장을 기정사실화하며 공격적으로 물었다. "누가 그러던가요? 저희는 그런 말 한 적도 없고 특별히 단속을 하지 않는 지역이 있지도 않습니다. 다만, 이곳 상인들의 민원이 많아 웬만해선 영업시간에는 단속하지 않습니다." 말은 에둘러 했지만 단속을 자제한다는 말과 다름없었다. 마침, 장 씨가 약속 시각보다 이른 시간에 모습을 나타냈다. 할 말이 많은 듯 보였다.

"이것 좀 보십시오. 제가 이제껏 받은 주차위반 스티커입니다. 두 달 동안 무려 열 장을 받았습니다. 그것도 같은 장소에서요. 단속 사실을 알았다면 제가 같은 잘못을 계속 저질렀겠습니까. 제 직장이 이 근처인데요, 공영 주차장이 완공될 때까지 단속을 하지 않는다는 것은 이제 모르는 사람이 없을 정도로 이곳에서는 상식에 속하는 얘깁니다. 저쪽 한번 보십시오. 저 많은 차 중에 딱지 떼인 곳이 하나라도 있나 말입니다." 정말이지 주정차위반 스티커가 붙여진 자동차가 보이지 않았다. 심지어는 '주정차 단속 구간'이라고 쓰여 있는 현수막 옆에 주차되어 있는 차 유리창에도 스티커는 보이지 않았다. "그러니까, 다른 곳은 단속하지 않으면서 왜 CCTV는 단속을 하느냐 그 말씀이네요." "예, 맞습니다. 게다가 저 같은 경우는 며칠 전에 스티커 열 장을 한꺼번에 받았습니다. 두 달 전에 단속한 것도 포함돼 있더라고요. 이게 말이 됩니까."

불만의 근저에는 '차별'과 '통지 위반'이 자리 잡고 있었다. 고충의 단골손님인 "왜 나만"이 불만의 시작이라면 통지 '폭탄'은 분노의 결정판 같은 것이었다. 형평성은 원래가 시비하는 것 말고 달리 어찌해볼 도리가 없는 철옹성 같은 '놈'이다. 더군다나 CCTV 구간이 혼잡한 네거리 주변이어서 다른 지역과 달리 '유예와 예외'를 적용할 수 없다는 데에야 더는 어디서 싸울 '꺼리'를 찾겠는가. 그러나 열 장의 통지 폭탄은 말이 돼 보였다. 이사를 가는 바람에 통지서를 수령하지 못했고 그러는 바람에 위반 사실을 인지하지 못한 채 주정차위반을 계속하게 된 것이니 바뀐 주소지로 최초 통지된 스티커 분부터만 과태료를 내게 해달라는 주장이었는데, 일리가 있었다. 전부 다도 아니고 자신의 잘못이 아닌 부분만 빼달라는 게 아닌가.

그러나 담당 부서는 냉정했다. 법 어디에도 그런 규정이 없단다. 자신들은 적법한 절차에 따라 통지했다는 말만 되풀이했다. 납부기한 초과에 따른 가산금은 부과하지 않겠다는 약속을 받아낸 것 정도가 그나마 성과라면 성과다. 억울하면 소송(비송 절차)하라는, 또다시 하나 마나 한 안내로 민원을 종결하고 말았다.

▌「도로교통법」시행령 제88조

- 시장은 주정차 규정을 위반한 차의 "고용주등"에게 과태료를 부과하려는 경우에는 주차·정차위반 차에 과태료부과대상 표지를 붙인 후 해당 차를 촬영하거나 무인 교통단속용 장비로 주차·정차위반 차를 촬영한 사진증거 등의 증거자료를 갖추어 부과하여야 하고, 증거자료는 관련 번호를 부여하여 보존하여야 한다.
- 과태료는 과태료 납부고지서를 받은 날부터 60일 이내에 내야 한다. 다만, 천재지변이나 그 밖의 부득이한 사유로 과태료를 낼 수 없을 때에는 그 사유가 없어진 날부터 5일 이내에 내야 한다.
- 시장은 과태료의 납부 고지를 받은 자가 납부기간 이내에 과태료를 내지 아니하면 「질서위반행위규제법」제24조 3항에 따른 체납처분을 하기 전에 지방세 중 자동차세의 납부고지서와 함께 미납과태료의 납부를 고지할 수 있다.

▌「질서위반행위규제법」제24조

- 행정청은 당사자가 납부기한까지 과태료를 납부하지 아니한 때에는 납부기한을 경과한 날부터 체납된 과태료에 대하여 100분의 5에 상당하는 가산금을 징수한다.
- 체납된 과태료를 납부하지 아니한 때에는 납부기한이 경과한 날부터 매 1개월이 경과할 때마다 체납된 과태료의 1000분의 12에 상당하는 가산금을 위 가산금에 가산하여 징수한다.

장애인 차량에도 급이 있다

/

장애인 차량임을 나타내는 표지 색깔이 두 종류다. 녹색과 황색. 그런데 황색 표지는 장애인 전용주차구역에 주차가 가능한 반면 녹색 표지는 주차를 할 수 없다. 청각장애가 있는 노옹 한 분이 미처 이런 사실을 몰랐나 보다. 장애인 전용주차구역에서 단속을 당했다며 노발대발이다.

밖이 시끄럽다. 상담실 유리벽은 귀 한 번 '쫑긋'으로 세상의 모든 비밀을 허락한다. 더구나 80줄에 이른 노인이라고는 도무지 믿기 어려울 정도의 카랑카랑한 목소리였으니, 작은 속삭임까지 들릴 수밖에. 개입의 타이밍을 놓쳐 사건의 전개를 지켜만 보고 있었던 것인데, 10분쯤 지났을까 이제껏 상담을 담당했던 호민관실 공무원이 도움을 청한다. 고충민원이 성립하지 않을 것 같아 설득해서 돌려보내려는데 좀체 말을 들으려 하지 않는단다. "이러다간 일이 더 커질 것 같다"라며 '사족'을 덧붙인다. 말마따나 '설득'만 남아 보여 가벼운 마음으로 상담실 문을 열어젖혔다.

분이 좀 가라앉았는지 노옹은 물 한 잔을 단숨에 들이켜고는 억울한 사연을 풀어놓는다. "사회복지과에서 호민관이 해결해줄 거라고 해서 왔습니다." 죽비로 한 대 얻어맞은 기분이 이럴까, 노옹에게는 절실한 문제일 텐데 그저 흥밋거리로만 생각하고 귀동냥에만 열중했던 자신이 부끄러웠다. 게다가 시시비비라니. 호민관은 판관이 아니라 변호인이고 신문고라는 사실을 까맣게 잊고 있었던 것이다. 정신이 번쩍 들었다. 자리를 고쳐 앉고 그의 얘기에 마음을 열었다.

"보증금 500만 원에 월세 30만 원을 주고 자그마한 아파트에 혼자 삽니다. 그리고 청각장애(2급)가 있어 거동도 많이 불편합니다. 그래서 큰아들 명의로 된 소형 자동차를 장애인 차량으로 등록해 병원 갈 때 간혹 이용하고 있습니다. 그런데 오늘 아침 뜬금없이 주차위반 스티커가 집에 날아들지 않겠습니까." 아무리 생각해도 잘못한 게 없는지라 할아버지는 불문곡직 한달음에 시청을 찾았다고 했다. "장애인이 장애인 전용주차구역에 차를 세운 것도 죄가 됩니까? 저 사진에 나온 장애인 표지를 한번 보세요." 할아버지는 단속에 찍힌 사진을 보여주며 당당하게 자신의 억울함을 호소했다.

"할아버지, 저 스티커는 장애인이라는 표시에 불과합니다. 표지 가운데에 '주차 불가'라고 적혀 있네요." 너무 매정하게 말을 했나 싶을 정도로 나의 답변은 물기가 없었다. 달리 해석의 여지가 없는 상황에서 노옹의 얘기에 맞장구만 쳐주는 것이 능사가 아니라 판단했기 때문이지만 그래도 그렇지 그리 단정적으로 말하는 게 아니었다. 내 말이 끝나기가 무섭게 노옹의 한숨 소리가 뒤를 이었다. 득의양양했던 호기는 간데없이 순식간에 풀이 죽는 모습이 어째 처량해 보이기까지 했는데, 그렇다고 안 되는 걸 된다고 할 수도 없는 노릇이어서 영 뒷맛이 찝찝했다. 잠시 적막이 흐른 뒤 노옹이 자리를 박찼다. 그때까지만 해도 나의 얘기에 그가 승복하는 줄 알았다.

"난 당최 뭔 소린지 모르겠습니다. 장애인 차량 표지가 노란색과 초록색으로 나뉘어 있는지도 오늘에야 알았습니다. 그리고 왜 내가 장애인 전용주차구역에 주차가 불가능한 녹색 표지를 받아야 하는지도 이해할 수 없습니다. 호민관이 해결해줄 수 없다면 소송할 수밖에요."

노옹은 떠났지만 한동안 자리에서 일어설 수가 없었다. 또 한 번 자책이 밀려들었다. '불과 몇 분 전 일인데 그새 죽비 소리를 잊다니, 구제불능이다.' 여태 난, 정해진 법의 잣대로만 이번 사안을 재단하고 있다. "황색이 아닌 표지로 장애인 전용주차구역에 주차한 것은 불법이다!"만 반복하면서 말이다. 제도 개선을 고민하지도 않았고 스티커 발부를 철회하려는 노력 따윈 아예 시도도 하지 않았던 것이다. 앞으로는 장애인 차량 표지를 발급할 때 장애인 전용주차구역에서의 주차 가능 여부를 충분하게 설명하도록 한다거나 장애등급 판정 기준(보건복지부 고시)의 '장애유형별 보행상 장애기준표'를 현실에 맞게 개정하도록 입법 청원을 하는 것과 같은 제도 개선 노력을 기울일 수도 있었고, 하다못해 "오랜 시간 같은 행위를 한 것으로 볼 때 착각이 분명하니 계도 차원에서 스티커 발부를 취소해달라" 정도는 요구했어야 했다. 그러나 이미 화살은 시위를 떠난 뒤였으니, 자책만이 유일한 위로였다. '그래놓고도 네가 호민관이냐?'

그 후

노옹이 호민관 사무실을 박차고 나간 지 벌써

1년이 지났다. 그런데 노옹은 여전히 시와 싸움(?) 중에 있다. 그 일이 있고 난 후 서너 달쯤 지났을 무렵, 어쩐 일인지 노옹이 4만 원을 납부했다고 한다. 그러나 남은 돈은 낼 생각이 없어 보인단다. 소송 대신 '불복'을 택한 게 틀림없다고들 한다. 마음의 상처가 나으면 혹시 모를까.

▌「장애인·노인·임산부 등의 편의증진 보장에 관한 법률」

– 시장은 보행에 장애가 있는 자로부터 신청을 받은 경우 장애인 전용주차구역에 주차가 가능함을 표시하는 장애인자동차표지를 발급하여야 한다. 누구든지 장애인자동차표지가 부착되지 아니한 자동차를 장애인 전용주차구역에 주차하여서는 아니 된다. 장애인자동차표지가 부착된 자동차에 보행에 장애가 있는 자가 탑승하지 아니한 경우에도 또한 같다. (제17조)

– 장애인자동차표지를 부착하지 아니하거나 장애인자동차표지가 부착된 자동차로서 보행에 장애가 있는 자가 탑승하지 아니한 자동차를 장애인 전용주차구역에 주차한 자는 과태료 10만 원에 처한다. (시행령 별표3)

종이 한 장만 남기자는데

/

「도로교통법」에 따르면, CCTV를 장착한 단속 차량의 경우 굳이 단속 사실을 알릴 의무가 없다. 단속을 알리는 방송을 하고 몇 분의 시간을 줘도 이동하지 않는 차들을 대상으로 단속하는 것이니만큼 억울해할 것도 없고 항의할 일도 아니라는 것이 시의 공식 입장이지만, 난 여전히 그런 태도에 동의할 수가 없다. 최소한 자신이 단속을 당했는지 정도는 알아야 다음부터는 조심하든 말든 할 것이 아닌가 하는 문제의식 때문이다. 게다가 단속됐다는 사실을 몰라 단속 스티커가 집에 배달될 때까지 연속해서 '불법'을 저지르는 사례도 있었다.

                            회사원인 B 씨는 얼마 전 주차위반 스티커를 뭉텅이로 받았다. 찍힌 날짜는 다른데 비슷한 시각에 같은 장소에서 촬영된 것이었다. "무슨 일이든 먼저 이리저리 따지고 하는 세심한 성격이라 주차할 때도 단속되는 지역인지부터 살핍니다. 제 차 말고도 많은 자동차가 주차되어 있었는데 주차위반 스티커가 붙어 있는 차는 보이지 않았습니다. 더구나 차량을 이동하라는 방송을 들은 적도 없습니다. 하다 못해 주정차 단속 구간임을 알리는 표지조차 그곳에는 없었습니다. 그러니 당연히 '이곳은 관행적으로 단속하지 않는 구간인가 보구나' 하고 생각했던 거죠." 조곤조곤하던 그의 목소리가 갑자기 높아졌다. "몰래 촬영했단 말 아닙니까. 그런데 그것도 좋아요. 어떻게 5일 동안이나 매일 촬영할 수 있는 겁니까."

인적이 드문 4차선 도로 양쪽으로 자동차들이 줄지어 주차돼 있었다. 인근 어디에도 주정차 단속을 알리는 현수막 따윈 없었다. 차량을 주차하고 내리는 운전자들은 하나같이 '주차하기에 좋은 곳 하나를 찾았다'는 듯 흐뭇한 표정이었다. 그 누구도 단속당하리라고는 꿈에도 생각하지 않는 듯 보였다. 길 건너 상가에 즐비하게 늘어선 부동산중개소로 향했다. 누군가의 증언이 필요했다.

"옛날에는 여기가 외진 곳이라 일부러 여기까지 와서 주차하는 사람들은 없었습니다. 마을 주민 몇 정도만 이용하는 '비밀의 장소'였던 셈이죠. 그러다가 이곳에 상가가 생기는 바람에 지금처럼 '사실상' 노상주차장으로 바뀐 겁니다." 마침 '불법주정차 단속'이라는 문구만 연이어 돌아가는 전광판과 CCTV 카메라를 장착한 주차 단속 차량이 지나가고 있었다. "이곳은 주정차 금지구역입니다. 신속히 차량을 이동해주시기 바랍니다." 단속원의 메마른 목소리가 들려왔다. 그러나 그것도 잠시, 차량은 이내 모습을 감춰버렸다. 1, 2분이나 지났을까, 좀 전의 단속 차량이 다시 나타나 같은 멘트를 쏟아내고는 또 어디론가 사라졌다. 제법 긴 시간이 흘렀다. 10분? 그러나 이번에는 아무런 말도 없이 그냥 쑥 하고 지나가 버렸다. 촬영을 모두 마쳤겠지……. 저 많은 차 모두 조만간 4만 원짜리 스티커를 받게 될 것이다.

"제도 개선은 개나 줘라"라는 말씀?

단속의 목적은 계도에 있다. 특히 주정차 단속

의 목적은 교통 흐름의 개선과 교통사고 예방에 있다고 해도 과언이 아니다. 처벌 자체보다 재발 방지가 더 중요하다는 뜻이다. 그런데 계도를 통한 재발 방지라는 목적을 달성하기 위해서는 절차의 투명성이 무엇보다 중요하다. 고지(告知)는 어떻게 보면 단속(계도) 절차의 시작이라고도 할 수 있다. 그 중요성을 강조할 수밖에 없는 이유다.

형평성 시비를 해결하는 데에 있어서는 CCTV 방식이 도보 단속에 비해 월등히 낫다. 도보 단속은 필연적으로 형평성 시비를 불러올 수밖에 없는 데 반해 항상 '전부'만을 타깃 삼는 CCTV 방식은 최소한 "왜 나만"의 문제만큼은 허락하지 않기 때문이다. 더구나 CCTV 방식은 효율적이기도 하다. 최소의 인력으로 최대의 단속 효과를 낼 수 있기 때문이다. 그러나 카메라 설치 여부를 운전자가 인식할 수 있는 고정식과 달리 이동식은 운전자가 단속 현장에 있지 않은 한 사실상 단속 사실을 알 수 없는(비록 단속 전 방송 등을 통한 사전 계고가 이루어진다 해도) 치명적(?)인 단점을 갖고 있다. 결과에 승복하지 않는 운전자가 속출하는 이유다.

단속은 보통 '반복될 때' 민원이 된다. 한 번의 스티커에 광분하는 사람은 드물다는 얘기다. 그리고 단속은, 단속된 사실을 '인지하지 못할 때' 행정에 대한 불신으로 발전한다. 단속된 줄 뻔히 알면서도 무죄를 주장하는 사람은 없다는 말이다. 극단적인 예지만, 이동식의 경우 단속 통지를 받아보는 순간까지 운전자가 인지하지도 못한 상황에서 수차례 반복적으로 단속을 당할 수도 있다. 이런데도 민원을 넣지 않는 사람이 있다면 그 사람이 오히려 비정상일 게다. 따라서 고지만이라도 잘 이루어진다면 최소한 행정 불신이라는 치명상만은 피할 수 있다. 자연스럽게 단속(처분)에 대한 승복도 높아질 것이고 민원도 줄어들 것이다.

그런데 문제가 있다. 고지에 따른 업무량의 증가다. 사실 CCTV 카메라를 통한 단속은 단속 수요가 폭증해 시간 대비 효율성을 높이기 위해 도입된 방식인데, 고지로 인해 업무량이 증가한다면 CCTV 카메라 방식을 이용할 이유가 없어지게 된다. 따라서 업무량 증가 문제를 해결하지 못한다면 아예 '개선'의 '개' 자도 꺼내지 말자고 마음먹고 있었는데, 자신의 차량이 단속됐음을 '단순히 알리는' 표지를 제작하여 단속 대상 차량에 부착하는 방법을 강구한다면 업무 효율 저하를 최소화할 수도 있을 것 같다는 생각이 들었다. 생각이 정해지자 주저 없이 제도 개선의 깃발을 들었다. 그리고 오랜만의 요구였으니 긍정의 답이 답지하리라 굳게 믿었다.

내 주문이 그리 어려운가? 이동 카메라에 의한 주정차 단속이 법적으론 문제가 없지만 "단속 시점과 인지 시점의 불일치로 행정의 신뢰성이 떨어지고 계도 목적 달성도 어려우니 단속 후 차량에 간단한 통지문을 부착하자"라는, 사실 제도 개선이라고 할 수도 없는 '작은 혹은 사소한' 의견인데도 주무 부서는 변화를 거부했다. 불법 주정차로 인해 불편을 느끼는 다수 시민의 '권익 보호'가 무엇보다 중요하지만 '불법임을 모르고 단속당하는' 소수 시민의 '권익' 또한 보호받아 마땅한데도, 그들은 이런저런 핑계를 대며 나의 의견을 받아들이지 않았다. 아무리 생각해도 내가 순진했다. 이해 당사자(현재보다 분명 더 많은 일을 해야 할 테니, 제도를 바꾸자는 데에 쉽사리 동의할 리가 없을 것이다!)에게 무언가를 고치자고 하는 게 아니었다.

▌「도로교통법」 시행령 제88조 2항

- 시장은 「도로교통법」 제32조부터 제34조까지의 규정을 위반한 경우에 과
  태료를 부과하려는 때에는 과태료부과 대상 차량 표지를 붙인 후 그 표지가
  붙은 차를 촬영한 사진증거 또는 무인단속 장비에 의한 사진증거 등의 충분
  한 증거자료를 갖추고, 증거자료에 관련번호를 부여하여 보존하여야 한다

주차장에 차가 없어요

/

수천 가구에 이르는 아파트가 건설되고 소래에 버금가는 포구가 만들어진다는 말을 믿고 큰돈을 들여 주차장을 지었다. 그러나 당초 계획과 달리 포구를 찾는 사람들이 적다 보니 주차장은 늘 비어 있다. 엎친 데 덮친 격으로 주차장 앞에 있던 공터가 '사실상' 무료 주차장 으로 변해버렸다. 더구나 이를 단속해야 할 시는 포구 활성화를 위해서인지 몰라도 팔짱만 끼고 있다. 망했다.

1997년, 평생 농사만 짓던 4형제는 토지 수용으로 보상받은 돈을 주차장 짓는 데 몰빵(?)했다. 은행 대출도 더해졌다. 연면적이 1500평에 이르는 5층 규모의 빌딩인데 주차 면수는 70면에 달했다. 나아지겠지 하고 버틴 지가 10년이 지났다. 이제는 대출 이자 갚기도 버거운 실정이다. 그나마 인근 실내 경정장 손님들이 차를 대는 바람에 근근이 먹고살았는데 이제는 이마저도 어렵게 됐다. 주차장 건너편에 있던 놀이시설이 망하는 바람에 그 자리가 졸지에 대규모 공터로 변했고 주차장에 차를 대던 손님들이 하나둘씩 바로 그 '공짜 주차장'으로 이동해버렸기 때문이다.

"어떤 날은 돈 내고 주차하는 손님이 한 명도 없을 때가 있습니다."
회한이 깊은지 팔순을 바라본다는 노옹은 얘기 중간중간 한숨을 쉬며 어렇게 말을 이어갔다. 얼마나 고민했는지 그의 얼굴은 거의 흙빛이었다. "사실 주차요금 받아서는 관리 요원 한 명 월급도 줄 수 없습니다. 「주차장법」상 건물의 30퍼센트를 다른 용도로 쓸 수 있는데 거기서 나온 세로 이제껏 이자를 내왔습니다. 그러고도 수지가 맞지 않아 저희 형제 넷이 순번을 정해 건물 관리를 하고 있습니다. 월급으로 나가는 돈이 없으니 그나마 버텼지 그러지 않았으면 이미 망했을 겁니다." "……." "투자를 잘못했으니 저희가 책임을 져야죠. 상권이 죽어 손님이 없는 거야 어떡하겠습니까. 그런데 저 공터 문제는 짚고 넘어가야겠습니다. 도대체 어떻게 시 땅을 저 상태로 방치할 수 있습니까. 최소한 출입이라도 차단해야 하는 거 아닙니까."

평일 오전의 주차장은 썰렁하기 그지없었다. 건물에 세 들어 있는 상가 주인들 자동차로 보이는 몇 대를 제외하고는 아예 차란 놈을 찾을 수가 없었다. 적막강산으로 변한 텅 빈 주차장을 몇 차례 돌고는 이내 건물을 빠져나왔다. 뭘 조사하고 묻고 할 계제가 아니었다. 출입구를 지키고 있는 노옹의 얼굴을 차마 볼 수가 없어 조용히 문제의 공터로 향했다. 시쳇말로 '헐'이었다. 그곳은 차들로 넘쳐났다. 일주일에 몇 차례만 열린다는 경정 시합이 오늘 있기 때문이라고 했다. 도박(?)에는 몇십만 원도 펑펑 쓰면서 주차료 몇 푼은 아까운 모양이었다. 놀이시설이 철거된 자리가 울퉁불퉁한 데도 빈 곳을 찾기가 어려우니, 다 '공짜'의 마력 아닌가 싶었다.

노옹을 절망시킨 또 하나의 장면을 목격했다. 주차장 앞과 옆 도로에 빼곡히 주차된 차들의 행렬을 보았다. 앞 도로는 아예 대놓고 시가 무료 노상주차장을 설치했고, 옆 도로는 불법주정차 단속이라 쓰인 현수막만 나부낄 뿐 '단속받지 않는' 차들로 북새통을 이루고 있었다. 이러니, 정신이 온전한 사람이라면 주차장에 차를 대겠는가 싶었다. "장사 안된다고 아우성이니 어떻게 주차 단속을 하겠습니까." 그저 물은 것뿐인데 동행한 관계 공무원은 설명과 핑계(?)에 여념이 없었다. 상인들의 이기심과 시민의식의 부재 그리고 시의 방조가 만들어낸 합작품이 분명한데, 그렇다고 뾰족한 다른 대안이 있는 것도 아니었다. 왜 단속을 하지 않느냐고 따질 수도 없는 노릇 아닌가 말이다.

"주차장으로 불하해놓고 인근에 대규모 (사실상) 무료 주차장을 운영하면 우리 보고 죽으란 말이냐"라는 말은 말이 돼 보였다. "주차난이 심각한데 놀이시설 부지를 개방해서 무료 주차장으로 사용하라"라는 말도 말이 되기는 매한가지였다. 그러나 담당 공무원은 '말이 되는 말' 대신 다수의 민원과 불만만을 고려했다. 한 사람의 희생(?)으로 다수가 행복해지는 길을 택한 것이다. 그러나 나는, 지역 상권 회복을 위한 시의 고육지책(주차 단속 중단, 무료 주차장 개방)도 이해는 가지만 그렇다고 주차장을 허가(토지 불하까지)해놓고 인제 와서 나 몰라라 하는 것은 더 문제라고 생각했다. 사실 난, 문제의식뿐 아니라 나름의 해결책도 갖고 있었는데 시에서 노옹의 주차장을 임차해(소득 보전) 이를 무료 주차장으로 개방하면 되지 않을까 하는 것이었다. 그런데 주위 반응이 시원치 않았다. '예산'과 '형평성' 문제를 지적했다. "의회가 동의하겠느냐"에서부터 "다른 주차장은 어떻게 하느냐"까지 반대 논거는 차고도 넘쳤다.

이것 빼고 저것 빼고 나니 공터를 막는 길밖에 대안이 없었다. 그곳에 주차를 하고 있는 시민들의 반발까지 고민했다간 아무 일도 할 수 없다는 판단이 섰다. 그 문제는 또 그 자체로 시가 풀면 될 일이었다. 돌고 도는 순환론에 빠지지 않기 위해서는 그 방법밖에 없었다. 담당 부서도 꺼림칙했는지 나의 주문을 조건 없이 받아들였다. "ㅇㅇ동 ㅇㅇ번지 토지 중 현재 '사실상' 주차장으로 개방되고 있는 부지에는 차량이 출입할 수 없도록 조속한 시일 내에 조치(출입통제 시설을 설치 등)하겠다"라는 의견을 전달해왔다. '공짜'에 맛 들인 운전자들이 출입을 통제한다고 노웅의 주차장으로 다시 돌아갈 것 같지는 않았지만, '그래도 단 몇 대라도' 하는 바람은 숨기고 싶지 않았다. 다음은 나의 고민이 묻어 있는 의견 표명서다.

"'시장은 노상주차장을 대신하는 노외주차장의 설치 등으로 인하여 노상주차장이 필요 없게 된 경우에는 지체 없이 해당 노상주차장을 폐지하여야 하며, 노외주차장의 설치를 촉진하기 위하여 특히 필요하다고 인정하는 경우에는 노외주차장의 설치에 관한 비용의 전부 또는 일부를 보조할 수 있다'고 한 법률(「주차장법」) 규정에서 보듯, 주차장 설치 및 관리에 있어 시장의 권한과 책임은 막중하다 할 것입니다. 또한 예상과 달리 ㅇㅇ지구의 상권이 활성화되지 못하고 있는 상황에서 인근 상인들의 애로를 해결하는 차원에서 무료 노외주차장을 설치하고 불법주정차 단속을 소극적으로 전개한 행위는 시의 불가피한 선택이라 할 것입니다. 그러나 선의의 목적이 인정된다 하더라도 기왕 설치된 민간 노외주차장 영업에 부정적(비록 결과적이지만) 영향을 주는 행위까지 정당화될 수는 없다 할 것입니다. 따라서 지역 상권 활성화와 시민의 정당한 영업권 보호라는 두 개의 목표가 양립할 수 있도록 적절한 정책을 시행하는 것이야말로 시흥시의 중요한 역할이며 책임입니다. 또한 놀이시설 철거 부지는 현재 매각 진행 중인 시 소유 토지로서 원칙적으로 출입이 통제되어야 합니다. 이는 시 소유 재산에 대한 선량한 관리자로서의 의무이기도 하거니와 만약 통제가 이루어지지 않을 경우 불법 적치물 증가와 쓰레기 투기 등 슬럼화 가능성이 예상되기도 하기 때문입니다. 물론, 공익적 목적에 따른 다른 용도로의 전용은 가능합니다. 그러나 지역 주민의 요구에 부응하기 위해 불가피하게 동 부지를 사실상의 무료 주차장으로 개방하였다 하더라도, 이로 인해 선의의 피해자(민원인 주차장 영업의 위축)가 생겼다면 부지 개방 정책은 원점에서 재검토하는 것이 마땅하다 할 것입니다. 더구나 동 부지의 주 사용자(주차)가 경륜 및 경정 사업소 이용자인 점을 감안할 때 부지 무료 개방 정책에 선의의(정당한 절차를 밟아 유료 주차장을 운영하고 있는) 피해자를 방기할 만큼의 공익적 가치가 있다고 보기에는 무리가 있다 할 것입니다. 따라서 '불법(주차)에 편법으로 대응하기'보다 '출입 통제로 인해 예상되는 인근 지역의 불법주차 문제는 단속을 통해 적극적으로 대응한다'는 원칙적 자세를 견지하는 것이 시의 본연의 역할이라 할 것입니다. 다만 무료 주차장 폐지와 불법주정차 단속 강화는 지역 상권 활성화라는 대의에 배치될 뿐 아니라 또 다른 집단 민원을 야기할 가능성이 크며 민원인 역시 이러한 현실을 인정하여 놀이시설 철거부지의 출입 통제만을 요구하고 있는 점 등을 종합적으로 고려하여 고충민원의 유일한 해결책이랄 수 있는 '부지 출입 통제'를 주문합니다."

에필로그

나는 호민관이다

갑을 논쟁

나는 호민관이다

/

당초부터 그라쿠스를 꿈꾸었던 게 아닌지라 굳이 지역 정치인들과 교분(?)을 나눌 생각을 하지 않았다. 그게 화근이었나 보다. 나의 그런 뻣뻣함이 마음에 들지 않았는지 어느 순간 부터 그들은 반감 같은 것을 드러내기 시작했다.

호민관 임기 반을 돌았을 무렵, 그러니까 하필 만우절에 대형 '사건'이 터졌다. 1년간의 호민관 업무 내용을 의회에 보고하는 자리인지라 '설마' 하는 기대도 있었고 날이 날인지라(?) 그들의 '테러'를 예상할 수가 없었던 것인데……. 작심한 듯 그들의 언사는 처음부터 꼬여 있었다. 말이 비수로 바뀌는 건 당연한 수순이었다. 그들은 나의 '역린'을, 마지막 '존심'을 건드렸다. 정확히는, 그리 느꼈다. 아팠다. 격렬하게 저항해보았지만 남은 것은 상처뿐이다. 깊이 패 한동안 아물지 않을…….

"왜 이제껏 의회 출석을 거부했느냐? 호민관은 시민들 위에 있는 초법적 존재인가?" 뭐 이런 종류의 비난과 호통이 이어지리라 예상했다. '말 같지 않은 말에 일일이 대꾸하거나 변명할 필요가 뭐 있어?' 하는 삐뚤어진 마음도 있었고 자칫 밉보였다간 어렵게 되찾은 월급(지난해 말, 의회 출석을 거부했다는 죄명으로 예산 전액을 삭감당하는 수모를 겪은 바 있다!)

을 또다시 뺏길 것 같기도 해서 이번만큼은 최대한 고분고분하게, 때에 따라서는 이도 악물면서 '무대응'으로 일관하겠노라 다짐했었다. 지난 1년간의 호민관 업무에 대한 보고를 마치고는 당초 시나리오대로 눈을 지그시 감은 채 '나 잡숴' 모드로 진입했다. 그저 무사히 끝나기만을 기다린다는 듯 말이다. 그런데 예상이 빗나갔다. 질의 및 토론 시간이 시작되면서부터 그럭저럭 버텨내던 인내심을 밑바닥에서부터 흔들어대는 얘기가 터져 나왔다. 발끈할 수밖에. 호민관 제도가 처음부터 잘못 탄생했단다. 별생각 없이, 제도를 도입하자는 시장의 요구에 덜컥 동의한 자신이 부끄러울 지경이라는 말도 덧붙였다. "고충의 대부분이 국가사무에서 비롯되고 있는 현실에서 호민관의 역할은 애초부터 제한적일 수밖에 없는데 이를 간과했다"라는 자아비판(?)에 이르자 슬슬 짜증이 나기 시작했다. 자신들이 만든 조례 내용도 이제껏 몰랐단 말인가? 원래 시흥시 일만 처리하라고 만든 거 아니었어? 차라리 솔직하게 "호민관, 당신이 문제에요. 비싼 돈 들여 호민관을 뽑아났더니 민원 해결이라고 해봤자 고작 한 달 네 건 정도 처리하는 것이 전부인데, 차제에 호민관 제도를 없애든지 아니면 다른 사람으로 바꿔야지, 원" 하고 말하면 될 텐데, 에둘러 표현하느라 참 애쓴다 싶기도 했다. 또 한편으로는, "그래서 어쩌잔 말씀이십니까? 호민관 제도를 폐지하자는 얘기인가요? 그건 저에게 하지 마시고 여기 계신 의원님들께서 결정하시면 될 일 아닙니까. 폐지 조례 하나 만드시면 끝날 일을 말입니다. 그런데요, 저야 호민관 자리 내놓으면 그만이지만 여러분의 변덕으로 피해를 입은 시민들은 어떡합니까? 명색이 시민들 위한답시고 만든 제도라면 하나 마나 한 비판만 하지 말고 어떡하면 제도를 활성화해 시민들의 억울한 사연 하나라도 더 해결해줄까를 고민하는 것이 순서가 아닐까요?" 뭐 이런 생각도 치밀어 올랐다. 그러나 그것은 어디까지나 생각일 뿐 입 밖으로 내뱉을 수는 없었다. 최소한 이 지점까지는 '입장 차이' 정도로 이해될 수 있는 대목이기도 했거니와 명색이 다수당인 민주당 의원의 장광설이었으니 체면을 봐서라도 그저 들어줘야 도리라고 생각했기 때문이다. 그런데 잘 가던 얘기가 삼천포로 빠지기 시작했다. 이윽고 클라이맥스에 도달했다. "호민관의 자세와 태도에 문제가 있다는 얘기가 자주 들립니다." 허, 이건 또 뭔 소리? 저 얘기는 내가 고압적인 자세로 시민들을 대했다는 말? 그러니까 이제껏 호민관 제도 운운한 것은 이 얘기를 하기 위한 사전 포석이었단 말이렷다. 순간 억눌려 있던 분노가 일시에 소리치기 시작했다. 다른 건 다 참아도 이건 아니라는 생각에 가슴이 요동쳤다. 그 어떠한 판단이나 주관을 배제하고 시민들의 얘기만 오롯이 듣는 것, 그것이 호민관의 존재 이유라고 늘 말해왔는데 그가 이런 나의 '전부'를 공격한 것이었다. 그리 느꼈다. "지금 저의 자세를 비판하신 겁니까? 호민관으로서 시민들을 대하는 자세에 문제가 있다는 말씀이신 거죠? 그래요? 그럼 근거를 대보세요. 그냥 뭉뚱그려서 말씀하시지 말고 제가 언제 어떻게 시민들을 홀대했는지 말씀해주세요. 그러지 않으면 저를 욕보이려는 의도로밖에 생각할 수 없습니다." 그가 방아쇠를 당겼으니 나는 튕겨 오를 수밖에. 그러나 말의 전쟁은, 늘 이렇게 극적으로 시작되지만 끝은 허망한 법이다. "의원들한테도 이렇게 대드니 시민들한테는 오죽하겠느냐"라는 의원들의 훈계와 비난이 쏟아졌고 이에 질세라 봇물 터진 나의 '방언'은 절대 주저함을 몰랐고……. 나는 이내 의회에서 쫓겨나고 말았다.

"이젠 정말이지 그만둬야 하는 거 아닌가. 신통찮은 월급에도(이 대목에서 핏대 올릴 분들도 있겠지만, 나의 주관적 판단이니 이해하시라!) 호민관의 길을 택했던 이유는 오로지 명예(비록 자신만 느끼는 만족감이라 하더라도) 때문이었는데 그마저 시궁창에 처박혀버린 상황이라면 '멋지게' 던져버리는 것이 옳지 않은가. 쪽팔리게, '전부'를 다쳐가면서까지 내가 왜 버텨야 하지?" 서 푼도 안 되지만 가슴 한편에 똬리를 틀고 있던 '자존심'이라는 놈이 격렬하게 따져 묻고 있었다. 회의장을 빠져나온 후 먼동이 트는 새벽까지……. 그만두자, 그만두자, 당장.

다음 날 아침, 나의 일상은 또다시 시청을 향하고 있었다. 명예를 잃었다고 밥벌이까지 포기할 배짱은 없었다. 나 역시 여느 '가장'의 신세와 다르지 않았다.

후기

누군가의 글에서 읽은 기억이 있다. 한쪽 눈이 없는 어느 정치인이 상대 정당의 정책을 조목조목 비판하자 반박할 근거를 대지 못한 쪽 의원이 이렇게 말했단다. "눈도 하나밖에 없는 주제에……." 그러자 공격을 받은 의원이 "네, 저는 한쪽 눈밖에 없어 모든 것을 일목요연하게 꿰뚫어볼 수 있지요"라고 응수했다나. 폭소가 터지고 인신공격을 한 쪽이 완패했다는 얘기다. '일목요연'의 본래 뜻은 한눈에 척 봐도 명쾌하게 드러난다는 건데, 그걸 눈 하나밖에 없는 정치인이 멋진 반격의 부메랑으로 활용한 것이다. '발상의 유쾌함'이랄까.

그날 그 자리에서 그 의원의 질의에 "예, 명심하겠습니다"라고 했으면 어땠을까 생각해본다. 혹은, 앞의 정치인처럼 멋지게 "앞으로도 시민만을 섬기는 낮은 자세로 임하라는 말씀으로 듣겠습니다"라고 응수했으면 또 어땠을까 생각한다. 지랄 맞은 성질 한 번 죽였다면? 글쎄다, 물은 이미 엎질러졌고, 또 세월은 흘렀고, 난 지금 호민관이 아니니…….

갑을 논쟁

/

갑의 횡포, 을의 반란

'땅콩 회항 사건'을 필두로 '위메프 사건'(신입으로 채용하겠다며 10일간 실컷 부려 먹고 해고한 사건), '백화점 모녀 사건'(백화점 VIP 고객이라고 주장한 모녀가 주차 요원을 무릎 꿇린 사건) 등 이른바 '갑질 사건'이 줄을 잇고 있다. 갑을 문제가 한국 사회를 점령했다고 해도 과언이 아닐 정도다. 이처럼 최근 벌어진 일련의 사건들을 보면 갑과 을의 '전쟁'을 방불케 한다. 그런데 전쟁은 기본적으로 힘의 균형을 전제로 한다. 한쪽이 기울면 전쟁은커녕 싸움도 되지 않는다. 그러니 갑을이 '전쟁'을 한다면 필경 약해 빠져 보이기만 하던 을들이 힘을 키웠다는 얘기다. 갑의 힘이 갑자기 줄었다는 정황이 보이지 않기 때문이다. 평생을 숨죽이고 살았던 을들이 갑의 횡포에 대해 소리치기 시작하면서 '싸움'이 '전쟁'으로 확대된 것이다.

갑과 을은 원래 계약서를 작성할 때 계약 당사자를 '순서대로' 지칭

하는 법률 용어일 뿐이었다. 그러던 것이 어느 순간부터 권력적 우위를 점하는 쪽을 '갑'이라 하고 그렇지 않은 쪽을 '을'이라 부르게 되면서 이른바 '갑을관계'라는 말이 생겨났고 지위의 높고 낮음을 의미하는 데까지 개념이 확장됐다. 지금은 대기업과 협력 업체, 업주와 종업원, 상사와 부하, 고객과 서비스업체 등의 관계에 폭넓게 사용되고 있다.

"물건을 받고 버리든가, 망해 그러면, 망하라고요, 망해 이 ×××."

'갑의 횡포'라는 유행어(?)를 만든 장본인은 남양유업이 아닌가 싶다. 2013년 여름쯤으로 기억하는데, 30대 영업 사원이 대리점 주인에게 했다는 폭언은 아직도 생생하다. 사실 남양유업이라는 회사만 이른바 '갑질'을 한 것도 아닐 텐데 유독 그 회사만 '쳐 죽일 놈'이 된 배경에는 '을의 반란'이라는 사회현상이 자리하고 있다. 그전엔 없던 갑의 전횡이 갑자기 생겨난 게 아니라 고분고분하게 말 잘 듣던 다수의 을이 반란을 도모하면서 비로소 숨어 있던 횡포가 전면적으로 드러난 것뿐이라는 얘기다. 과거에는 그저 쉬쉬해야만 했던 '그냥' 횡포가 반란으로 인해 '갑질'이라는 생명(?)을 얻게 된 것이다.

갑의 횡포는 급기야 비행기의 기수도 돌리게 만들었다. 오너 가문의 일원인 항공사 부사장이 승무원의 서비스에 문제가 있다며 비행기를 회항시켜 승무원을 강제로 내리게 하면서 불거진 이른바 '땅콩 회항 사건'이 그것이다. '땅콩 분노(nuts-rage)'라는 조롱 섞인 별칭을 얻어가며 전 세계에 알려지기까지 했는데, 국민들은 '갑질 종결자', '갑질 중의 갑질'이라 비판하며 분노를 숨기지 않고 있다. 여전히 현재진행형인 사건이다. 그런데 여기에서도 을의 반란은 빛을 발했다. 그러나 을들은 남양유업 사태에서의 그것과는 또 비교할 수 없을 정도로 조직적이고 집요하게 대응했다. 형식적 사과와 계산된 행동조차 용서되지 않았다. 그들은 피해 의식에 사로잡힌 '힘없는' 을이 더는 아니었다. 마침내 그들은 갑의 위치까지 넘보기 시작했다. 회항 사건이 알려지고 사회의 공분을 사기 시작하면서 부사장은 을이 되고 사무장은 갑이 됐다. 겉으로는, 을들의 반란이 성공한 듯 보인다. 좀 성급한 학자들은 권력관계로 상징되는 갑을 관계는 종말을 고했다고까지 선언하지만, 반란으로 갑의 권좌에서 쫓겨난 부사장(을)이 그대로 있을지에 대해서만큼은 장담하지 못하고 있다.

아무튼, 갑은 여전히 횡포를 멈출 줄 모르고 을은 자각을 넘어 반란을 조직하고 있다. 한번 벌어진 전쟁은 전면전으로까지 확대되는 양상이다. 드디어는 갑을 때문이 아닌 문제들조차 갑을의 누명을 쓰는 일들이 생겨나고 있다. 그냥 나쁜 짓과 구조적 갑질의 경계선이 무너지고 있다고나 할까. 이처럼 웬만해선 갑질로 명명되지 않을 것이 없다는 듯 '갑질타령'은 끝이 없다. 그런데 이래선 반란의 명분(?)이 퇴색된다. '갑'을 죽이자는 얘기가 아니지 않은가. 사람의 관계를 권력적 서열 관계로 격하시키는 '갑을관계'를 수평적 혹은 협력적 관계로 바꾸자는 주장이 아니었느냐는 말이다. 갑을관계의 청산을 위해서라도 반란은 계속되어야 하고 전쟁은 불가피하다는 견해에 동조하지만, 정말로 나쁜 짓까지 갑을관계로 격상(?)시키는 세태에 대해서만큼은 우려의 눈길을 보내는 걸 주저하지 않는다. 공무원과 시민의 관계를 갑을관계로만 바라보려는 움직임을 걱정하는 것도 같은 이유다.

공무원은 항상 갑인가

지난해 서울의 한 아파트 경비원이 입주민의 폭언을 견디다 못해 자살한 사건이 있었다. 갑의 횡포에 저항한 방식치고는 너무 극단적이어서 많은 사람에게 작지 않은 충격을 줬다. 당시 난, 얼마나 분했으면 그런 선택을 했을까 하는 연민과 공분을 느끼면서도 우리 사회가 여전히 갑질을 막을 제도적 장치를 마련하지 못하고 있구나 하는 아쉬움과 답답함을 가졌었다. 누구든 억울한 일을 당할 수 있고 어찌 보면 그것이 인생일진데 억울한 일을 당해도 이를 풀 방법만 있다면야 까짓거 갑이고 지랄이고 한번 제대로 붙을 수도 있을 텐데 달리 방법이 없으니 이렇듯 죽음으로 항거한 것이 아닌가 하는 생각에 더더욱 가슴이 쓰리고 아팠다.

한국인의 갑을관계 출발점을 한국 사회의 뿌리 깊은 '관존민비(官尊民卑) 사상'에서 찾는 학자도 있다. 관료를 높이 보고 백성을 낮게 보는 절대주의 시대 민중의 정치의식이 바로 관존민비 사상인데, 이러한 의식이 오늘날 갑을관계의 밑바탕이 됐다는 설명이다. 관은 대기업과 사용자로, 민은 중소기업과 직원으로 이름만 바뀌었을 뿐 권력을 기반으로 한 기본 사상은 변하지 않았다는 얘기다. 한편 박정희 시절의 경제개발 패러다임이 갑을관계를 낳았다고 주장하는 사람들도 있다. 제한된 자원을 특정 산업과 기업 그리고 지역에 집중함으로써 자연스레 갑을이라는 권력관계가 생겼다는 설명이다. 둘 다 고개가 끄덕여지는 해석이다. 그런데 '관존민비'를 주장하는 학자든 '개발독재'를 원인으로 드는 학자든 간에 '관은 여전히 갑이고, 민은 언제나 을이다'라는 명제에 대해서만큼은 이론의 여지가 없는 듯 보인다. 중소기업도 대기업 앞에서는 을이지만 원재료 납품 업체들에는 갑이고, 부하 직원들의 원성의 대상인 김 부장 조차도 임원 앞에서는 한없이 작은 을인데, 공무원은 '언제 어디서나' 갑이고 시민은 '때려 죽어도' 을이라는 인식이 자리 잡고 있다는 말이다.

여기 극명하게 갈리는 두 개의 견해가 있다. 공무원이 갑이냐 을이냐에 대한 상반된 주장이다. 먼저 사회복지과 공무원인 미스 박의 얘기부터 들어보자. "사람들은 우리가 일이 많아 힘들어한다고 생각하는데 그렇지 않아요. 정말로 우리를 힘들게 만드는 건 사람이에요." 선망의 대상인, 갑 중의 갑인 공무원 입에서 나올 소리는 아니라고 생각하는 사람들도 있겠지만, 그들이 겪는 감정의 소모를 매일매일 지켜본 나로서는 공감이 가는 주장이다. 사실 일반적인(?) 사회의 먹이사슬로만 본다면 공무원은 언필칭 갑이다. 허가와 단속의 권한으로 중무장한 그들을 갑이라 부르지 않을 이유가 없기 때문이다. 그러나 최소한 사회복지 공무원들만큼은 을이라 부르기에도 부족한 구석이 있을 정도로 약하고 힘이 없는 존재다. 기초생활수급 자격을 원하는 모든 가난한 시민에게 그는 유일한 '을'이고, 정부의 장애인 정책에 분노하는 모든 장애인에게 그들은 또한 유일한 '을'이다. 해석의 권한을 갖고 계신 보건복지부의 높으신 나리님에게도 호시탐탐 업무 실수만을 노리는 도청 감사 공무원에게도 그들은 여전히 '을'이다. 몸은 하난데 주민들이 원하는 건 많고, 거기다가 욕설과 고성은 매일 들어야 할 일상이다. "우리에게는 권한이 없어요. 시민들은 우리가 모든 걸 결정한다고 생각하는데 큰 오해입니다. 무슨 수학 공식처럼 촘촘하게 조건과 기준이 정해져 있어 저희는 그저 계산하고 통보하는 것밖에 할 게 없어요. 그런데도 자신이 지원 대상에서 탈락하기라도 하면 죽일 놈 살릴 놈 한단 말입니다. 무슨 놈의 갑이 이렇습니까. 저희는 을 중에서도 최고 을이에요."

건물을 다 짓고도 1년이 넘도록 준공검사를 받지 못해 애태우고 있다는 최 씨의 하소연은 완전히 미스 박의 그것과 반대다. 공무원이 갑이 아니면 세상 누가 갑이냐는 듯 그의 증언은 을로의 '도피'를 온몸으로 막아선다. "건축허가를 내준 곳도 시청이고 준공검사를 내주지 않는 곳도 시청입니다. 담당자가 바뀌었다고 나 몰라라 하고, 이 부서에 물어보면 다른 부서에 가서 알아보라 하고, 더 기막힌 것은 따지려 해도 앞으로 받아야 할 다른 허가를 생각하면 엄두가 나지 않는다는 사실입니다. 공무원들 심기라도 어지럽힐까 봐 말 한마디를 해도 조심스럽게 하는데 이런데도 공무원들이 을입니까."

아무리 생각해도 공무원은 갑이기도 하고 을이기도 한 것 같다. 상급 기관 앞에서는 을이지만 시민에게는 갑이니 하는 말이다. 이제까지는 이 명제가 정설이었다. 그런데 난, 여기에 늘 단서를 하나 붙인다. 허가나 단속 부서에 있는 공무원은 갑이지만 서비스 부분에 있는 공무원은 을이라고. 그러나 여전히 뭔가 어색하고 부족하다. 너무나 도식적이어서 이러다간 예외가 원칙이 될 것 같아서 조심스럽다. 이래서야 어디 명제라고 할 수가 있겠는가. 차라리 "그때그때 달라요"라고 하든가, 아니면 "더는 갑을은 없다"라고 선언하는 편이 세상을 제대로 설명하는 것일지도 모를 일이다.

시민은 늘 을인가

갑을관계는 양 당사자를 전제한다. 갑만 있고 을이 없다면 갑을관계라 할 수 없다. 또한 갑을관계는 상대적 개념이다. 조금이라도 더 힘이 있으면 갑이 되는 것이고 하시라도 새로운 강자(?)를 만나면 을로 추락하는 것이 바로 갑을관계다. 그리고 갑을관계는 기본적으로 서열을 전제한다. 더 우월적 지위를 누리는 갑과 이에 순응하는 을이 있어야 비로소 갑을관계라는 말을 붙일 수 있다. 따라서 평등은 갑을과 배치되는 개념이다. 갑을관계의 또 다른 특징은 '종속성'에 있다. '관계'를 아무런 주저 없이 깰 수 있다면 더는 그것은 갑을관계가 아니다. 이런 기준을 적용한다면, 시민과 공무원의 관계는 갑을관계라 해도 무방하다. 양 당사자가 존재하고 누가 더 힘이 센 것까지는 모르겠으나 평등한 관계는 분명 아니고 행정의 수요와 공급이라는 핵심적 관계로 연결되어 있다는 점에서 그렇다.

을은 약자라는 말과 동의어다. 약자가 아니면 을이라는 이름을 붙일 수도 없고 붙여서도 안 되는 글자 그대로 약자다. 그러나 여기서 약자라는 말은 단순히 힘이 약하다는 뜻만 있는 것이 아니다. 관계의 청산이 곧 고통이어서 갑을관계든 정상(?) 관계든 무조건 이를 유지해야 생존을 보장받는, 따라서 갑으로부터 뭔가 부당한 일을 당해도 옳고 그름을 따지지 못하고 화병이 나 죽을 정도가 될 때까지 꾹 참아야 하는, 구조적 혹은 자발적(?) 약자라는 뜻도 갖고 있다는 말이다. 이런 관점에서 본다면, 시민은 을이다. 최소한 최 씨만큼은 명백히 을이다. 관계의 해체를 요구할 수도 그럴 힘도 없기에 그렇다.

그러나 모든 시민이 을인 것 같지는 않다. 서비스 부분에 있는 공무원을 을이라고 부르는 것과 같은 이유로 한사코 죄 없는 공무원들만 공격하는 시민들까지 을의 반열(?)에 올려서는 안 된다고 보기 때문이다. 왜 전셋집만 구해주고 이사 비용은 보조해주지 않느냐며 벌써 일주일째 시청으로 출근하는 J 씨가 있다. 한번 들르면 두세 시간씩 담당 공무원 앞자리를 뜨지 않는다. 욕은 기본이고 삿대질이며 고성은 다반사다. 일을 할 수가 없게 한다. 이사 비용은 지원 규정도 없을뿐더러 예산이 없어 지원할 수 없다고 하는데도 막무가내다. 그런 J 씨가 주장한다. "공무원의 갑질 탓에 시민만 죽는다"라고. 그러나 미스 박은 아무런 대꾸도 하지 못한 채 온전히 욕설을 다 받아낸다. 난 이 대목에서 묻지 않을 수 없다. 이런 상황에서도 시민(J 씨)은 무조건 을인가 하고 말이다. 물론 을이 아니라고 해서 바로 J 씨가 갑이 된다는 얘기는 아니다. 공무원에 비해 우월적 지위를 갖고 있다고는 볼 수 없기 때문이다. 갑도 아니고 을도 아니면 그럼 뭐? 난, 이걸 '그냥' 나쁜 짓이라고 부르자는 주의다. 갑이 아닌, 갑이 될 수 없는 자의 폭력(욕설)은 '갑질'이 아니라 그냥 나쁜 짓인 것이다.

옴부즈맨(호민관) 그리고 파트너십이 대안이다

'시민과 공무원은 기본적으로 갑을관계다'라고 주장했다. 공무원이 항상 갑인 것만도 시민이 항상 을인 것만도 아니라는 얘기도 했다. 그리고 시민과 공무원을 갑을관계로만 보는 것은 지나친 해석이라는 견해도 밝혔다. 말하고 보니 이랬다저랬다 갈지자 주장을 펼친 꼴이 됐다. 그러나 이는 지난 2년의 호민관 경험에서 자연스럽게 형성된 것일 뿐, 나의 본성(회색주의자?)과는 무관하다. 보고 느꼈으니 어쩔 도리가 없다. 이해하시라.

시민들이 느끼는 억울함의 근저에는 항시 권력을 남용하는 공무원이 있거나 주어진 권력을 사용하지 않는 소극적 행정이 자리 잡고 있었지만, 그렇다고 사회의 다른 관계들처럼 일방적으로 '갑질'로 단죄할 만한 폭력적 행위는 단언컨대 없었다. 또한 시민의 부당한 요구에 상처를 입었다며 억울함을 호소하는 공무원들도 있었지만, 이 역시도 때려죽일 만큼의 갑질은 아니었다. 행정행위가 허가와 불허 사이의 선택이고 단속과 처벌의 과정인 이상 불만의 잉태는 자연스러운 현상이다. 다만 공정하지 못한 과정이나 불법적 법규 적용으로 인해 생긴 '정당한' 불만과 자신의 잘못을 감추고 막무가내식으로 내지르는 '위장된' 분노로 나뉠 뿐이다. 물론 경계선도 모호하고 억울함의 양상도 비슷해 이 둘을 나누는 것은 불가능에 가깝기 때문에 굳이 둘을 구분하여 달리 대접할 이유는 없지만 말이다. 그리고 시민을 억울하게 하는 것은 행정 자체가 아니라 억울함을 풀어주는 시스템의 부재라는 것이 또한 나의 생각이다. 이런 점에서 옴부즈맨(호민관) 제도는 성공적 행정의 필요충분조건이다. 억울한 시민이 없게 만들기 위해서는 행정절차를 투명하게 공개하고 결정 과정을 민주적으로 운영하는 등과 같이 불만을 애초부터 없애는 노력이 무엇보다 중요하겠지만, 그것 못지않게 생긴 불만을 해결하는 시스템을 갖추는 것도 중요하다는 얘기다. 갑을로 나눠 공무원의 횡포를 단죄하는 데에만 관심을 두지 말고 '시민의 편' 하나 만드는 일에 나서는 것이 행정에서의 갑을관계를 청산하는 지름길이라는 사실을 명심했으면 한다.

기본적으로 권력을 기반으로 한 착취와 수탈을 전제하는 이상, 갑을 관계는 갑에게도 결코 도움이 되지 않는다. 압박과 착취를 통해 단기적인 이익을 얻을지는 모르겠으나 장기적으론 몰락의 길로 접어들 수밖에 없기 때문이다. 그런 의미에서 갑을관계의 청산은 갑이 주도하는 것이 옳다. 제 살 썩어 들어가는 것도 모르면서 지배의 환희에만 탐닉하는 '못된' 갑에 대해서야 망하든 흥하든 내 알 바 아니지만, 갑을관계 개선에 조금이라도 관심을 갖는 '의식 있는' 갑에 대해서는 파트너십 관계로의 전환을 권하고 싶다. 글로벌 대기업 상당수가 성공의 요건으로 하청 업체와 가맹점들과의 운명 공동체적 파트너십을 강조한다는 사실은 시민과 공무원이라는 관계의 발전적 '상'을 찾는 우리에게 시사하는 바가 크다. 공무원과 시민은 서로를 행정의 파트너로 생각하는 발상의 전환이 필요한 시점이다. 물론 하청 업체의 성장이 곧 나의 발전이라고 생각한 글로벌 기업에서처럼 시민의 이익이 곧 관(공무원)의 이익이라는 관점의 유지는 파트너십의 성공적 구축에 절대적이다. 공무원이 먼저 바뀌어야 시민이 변하는 법이다.

지은이 _ **임유**

서울대학교에서 경영학을 전공하고 10여 년을 금융회사(한일리스금융)에서 일했다. 이 시기 사무직 노조 운동에 앞장서기도 했다. 새 천년이 시작돼서는 창업의 대열에 뛰어들었지만 이내 실패를 경험하고 2002년에는 '국민의 정부' 청와대에 합류했다. 그러나 '참여정부' 초반까지 이어진 '외도'는 친정인 금융업계(여신금융협회 상무)로 의 복귀로 끝이 났다. 2008년부터는 약 4년을 미국에서 보냈다. 미국 남가주대학교 객원연구원을 거쳐 국내 증권사 미국 현지법인과 현지 언론사(≪미주헤럴드경제≫) 대표를 역임했다. 이후 2012년 귀국하여 잠시 중소기업 경영자의 길을 걷다 시흥시 초대 시민호민관이 됐다. 2013년 3월에 시작된 '시민의 대변자'직을 무사히 마치고 지금은 인성회계법인에서 전무로 일하고 있다.

시민은 억울하다
호민관 일기

ⓒ 임유, 2015

지은이 l 임유
펴낸이 l 김종수
펴낸곳 l 도서출판 한울
편집책임 l 최규선
편집 l 이황재

초판 1쇄 인쇄 l 2015년 3월 30일
초판 1쇄 발행 l 2015년 4월 15일

주소 l 413-120 경기도 파주시 광인사길 153 한울시소빌딩 3층
전화 l 031-955-0655
팩스 l 031-955-0656
홈페이지 l www.hanulbooks.co.kr
등록번호 l 제406-2003-000051호

Printed in Korea.
ISBN 978-89-460-4983-3 03350 (양장)
ISBN 978-89-460-4984-0 03350 (반양장)